La France contemporaine à travers ses films

La France contemporaine à travers ses films

Anne-Christine Rice
Tufts University

La France contemporaine à travers ses films

Anne-Christine Rice

Publisher: Ron Pullins
Managing Editor: Tom Walker
Production Manager: Linda Diering
Marketing Manager: David Horvath
Business Manager: Kerri Wetherbee
Copyeditor: Cindy Zawalich
Copywriter: Meagan Walker
Cover Designer: Patricia Kungie

Cover images, from top to bottom:

#1, Paris police, courtesy of Dreamstime. © Ermell | Dreamstime.com

#2, Lavender and sunflowers in Provence, courtesy of Shutterpoint. © Andreas G Karelias 2008

#3, Family celebration, courtesy of Anne-Christine Rice. © Anne-Christine Rice 2010

#4, Flags of France and the EU, courtesy of Istockphoto. © stocknshares | istockphoto.com

#5, La Villette, courtesy of Guy Patry. © Guy Patry | http://www.freemages.co.uk/help/licence_art_libre.php

ISBN 13: 978-1-58510-373-7

ISBN 10: 1-58510-373-X

Library of Congress Cataloging-in-Publication Data

Rice, Anne-Christine.

La France contemporaine ` travers ses films / Anne-Christine Rice.

p. cm.

ISBN 978-1-58510-373-7 (pbk.)

1. French language--Textbooks for foreign speakers--English. 2. Motion pictures--France. I. Title.

PC2129.E5R52 2010

448.2'421--dc22

2010037575

10 9 8 7 6 5 4 3 2 1

Printed in Canada

0910TC

Table of Contents

Preface to the Instructor vii
What makes this culture book different? vii
How were the topics and the films selected? vii
How to use the book vii
Organization vii
Acknowledgements ix
Map of France xii
Preface to the student xiii
Why did your instructor select this textbook? xiii
What should you expect to learn? xiii
How is the book organized? xiii
What should you do to succeed in this course? xiii
La presse xv
CHAPITRE 1. La famille: ***Je vais bien, ne t'en fais pas*** 1
Le film 1
Buzz 2
Culture et vocabulaire 3
Aspects culturels 3
Vocabulaire 5
Parallèle avec d'autres pays 5
Le film 6
Questions générales sur le film 6
Questions sur les thèmes du film 8
Etude complémentaire 9
Les limites de ce film 9
Une situation typiquement française? 9
A vous de jouer! 9
La parole à 9
L'avis de la presse 16
Autres films à voir 26
CHAPITRE 2. L'école: ***Entre les murs*** 27
Le film 27
Buzz 28
Culture et Vocabulaire 29
Aspects culturels 29

Vocabulaire 36
Parallèles avec d'autres pays 37
Le film 38
Questions générales sur le film 38
Questions sur les thèmes du film 40
Etude complémentaire 41
Les limites de ce film 41
Une situation typiquement française? 42
A vous de jouer ! 42
La parole à… 43
L'avis de la presse 49
Autres films à voir 58
CHAPITRE 3. Immigration, intégration, banlieues: ***L'esquive*** 59
Le film 59
Buzz 60
Culture et vocabulaire 61
Aspects culturels 61
Vocabulaire 66
Parallèles avec d'autres pays 68
Le film 69
Questions générales sur le film 69
Questions sur les thèmes du film 71
Etude complémentaire 72
Les limites de ce film 72
Une situation typiquement française? 72
A vous de jouer! 72
La parole à… 73
L'avis de la presse 76
Autres films à voir 87
CHAPITRE 4. La France dans l'Union européenne: *L'auberge espagnole* 89
Le film 89
Culture et vocabulaire 91
Aspects culturels 91
Buzz 91
Vocabulaire 95
Parallèles avec les Etats-Unis 97
Le film 97
Questions générales sur le film 97
Questions sur les thèmes du film 98

Etude complémentaire ... 99
Les limites de ce film ... 99
Une situation typiquement française / européenne? ... 99
A vous de jouer ! ... 100
La parole à… ... 100
L'avis de la presse ... 104
Autres films à voir ... 108
CHAPITRE 5. Le monde du travail et de l'entreprise. Les 35 heures: *Ressources humaines* ... 111
Le film ... 111
Buzz ... 113
Culture et vocabulaire ... 113
Aspects culturels ... 113
Vocabulaire ... 117
Parallèles avec les Etats-Unis et d'autres pays ... 120
Le film ... 121
Questions générales sur le film ... 121
Questions sur les thèmes du film ... 122
Etude complémentaire ... 123
Les limites de ce film ... 123
Une situation typiquement française? ... 124
A vous de jouer! ... 124
L'avis de la presse ... 125
Autres films à voir ... 135
CHAPITRE 6. Le monde rural: *Une hirondelle a fait le printemps* ... 137
Le film ... 137
Buzz ... 139
Culture et vocabulaire ... 139
Aspects culturels ... 139
Vocabulaire ... 144
Parallèles avec les Etats-Unis et d'autres pays ... 145
Le film ... 147
Questions générales sur le film ... 147
Questions sur les thèmes du film ... 148
Etude complémentaire ... 149
Les limites de ce film ... 149
Une situation typiquement française? ... 149
A vous de jouer! ... 150
La parole à… ... 150

L'avis de la presse 152
Autres films à voir 161
CHAPITRE 7. Le police, la criminalité et le monde de la rue: *Le petit lieutenant* 163
Le film 163
Buzz 165
Culture et vocabulaire 165
Aspects culturels 165
Vocabulaire 169
Parallèles avec les Etats-Unis et d'autres pays 170
Le film 171
Questions générales sur le film 171
Questions sur les thèmes du film 172
Etude complémentaire 172
Les limites de ce film 172
Une situation typiquement française? 173
A vous de jouer! 173
La parole au… 173
L'avis de la presse 176
Autres films à voir 180
CHAPITRE 8. La culture: *Le goût des autres* 183
Le film 183
Buzz 185
Culture et vocabulaire 185
Aspects culturels 185
Vocabulaire 193
Parallèles avec les Etats-Unis et d'autres pays 194
Le film 195
Questions générales sur le film 195
Questions sur les thèmes du film 197
Etude complémentaire 197
Les limites de ce film 197
Une situation typiquement française? 197
A vous de jouer ! 198
La parole à… 198
L'avis de la presse 205
Autres films à voir 211
Credits 213
Text 213
Photo 213

Preface to the Instructor

La France contemporaine à travers ses films is a textbook designed to combine written documents and films to present a lively and relevant picture of contemporary France.

What makes this culture book different?

Other culture books usually present materials drawn from the press, classic books and government resources.

La France contemporaine à travers ses films has a 3-step approach. Each chapter opens with a variety of guided activities that present the topic to the students. They gather information, understand the subject matter better and draw conclusions. By the time they watch the film they have enough cultural awareness to understand the finer and more subtle points presented by the story and context. The last part of the chapter is meant to challenge the conclusions that the students have drawn so far. They are encouraged to view the film and their research in a broader light, to make comparisons with their own culture, to read interviews of people in the field as well as articles presenting opposing or complementary views.

By including film, *La France contemporaine à travers ses films* adds listening comprehension and authentic cultural material to the research and readings.

How were the topics and the films selected?

The topics are broad enough to cover a variety of issues pertaining to French society. They are also of high interest to students looking to better understand contemporary France. The films were selected because, as a group, they give a balanced view of French society today.

I had to make difficult decisions and the book does not claim to be exhaustive. The viewpoints are necessarily subjective due to the directors' work and my own choices. My goal is that each topic will lead to in-depth research and meaningful discussions in class and that together they will help students gain a better understanding of contemporary France.

How to use the book

The book can be used alone in a culture course, or can be paired with a grammar review text in a composition and conversation course.

The chapters can be assigned in any order. They can be done entirely, or the instructor may pick and choose the activities that best suit his/her time and interest.

Organization

Le film

Brief presentation of the film, the director and the actors.

Culture et vocabulaire

Aspects culturels

A variety of material is provided for students to become familiar with the topic. They are encouraged to read, research, analyze and compare information.

Vocabulaire

The vocabulary chosen is meant to help students discuss the topic using appropriate and specific words.

Parallèles avec d'autres pays

Students are invited to compare what they are learning about the topic in France with another country they know well.

Le film

Questions générales sur le film

These questions help the students make sure that they have understood the main aspects of the plot. They help launch the discussion in class.

Questions sur les thèmes du film

The various topics of the film are discussed. At this point, the film serves as a springboard for a broader discussion of the topic

Etude complémentaire

Les limites de ce film

The goal with this section is to encourage students to use their critical thinking skills. Are some situations far-fetched ? Are some difficult to believe ? Why did the director make those choices ? What was his/her point ?

Une situation typiquement française ?

Are you watching this film thinking it is typically French, or could it happen anywhere ? Do you recognize aspects of your own life ? Even though the films are French, the topics are universal and students will feel connected to the characters and events in the film.

A vous de jouer !

Students learn by doing. They understand concepts and memorize vocabulary by being actively engaged in the learning process. The role-play will let them interact with other students in the class and practice their oral skills. The debate is a more difficult activity that can be done in class (after preparation) or that can be given as a composition assignment.

La parole à...

The people interviewed bring a personal touch. These authentic voices will broaden the students' understanding of the topic. Together their bring the subject to life and they give a vivid account of life in France.

L'avis de la presse

These carefully selected readings complement the chapter by offering opposing, challenging or complementary views on the topic. They are drawn from recent editions of French newspapers and magazines.

Autres films à voir

At this point students have a sound understanding of the topic. However, it would be beneficial to watch other films on the same subject. These offer a different point of view or a different time period to encourage students to make comparisons and to always challenge their assumptions. They lend themselves very well to wrap-up class presentations or to compositions.

Acknowledgements

I would like to express my gratitude to those who inspired and encouraged me along the way :

My students at Tufts University: a young, energetic and enthusiastic group, a bright pool of ideas, and a constant source of amusement ;

The team at Focus Publishing : Ron Pullins who, as always, believed in my ideas and gave me the freedom to explore them, Tom Walker whose energy and organization helped me complete the manuscript, Linda Diering for her tremendous production work, and Cindy Zawalich for her thorough proofreading.

The reviewers

Dr. Cynthia Hahn, *Lake Forest College*, Mélanie Péron, *University of Pennsylvania,* and Dr. Cheryl Toman, *Case Western Reserve University.*

The interviewees for the time given and the thoughts shared;

Hélène & Thierry Naulet
Anne Beauregard
Estelle Gillot & Jean-Marc Valet
Anne-Céline Séjourné
Frédéric Lajarrige
Ahlame Ltifi
Lydia Caillaud
Nicolas Peccoz
Henry Moreau
Audrey
Fabrice Hannequin
Elise Gaillard

My husband Terry, my daughters Caroline and Aliénor and my parents for their love, support, and never-ending enthusiasm. They have discussed topics with me, proofread chapters and walked miles to take pictures.

ROYAUME-UNI
PAYS-BAS
BELGIQUE
ALLEMAGNE
LUXEMBOURG
CALAIS
BOULOGNE-SUR-MER
LILLE
LENS
ARRAS
DOUAI
VALENCIENNES
MAUBEUGE
AMIENS
ST-QUENTIN
CHARLEVILLE-MEZIERES
CHERBOURG
LE HAVRE
ROUEN
BEAUVAIS
COMPIEGNE
SCHOEMANGE
CAEN
PONTOISE
REIMS
METZ
EVREUX
LE ROUY
PARIS
CHALONS-SUR-MARNE
NANCY
BREST
ST-BRIEUC
ST-MALO
STRASBOURG
SAINT DIZIER
ALENCON
MELUN
CHARTRES
TROYES
EPINAL
QUIMPER
PONTIVY
RENNES
LAVAL
COLMAR
LORIENT
LE MANS
ORLEANS
AUXERRE
MULHOUSE
SAINT-NAZAIRE
ANGERS
FRANCE
NANTES
TOURS
DIJON
BESANCON
LIECHTENSTEIN
AUTRICHE
BOURGES
SUISSE
CHATEAROUX
POITERS
MOULINS
MONTLUCON
LA ROCHELLE
ROANNE
LIMOGES
LYON
ANGOULEME
CLERMONT-FERRAND
CHAMBERY
SAINT ETIENNE
PERIGUEUX
BRIVE-LA-GAILLARDE
GRENOBLE
ITALIE
BORDEAUX
VALENCE
LA TESTE
NIMES
NICE
MONACO
CANNES
BIARRITZ
TOULOUSE
MONTPELLIER
PAU
MARSEILLE
BEZIERS
TOULON
TARBES
ANDORRE
ESPAGNE

Preface to the Student

You are about to start a new French course with this book as your companion. This introduction will help you find your bearings and be successful.

Why did your instructor select this textbook?

This textbook is the perfect tool for a solid course in French culture. Your instructor will use it as a springboard for class discussions and it will provide meaningful writing activities.

What should you expect to learn?

By the end of the semester you will have a clear understanding of contemporary France. You will be introduced to a variety of topics, do research, watch films, engage in discussions and read current newspaper articles. The goal is to broaden your knowledge, challenge your assumptions, refine your understanding, and enable you to make connections and draw conclusions. This text will be an excellent preparation if you intend to study in France.

How is the book organized?

Each chapter is organized around a topic (school, the European Union, rural France for example). Your study of the chapters will be a 3-step approach:

1. **Culture et vocabulaire**

   This first part will introduce you to the topic and will give you the tools to understand it and to speak and write with specific vocabulary.

2. **Le film**

   You will watch a film that illustrates the topic. You will compare what you see with what you studied in the first part of the chapter.

3. **Etude complémentaire**

   You will conclude the study of the chapter with a variety of activities to help you think critically about the topic. You will draw comparisons with your own country, write and act in skits, read interviews with French people, analyze newspaper articles offering opposing, challenging or complementary views on the topic, and finally you will be encouraged to watch other films on the same topic.

What should you do to succeed in this course?

Following these guidelines will help you be successful:

1. Be well-prepared for each and every class. This will boost your self-confidence and encourage you to take part in class discussions.
2. Voice your opinion, share your research, ask questions, get involved, be actively engaged in every class.

3. Invest in your compositions. Make a list of your ideas, as well as a list of all the vocabulary that comes to your mind. Do not write in English or you will be tempted to translate. Pretend you are speaking in French about the topic. This will help you write in authentic and spontaneous French. Once your composition is written, check every agreement, tense, and verb conjugation. It will be a time-consuming affair but the rewards are worth the effort!
4. Make time to watch as many of the "Autres films à voir" as you can. It will broaden your knowledge, expose you to more genuine French and give you ideas for your compositions.
5. Take advantage of the French and Francophone events being organized on campus or in your city. Half of life is just showing up. Half of learning French is just hearing it in context and meeting like-minded people!

La presse

Dans chaque chapitre vous allez être invité à lire des articles tirés de la presse française. Vous trouverez ci-dessous une brève présentation des journaux cités. Vous aurez ainsi une idée de l'histoire de chaque publication et des opinions qu'elle défend.

Les quotidiens

La Croix: Journal chrétien d'information générale, fondé en 1880. Il reste très attaché à ses valeurs chrétiennes mais a su s'adapter et se moderniser. Aujourd'hui, dans un marché de la presse morose, *La Croix* est en bonne santé. www.la-croix.com

Direct Matin: Journal généraliste gratuit lancé en 2007, principalement distribué dans les transports en commun. Les articles sont courts et illustrés. *Direct Matin* est associé au *Monde*, qui fournit 4 articles par jour, ainsi qu'au *Courrier International*, qui fournit un article par jour. http://directmatin.directmedia.fr

Le Figaro: Créé en 1826, *Le Figaro* est le plus vieux quotidien français. Son nom fait référence au personage de Figaro imaginé par Beaumarchais au XXVIIIe siècle. C'est un journal généraliste et conservateur, qui a participé à tous les grands débats du XXe siècle. www.lefigaro.fr

Libération: Fondé en 1973 par, entre autres, Jean-Paul Sartre, *Libération* (ou *Libé*) était à l'origine un journal d'extrême-gauche. Aujourd'hui il défend les valeurs de la gauche sociale-démocrate. www.liberation.fr

Le Monde: Journal généraliste fondé en 1944 sous l'impulsion du Général De Gaulle. Politiquement, c'est un journal centriste, qui a aussi bien critiqué De Gaulle, que Mitterrand et Sarkozy. C'est le quotidien français le plus diffusé à l'étranger. www.lemonde.fr

Les hebdomadaires

Les Dossiers de l'Actualité: Magazine d'actualité destiné aux lycéens et aux étudiants. C'est un journal de qualité qui propose des dossiers sur l'actualité nationale et internationale, présentée de façon pédagogique par les journalistes de la *Croix*.

L'Express: Créé en 1953 par deux journalistes chevronnés, il a rapidement attiré de grands auteurs et était, dès les années 60, le premier hebdomadaire d'information. Aujourd'hui c'est un journal généraliste de centre-gauche, qui fait une large place aux questions de société. www.lexpress.fr

Le Figaro Magazine: Supplément du *Figaro* depuis 1978, ce magazine, classé à droite comme le *Figaro*, s'intéresse à la politique, aux sujets de société, à l'art de vivre et aux voyages. www.lefigaro.fr/lefigaromagazine

Le Journal du Dimanche: Créé en 1948, c'est le seul journal à ne paraître que le dimanche. C'est un journal généraliste. www.lejdd.fr

Magazine Marianne: Magazine d'information créé en 1997. Souvent provocateur, sans affiliation politique claire, il occupe une place unique dans le paysage de la presse française. www.marianne2.fr

Télérama: Magazine culturel fondé en 1947, *Télérama* contient des articles critiques sur les films qui sortent, les spectacles à l'affiche, la musique, les livres et les programmes de radio et télévision de la semaine. C'est un journal de qualité, exigeant et respecté. www.telerama.fr

Les mensuels

Banc Public: Journal belge, politique et littéraire, créé en 1991. Son but est d'être complètement indépendant et d'apporter un regard critique sur l'actualité et une analyse plus approfondie que celle proposée par le reste de la presse belge. www.bancpublic.be

L'Etudiant: Magazine qui s'adresse aux étudiants et qui les guide dans leur vie quotidienne, leurs études et leur donne des idées de formations et d'emplois. www.letudiant.fr

France-Amérique: Fondé en 1943, *France-Amérique* est devenu l'édition internationale hebdomadaire du *Figaro* dans les années 60. Aujourd'hui c'est un mensuel qui s'adresse à la communauté française aux Etats-Unis et aux Américains francophones et francophiles qui veulent rester informés de l'actualité et de la culture française. www.france-amerique.com

La famille
Je vais bien, ne t'en fais pas

Un jeune couple avec enfants

Lili avec ses parents dans *Je vais bien, ne t'en fais pas*

Le film

Lili, 19 ans, rentre de vacances. Ses parents lui annoncent que son frère jumeau Loïc a disparu après une violente dispute avec leur père. Sans nouvelle de lui, Lili s'enfonce dans la dépression et l'anorexie. Jusqu'au jour où elle reçoit une carte postale de Loïc.

Attention!

Si vous connaissez la fin du film, ne la révélez surtout pas à vos camarades. Le charme du film repose sur l'effet de surprise, alors gardez le secret!

Le réalisateur

Philippe Lioret (né en 1955) a été ingénieur du son pendant 15 ans avant de se tourner vers la réalisation. Il a signé son premier film, la comédie *Tombés du ciel* en 1993. Après une deuxième comédie en 1997, *Tenue correcte exigée*, son cinéma évolue. Il se fait plus romantique avec *Mademoiselle* (2001), puis plus sombre et prenant dans *L'équipier* (2004). Dans ce film il décortique les relations complexes au sein d'un petit groupe d'individus, ce qui l'amènera naturellement vers *Je vais bien, ne t'en fais pas*. A la comédie a succédé le drame, et en 2009 l'étude des relations humaines s'est enrichie d'un engagement social et politique avec *Welcome*, dans lequel le réalisateur met en scène un jeune migrant clandestin.

Les acteurs

Mélanie Laurent (née en 1983) est entrée dans le cinéma par hasard. Elle accompagnait une amie sur un tournage quand elle a été repérée par Gérard Depardieu qui l'a fait jouer ensuite dans *Un pont entre deux rives* (1999). Elle a enchaîné avec des seconds rôles, dont quelques films marquants (*Embrassez qui vous voudrez*, 2002, *De battre mon cœur s'est arrêté,* 2005), qui lui ont donné l'occasion de côtoyer de grands acteurs. Sa carrière a réellement décollé avec *Je vais bien, ne t'en fais pas*, dans un rôle prenant et poignant pour lequel elle a obtenu le César du meilleur espoir féminin. Depuis, elle a eu la chance d'endosser des personnages très divers, notamment une violoniste dans *Le concert* (2009). Gracieuse, intelligente, naturelle, elle sait faire des choix et a des projets en tête, notamment de réalisation.

Kad Merad (né en 1964) a été chanteur dans des groupes rock, acteur dans des pièces de théâtre et animateur de radio et de télévision. En 1991, il rencontre Olivier Barroux avec lequel il forme le duo comique Kad & O. Ensemble ils écrivent un film, *Mais qui a tué Pamela Rose?* en 2003. Parallèlement il a de petits rôles au cinéma. Le public le remarque dans *Les choristes* en 2004, puis le découvre sous un jour complètement nouveau dans *Je vais bien, ne t'en fais pas* où il est grave, triste et touchant. En 2008 il fait un triomphe aux côtés de Dany Boon dans *Bienvenue chez les Ch'tis*, le plus gros succès du cinéma français de tous les temps. On le retrouve la même année dans *Faubourg 36*, puis il endosse le rôle du père dans *Le Petit Nicolas* en 2009. Kad Merad est devenu incontournable mais il est resté simple, modeste et drôle.

Kad Merad et Mélanie Laurent

Buzz

- Sortie: 2006
- Durée: 1h40
- Titre aux Etats-Unis: *Don't Worry, I'm Fine*
- Genre: Drame
- Public: Tous publics

Scénario

Le scénario est basé sur le livre éponyme d'Olivier Adam, que Lioret a découvert en l'entendant parler à la radio. Il a retravaillé l'histoire pour l'adapter plus facilement au cinéma. Il a ensuite rencontré l'auteur et ils ont écrit le scénario ensemble.

Culture et vocabulaire

Aspects culturels

1. Mariage et concubinage

a. De quelle façon les chiffres du mariage ont-ils évolué ?

b. Qu'en est-il du PACS ?

c. Que nous enseigne le premier tableau ? Que peut-on en conclure ?

d. De quelle façon le divorce a-t-il évolué depuis 1960 ? Est-ce surprenant ?

Le PACS

En 1999, les députés ont approuvé le projet de Pacte Civil de Solidarité, ou PACS. C'est un contrat qui reconnaît l'union de deux personnes, hétérosexuelles ou homosexuelles.

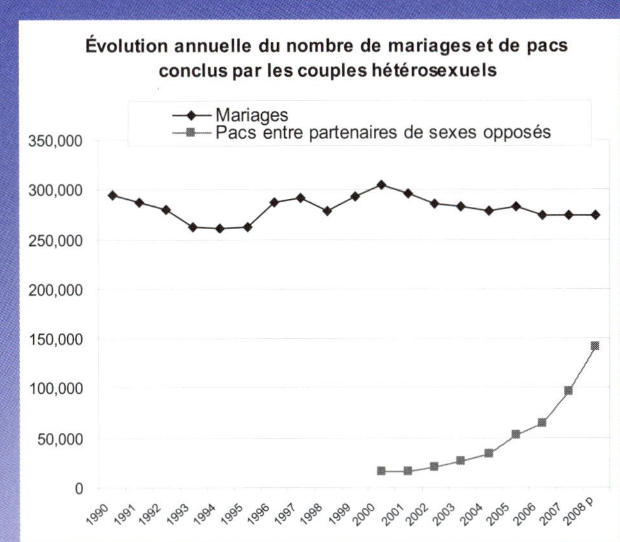

Champ: France métropolitaine. Source : Insee - Bilan démographique

Année	Naissance hors mariage
1996	39,3
1998	40,7
2000	42,6
2002	44,3
2004	46,4
2006	49,5

Champ: France métropolitaine. Source: Insee-Bilan démographique

Evolution du divorce	
Année du jugement	**Divorces pour 1000 couples mariés**
1960	2,85
1970	3,30
1980	6,32
1990	8,40
2000	9,35
2006	11,35

Sources: Ministère de la Justice, INSEE

2. Autres modèles familiaux : familles monoparentales et familles recomposées

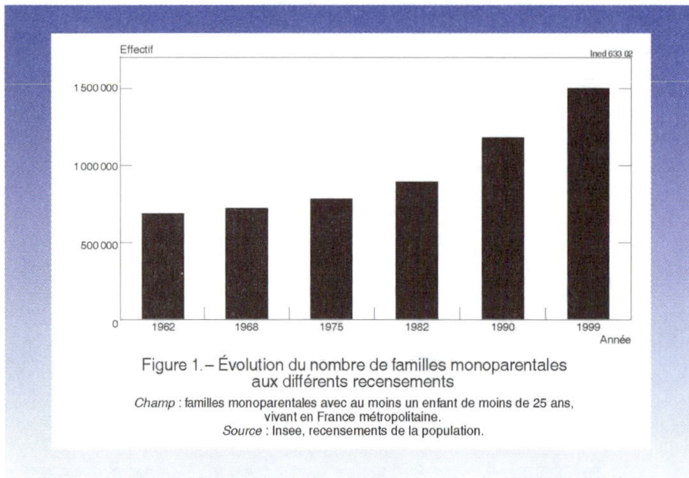

Figure 1. – Évolution du nombre de familles monoparentales aux différents recensements

Champ : familles monoparentales avec au moins un enfant de moins de 25 ans, vivant en France métropolitaine.
Source : Insee, recensements de la population.

Qu'est-ce que ce document nous apprend ? A quel moment les chiffres ont-ils véritablement évolué ?

3. Natalité

a. Où la France se situe-t-elle par rapport aux autres pays ?

b. Regardez les 5 premiers pays de la liste. Où se situent-ils dans le monde ? Qu'ont-ils en commun ?

Nombre moyen d'enfants par femme (en 2006)			
Slovaquie	1,24	Suisse	1,44p
Pologne	1,27	Canada	1,54 (2005)
Russie	1,30	Australie	1,81
Lituanie	1,30	Finlande	1,84
Roumanie	1,31	Royaume-Uni	1,85p
Japon	1,32	Suède	1,85
République tchèque	1,33p	Danemark	1,85
Allemagne	1,34p	Irlande	1,88p
Italie	1,35p	Norvège	1,90
Hongrie	1,35p	France	1,98p
Espagne	1,36p	Nouvelle-Zélande	2,01
Portugal	1,36p	Islande	2.07
Bulgarie	1,38	Etats-Unis	2,10
Grèce	1,38p	Turquie	2,18

p: provisoire. Source: Eurostat , instituts nationaux de statistique et ONU

N'oublions pas d'autres modèles familiaux, comme les enfants adoptés, les familles homo-parentales (couples homosexuels avec enfants), les mères porteuses.

Vocabulaire

Les membres de la famille

une mère : a mother
un père : a father
une fille : a daughter
un fils : a son
des jumeaux (-elles) : twins
une grand-mère : a grandmother
un grand-père : a grandfather
une petite-fille : a granddaughter
un petit-fils : a grandson
les petits-enfants : grandchildren
une tante : an aunt
un oncle : an uncle
une nièce : a niece
un neveu : a nephew
un(e) cousin(e) : a cousin
les beaux-parents : the in-laws
une belle-fille : a daughter-in-law
un gendre : a son-in-law
se marier : to get married
être marié(e) à qu'un : to be married to s.o.
se pacser : to get "pacsed" (*see above*)
divorcer : to get divorced
être divorcé(e) : to be divorced
un(e) célibataire : a single person
un(e) veuf(-ve) : a widow(er)
un(e) compagnon (compagne) : a life partner
se remarier : to get remarried
une belle-mère : a stepmother
un beau-père : a stepfather

Famille et société

le taux de natalité : birth rate
le taux de fécondité : reproduction rate
la dénatalité : drop in the birth rate
le vieillissement de la population : aging of the population
le recensement : census
un foyer : a household
un ménage : a household
un couple : a couple
une famille nombreuse : a large family
une famille recomposée : a blended family
une famille monoparentale : a single-parent family
une famille homoparentale : a gay family
un congé parental : parental leave
avoir des enfants à charge : to have dependent children
des allocations : financial aid for families
avoir la garde des enfants : to have custody of the children
la garde partagée / alternée : divided custody

Parallèle avec d'autres pays

Réfléchissez aux différents modèles familiaux dans votre pays. Les tendances sont-elles les mêmes qu'en France? Les lois sont-elles les mêmes? Les habitudes, les traditions, les modèles imposés par la société ressemblent-ils à ceux que vous avez étudiés?

Le film

Lili

Le père

La mère

Thomas

Léa

Questions générales sur le film

Parents

1. Quelle impression Lili a-t-elle de la situation au début, quand elle vient juste de rentrer chez elle ?

2. A un moment le père s'énerve contre son fils en lisant une carte postale et la mère pleure. Que comprend Lili ? Pourquoi pleure-t-elle en réalité ?
3. La mère savait-elle tout ou est-elle surprise à la fin du film ?
4. Est-ce qu'elle pleure vraiment parce que le rosbif a brûlé ?

Les amis

5. A votre avis, est-ce que le voisin (le copain de Loïc) sait la vérité ?
6. Comment Léa et Thomas réagissent-ils quand Lili leur apprend la nouvelle ?

Le téléphone

7. Quel rôle le téléphone a-t-il ?

Cartes postales

8. Quel impact la première carte postale a-t-elle sur Lili ?
9. Sur la dernière carte il est écrit : "Petite sœur fais gaffe à ne pas te laisser embarquer dans cette vie-là. Essaye de vivre quelque chose de bien, toi. Fais des rêves." Qu'est-ce que tout cela veut dire ?

Recherches

10. Réfléchissez à la scène de l'hôtel à Rouen. Que veut dire la dame ? Que comprend Lili ?
11. Que pensiez-vous quand Lili sort du café pour suivre l'homme au ciré ? Qu'avez-vous ressenti quand vous avez vu cette personne dans la voiture ?

Dates

12. Pourquoi le réalisateur a-t-il choisi d'inscrire les dates sur l'écran ?

Maison

13. Avant la disparition de Loïc Lili avait-elle prévu de quitter la maison et de prendre un appartement ? Pourquoi le fait-elle ?
14. Quel projet le père a-t-il ? Comment le justifie-t-il à sa femme et à sa fille ?

Thomas

15. Quelle attitude a-t-il avec Lili ?
16. Lili est-elle réceptive à cette nouvelle relation? Pourquoi ?
17. De quoi sa visite aux parents de Lili est-elle symbolique ?

Révélations

18. Qu'est-ce que Thomas découvre ?
19. Qu'est-ce que Lili voit en posant le cadeau dans le coffre ? Qu'est-ce qu'elle comprend ? Est-ce clair ?
20. Peut-on être sûr que le père dit la vérité quand il répond à la question de Thomas ?

La fin

21. Qu'est-ce qui n'est pas élucidé ? Qu'est-ce que Lili ne sait toujours pas ?

QUESTIONS SUR LES THÈMES DU FILM

1. **Etudes et petits boulots**

   a. Pourquoi le père de Lili n'a-t-il pas fait d'études ? Qu'a-t-il donc fait plus tard ? Que pense-t-il des études de Lili ?

   b. Lili est-elle fière de son IUT (Institut Universitaire de Technologie) ?

   c. Comparez l'attitude de Lili et de Léa face aux études, à leur travail à Shopi et à leur avenir professionnel.

2. **Classe moyenne et banlieue**

   Le film met en scène une famille classique, de la classe moyenne, qui mène une vie banale dans un pavillon de banlieue. Avez-vous le sentiment que le réalisateur dénonce leur vie bien rangée et à peu près similaire à celle de leurs voisins ?

3. **Liens familiaux, relations parents-enfants**

   a. Comment peut-on décrire les relations au sein de cette famille ? Les différents membres s'entendent-ils bien ? Savent-ils communiquer ?

   b. Que peut-on deviner des relations entre les jumeaux ? Qu'est-ce qui pousse Lili à refuser de s'alimenter ?

> **Parallèle avec**
> ***Ressources humaines***
>
> Comparez les relations parents-enfants dans les deux films. Comment les parents voient-ils Franck et Lili? Comment les jeunes traitent-ils leurs parents?

4. **Passage à l'âge adulte**

   Avant son voyage en Espagne, Lili est adulte mais elle est principalement fille (elle vit chez ses parents) et sœur. Qu'est-ce que le départ de Loïc la pousse à faire ?

5. **Rôle de l'amoureux**

   Quel rôle a Thomas dans cette histoire et dans la vie de Lili ? Pourquoi est-il important qu'il soit là ?

6. **Impact de l'absence**

   Quel impact l'absence de Loïc a-t-elle sur ses parents et sa sœur ? Qu'est-ce qu'elle les force à faire ?

7. **Mensonges et vérité**

   Comment peut-on expliquer et justifier les mensonges ?

Etude complémentaire

Les limites de ce film

1. Quel portrait du milieu hospitalier le film fait-il? N'est-il pas un peu exagéré?
2. Que pensez-vous de la découverte de Thomas, puis de celle de Lili à la fin du film? Elles ont lieu à quelques instants d'intervalle. Cette coïncidence n'est-elle pas un peu grosse?
3. Que pensez-vous du stratagème monté par le père? Est-il vraiment crédible? Que savaient les amis, les voisins, le reste de la famille? Est-il possible que les cartes postales n'aient jamais éveillé les soupcons de Lili? Comment ne s'est-elle douté de rien?

Une situation typiquement française?

Avez-vous le sentiment que cette famille est typiquement française? La situation initiale (le fils/frère qui disparaît, la fille/soeur qui s'angoisse) est-elle particulière à la France, ou au contraire serait-elle la même ailleurs?

A vous de jouer!

1. **Jeu de rôles :** Un(e) ami(e) proche vient de vivre un drame. Vous en discutez avec lui/elle et essayez de le/la réconforter. Soyez bien à l'écoute de la personne, laissez-la parler, offrez des conseils, des suggestions.
2. **Débat :** Dans une situation dramatique, le silence vaut-il mieux que la vérité ? Analysez les deux points de vue et tirez vos conclusions.

La parole à ...

Hélène et Thierry

Pouvez-vous, chacun, me décrire la famille dans laquelle vous avez grandi ? Quel modèle familial était le vôtre pendant votre jeunesse ?

Hélène : J'ai eu un modèle familial traditionnel : une mère au foyer et un père consacrant beaucoup d'heures à son activité professionnelle. Chacun de mes deux parents était engagé dans des activités en dehors du cercle familial, nous donnant ainsi un modèle d'ouverture. L'éducation, l'autorité, étaient plutôt du ressort de notre mère, du fait de sa présence beaucoup plus importante auprès de nous.

Nos parents étaient attentifs, soucieux de notre éducation, sachant nous poser les bonnes limites. Ils ont su nous laisser libres et responsables dans nos choix de vie.

Hélène, Thierry et les enfants

Nous avions une vie simple, faite de travail, de quelques loisirs et surtout de bons moments passés ensemble. Nous étions au plus proche de la nature.

Tolérance, respect, écoute, simplicité étaient les maîtres-mots de l'éducation que nous avons reçue.

Thierry : J'ai eu un modèle familial traditionnel : une mère au foyer qui faisait quelques heures de ménage et un père ouvrier maçon. Tous les deux, d'origine vendéenne, avaient une foi chevillée au corps.

Dans ma jeunesse le travail avait beaucoup d'importance pour mon entourage, mais nous n'étions pas en manque de vacances au bord de la mer.

La maison était très animée par les nombreux visiteurs, avec un sens de l'accueil bien vendéen et une grande tolérance.

Cependant, on parlait peu de soi-même. Pas de discussion de fond non plus. Les échanges se faisaient plus par les gestes que par la parole : beaucoup de tendresse entre nous, qui aujourd'hui encore nous permet de nous comprendre, sans avoir besoin de le traduire par des mots.

Vous êtes mariés depuis 17 ans. Quelle valeur accordez-vous au mariage?

Pour nous le mariage a une valeur d'engagement et de fidélité dans la durée. Le oui donné à l'autre nous engage vis-à-vis de lui, malgré les difficultés rencontrées au fil des années. Notre famille accorde également une valeur à la dimension chrétienne du mariage.

Vous avez 4 enfants. Pourquoi est-ce important pour vous d'avoir une grande famille ?

Pour moi (Hélène), une famille de 4 enfants ne représente pas vraiment une grande famille, même si elle dépasse effectivement en nombre la moyenne nationale ! Nous voulions, à travers l'accueil de ces enfants, créer une petite communauté familiale où pourraient se vivre des valeurs de partage, de solidarité, d'ouverture à la différence (chacun au sein de la famille apportant sa singularité). La maison est pleine de vie, de projets.

Hélène : Vous étiez enseignante. A quel moment avez-vous arrêté de travailler ? Etes-vous satisfaite de ce choix ?

J'ai arrêté de travailler à la naissance de notre deuxième enfant. Ce choix correspond à un désir que j'ai toujours porté en moi de prendre du temps pour élever et voir grandir mes enfants. Aujourd'hui j'en suis pleinement satisfaite, si ce n'est que j'ai dû un certain nombre de fois justifier et défendre ce choix. J'ai différentes activités (bénévoles) qui contribuent à mon épanouissement et qui me sont effectivement indispensables.

Pensez-vous que l'Etat aide suffisamment les familles nombreuses ?

Les allocations versées par l'Etat sont un réel soutien financier pour subvenir aux besoins de la famille, mais il nous semblerait plus juste que ces allocations soient versées sous condition de ressources.

Que trouvez-vous agréable et gratifiant dans votre vie de famille ?

Il est agréable et gratifiant de voir nos enfants s'épanouir, devenir autonomes et développer chacun leurs talents particuliers. Nous aimons notre maison pleine de vie et d'activités. Les enfants apprécient notre présence, notre disponibilité au quotidien et savent nous le rappeler.

Quelles difficultés, liées à la taille de votre famille, rencontrez-vous ?

Nous rencontrons peu de difficultés liées à la taille de notre famille. Il suffit d'un peu d'organisation et surtout ne pas attacher trop d'importance aux détails matériels. Le fait d'être à la maison permet d'avoir du temps pour chacun, malgré le nombre d'enfants. Il est nécessaire d'avoir un agenda bien tenu et il faut reconnaître que c'est parfois la bousculade dans l'emploi du temps. Parfois, les différences d'âges posent aussi quelques problèmes dans les activités que nous vivons ensemble.

Quelles valeurs familiales essayez-vous de transmettre à vos enfants ?

Deux valeurs sont pour nous essentielles : la tolérance et le respect de toutes les différences.

Comment envisagez-vous l'avenir ? Pouvez-vous vous projeter dans 10 ans ? Comment voyez-vous votre famille à ce moment-là ?

L'avenir de nos enfants leur appartient. Nous souhaitons simplement qu'ils s'épanouissent dans leurs choix et nous les y aiderons aussi longtemps que nécessaire ou qu'ils le souhaiteront.

J'espère que dans 10 ans, les aînés auront acquis leur indépendance, pour qu'ils puissent vivre leur vie à leur tour. Je pense, en ce qui nous concerne, que nous en profiterons pour réaliser des projets difficiles à vivre aujourd'hui : voyages, visites en tous genres…

Anne

Pouvez-vous me décrire la famille dans laquelle vous avez grandi ? Quel modèle familial était le vôtre pendant votre jeunesse ?

J'ai grandi dans une famille recomposée. J'ai 1 grande sœur et 2 grands frères d'un premier mariage de ma mère. J'avais le sentiment de grandir dans une famille complètement normale et classique. En revanche quand ils sont partis de la maison je me suis retrouvée toute seule avec mes parents. J'étais très proche de mes grands-parents paternels mais je voyais rarement mes grands-parents maternels.

Mélina, Anne et Elora

Vous avez été mariée. Pouvez-vous me donner quelques détails?

J'ai rencontré Patrice en 1995 et nous avons emménagé en 1996. Mélina est née en 1997, puis nous nous sommes mariés en 2000. Elora est née en 2001 mais nous nous sommes séparés très peu de temps après. Nous avons divorcé à l'amiable en 2006.

Vous avez la garde de vos filles. Quel arrangement avez-vous avec leur père ?

L'arrangement officiel est qu'il a les filles un week-end sur deux, ainsi que la moitié des vacances scolaires. En fait nous nous entendons bien pour la garde et nous sommes flexibles. Si je dois m'absenter Patrice vient chez moi pour garder les filles. Nous avons toujours donné la priorité aux enfants.

Vous êtes maintenant une famille monoparentale. A quelles difficultés particulières êtes-vous confrontée ?

Il n'est pas toujours facile de concilier ma vie active et mes obligations familiales, d'autant plus que j'ai un métier assez prenant. Je dois tout gérer, tout faire toute seule et bien évidemment assurer financièrement. Je ressens aussi que je dois donner beaucoup et que je n'ai personne pour me ressourcer.

Votre famille est-elle en mesure de vous aider ?

Pendant les vacances d'été ma mère prend les filles pendant 3 semaines. Le reste du temps je me débrouille et je compte sur mes amis et mes voisins !

Le divorce est depuis longtemps bien accepté en France, et il y a de très nombreuses familles monoparentales. Malgré tout, cela vous est-il arrivé de vous sentir jugée ou mal acceptée parce que vous n'êtes pas en couple ?

Non, je ne me suis jamais sentie jugée. Il est vrai qu'au début, juste après la séparation, j'évitais de fréquenter les groupes et depuis je me suis reconstruit un réseau social.

Vos filles ont-elles bien accepté le divorce ? Qu'est-ce qui a été difficile pour elles ?

Elles ont beaucoup d'amis comme elles ! Elles ont sîrement été marquée par notre séparation mais elles en voient aussi les avantages. Elles doivent être plus autonomes mais il n'y a pas de rébellion, on s'entend bien toutes les trois.

Avez-vous des amies qui élèvent seules leurs enfants, mais dans un contexte différent du vôtre ?

Oui, je connais plusieurs cas difficiles. J'ai une copine qui a deux enfants de deux pères différents. Ni l'un ni l'autre n'assume son enfant donc elle doit se débrouiller seule. Je connais aussi un couple qui a été obligé de vendre la maison, ce qui est difficile pour leurs enfants de 5 et 2 ans. Moi j'ai pu rester dans la maison que j'avais achetée avec Patrice car je peux payer toute seule. Finalement je peux dire que j'ai raté mon mariage mais réussi mon divorce !

Pour conclure, comment décririez-vous votre vie de famille monoparentale ?

Je suis mieux dans ma tête depuis que je suis séparée. Je suis tranquille, je n'ai pas de compte à rendre. J'ai mes habitudes, je suis bien organisée et j'apprécie d'avoir un week-end sur deux pour moi. Je suis ravie !

Estelle et Jean-Marc

Pouvez-vous, chacun, me décrire la famille dans laquelle vous avez grandi ? Quel modèle familial était le vôtre pendant votre jeunesse ?

Jean-Marc : J'ai grandi dans une famille soudée, avec mes parents et mes deux frères, mais mes parents ont divorcé quand j'avais 16 ans.

Estelle : Ma famille était unie. J'ai grandi avec mes parents, mes deux sœurs et un chat !

Comment viviez-vous, chacun, avant de vivre ensemble ?

Garance, Estelle et le petit Emilien, Victoire et Jean-Marc

Jean-Marc : Quand j'ai rencontré Estelle j'étais séparé depuis 3 ans. J'avais la garde alternée de mes deux filles, Victoire et Garance.

Estelle : J'étais célibataire et je vivais dans un petit appartement à Paris.

Vous vous êtes mariés l'an dernier. Pourquoi avez-vous choisi le mariage plutôt que le PACS ou le concubinage ? Pourquoi était-ce important de vous marier ?

Jean-Marc : J'ai connu un échec puisque j'ai divorcé mais cela ne m'a pas empêché de me remarier car les valeurs liées au mariage restent fortes pour moi.

Estelle : C'est un engagement qui va de soi, et aussi un engagement vis-à-vis de la société. C'est aussi un rite de passage et un symbole très fort.

Estelle : Comment ta famille a-t-elle réagi quand elle a su que tu allais faire ta vie avec un homme divorcé et père de 2 enfants ?

Ma famille a très bien réagi, tout le monde était très heureux.

Jean-Marc : Comment tes filles ont-elles réagi quand elles ont su qu'Estelle allait vivre avec toi, et donc avec elles aussi ?

Leur attitude a été très positive en général. Ensuite, et de façon plus concrète, cela a été moins évident, surtout pour Victoire. Il a fallu s'adapter à la réalité. Je me rends compte maintenant que j'aurais dû rendre l'arrivée d'Estelle plus officielle, j'aurais dû mieux expliquer la situation car elles ont été perturbées.

Comment jugez-vous la garde alternée ? Vous semble-t-elle la meilleure solution quand un couple se sépare, et dans votre cas particulier ?

Jean-Marc : C'est une bonne solution. Maintenant les filles sont 2 semaines avec nous, puis deux semaines avec leur mère. Cela est moins difficile que de changer toutes les semaines.

Estelle : Je crois que les filles ont l'impression d'avoir deux vies, mais de n'être jamais vraiment chez elles. Il serait peut-être mieux d'avoir un seul foyer de résidence mais il est normal que les deux parents se battent. Cette alternance reste lourde à gérer avec le travail.

De quelle façon la naissance d'Emilien a-t-elle changé la dynamique au sein de votre famille ? Vos rapports avec les filles ont-ils évolué ?

Oui, je crois que les rapports ont changé avec les filles. Elles considèrent que désormais on est une famille vraiment recomposée. D'ailleurs on a tous le même nom de famille. Emilien est un lien. Les filles grandissent aussi et leur mère vit avec quelqu'un.

Comment envisagez-vous l'avenir ? Pouvez-vous vous projeter dans 5 ans ? Comment voyez-vous votre famille à ce moment-là ?

Jean-Marc : Dans 5 ans les filles seront un peu parties donc notre famille sera plus nucléaire, avec, pour Emilien, deux grandes sœurs qui passent de temps en temps.

Estelle : On espère avoir un autre enfant, et peut-être qu'on quittera la maison quand on n'aura plus la contrainte de la garde alternée.

L'AVIS DE LA PRESSE

Article de Cécilia Gabizon, publié dans le *Figaro* du 24 septembre 2008

Famille française en 1930

Pourquoi la France est championne d'Europe de la fécondité

Avec son taux de fécondité de 1,98 enfant, cas exceptionnel en Europe et rare dans le monde développé, la France fait des envieux. Japonais, Coréens, Allemands, Italiens... viennent par délégations enquêter auprès de l'Institut national d'études démographiques (Ined), qui publie mercredi une note d'analyse sur les politiques familiales dans l'OCDE et détaille les spécificités françaises.

Si le mystère de la naissance ne se réduit pas à des équations, il semble que les couples calculent, sans même y prêter garde, le coût d'un enfant. Celui-ci est évalué généralement entre 20 % et 30 % des revenus° du ménage°. En France, ce coût est particulièrement amorti° par notre politique familiale, dont le budget n'a cessé de s'étoffer° pour atteindre 3,8 % du PIB°. C'est "l'un des États qui prennent le plus en charge les petits de moins de 6 ans dans l'Union européenne", selon Olivier Thevenon, économiste, auteur de l'étude. La France se classe 3e dans l'OCDE en matière de dépenses familiales. Avec les subventions° locales, les crédits d'années de travail en matière de retraite et tous ces petits avantages liés aux enfants, le pays consacrerait presque 4,6 % de son PIB à la famille. Un budget très important pour une politique "efficace" à en croire le chercheur, puisque la fécondité est forte et l'emploi des femmes assez élevé. Pour autant, il serait hâtif° de conclure qu'il suffit de subventionner les familles pour accroître les naissances. Par le passé, les immigrés ont aussi contribué à la vitalité démographique française. Mais, selon les démographes, la France fait aujourd'hui partie des pays d'Europe où ils participent le moins à la natalité.

income / household

cushioned

grow / GDP

subsidies

premature, hasty

En Allemagne, les sommes dépensées se rapprochent de celles de la France tandis que le pays connaît toujours une importante dénatalité. À l'inverse, le taux de fécondité des États-Unis atteint 2,1, pratiquement sans aide publique, souligne François Héran, qui dirige l'Ined. La natalité n'est pas matière aisée à modéliser. Cependant, la France bénéficie d'une longue expérience, puisqu'elle a entamé dès les années 1930, bien avant ses voisins, une politique familiale pour contrer un malthusianisme néfaste. Nous étions alors le pays le plus vieux du monde, rongé par les fantômes de la Grande Guerre°, avec des paysans qui réduisaient les fratries° pour ne point morceler° les terres et des bourgeois inquiets. Pour conjurer le déclin, le gouvernement lance alors les premières aides. Qui se sont sans cesse étoffées, complétées, jusqu'à former un système complexe et assez unique.

World War I / the amount of brothers and sisters / divide up

Réduction d'impôt

Depuis les années 1980, nos voisins se sont lancés dans des politiques plus volontaires, pour contrer° le vieillissement. Les pays nordiques sont particulièrement en pointe°. Mais les dépenses familiales françaises (de la branche famille de la protection sociale) se situent toujours dans le tiers supérieur de l'Europe. Allocations°, soutien financier, congés parentaux, chèque de rentrée scolaire… S'ajoute à ces subventions une réduction d'impôt° très importante, avec le quotient familial, que nous sommes les seuls à appliquer en Europe. Le troisième enfant compte pour une part entière. "Une aide qui profite principalement aux classes aisées°", note Olivier Thevenon. De fait, le système français agit aux deux extrêmes de la population. Les foyers les plus pauvres, (qui touchent un quart du salaire moyen), reçoivent 12,9 % du total des aides accordées. Tandis que les plus prospères, ceux qui disposent de deux fois le salaire moyen, récoltent 9,1 % des aides. Au total, des économistes du Conseil d'analyse économique ont calculé que les familles qui gagnent moins de 5 000 euros par an reçoivent par transfert 5 000 euros. Tandis que ceux qui gagnent plus de 70 000 euros perçoivent près de 8 000 euros d'aides sur l'année. Inégalitaire, cette politique est cependant devenue consensuelle°. La gauche° avait, un temps, en 1997, songé à refondre ce système et conditionner les allocations aux ressources. D'autant que "les études ont montré la faible efficacité du quotient familial en matière de natalité", selon Olivier Thevenon. Mais le gouvernement socialiste avait dû reculer. Les associations familiales avaient réclamé que tous les enfants, riches ou pauvres, connaissent la même providence. Depuis, l'alternance n'a fait que conforter la stabilité de la politique familiale. Ailleurs marquée à droite, elle est, en France, républicaine. Cette stabilité participe de notre modèle. Car "en matière de démographie, les mouvements sont très longs. Les Français font confiance, ils savent qu'ils peuvent compter sur ces aides, qui ne sont pas susceptibles d'être remises en cause°", explique François Héran. Le soutien de l'État est d'ailleurs continu, là où, en Europe, la plupart des

to counter

at the forefront

benefits, aids

tax break

well-off

widely accepted / the Socialist Party

questioned, challenged

Congé parental

Le congé parental peut être pris par l'un des parents pour s'occuper d'enfants de 0 à 3 ans.

pays privilégient les primes°, au deuxième enfant par exemple, la France choisit d'aider les familles de la naissance à l'entrée à l'école primaire, avec de nets avantages accordés au troisième enfant. Toujours proche du couffin°, l'État fait siens les enfants lorsqu'ils entrent en maternelle, véritable clé de voûte de cet édifice, selon les démographes. Gratuite, facile d'accès, elle scolarise aujourd'hui presque 100 % des plus de 3 ans, "fait rarissime dans le monde et décisif", assure François Héran. Lancée sous la IIIe République, en 1880, la scolarisation précoce° servait d'abord les enfants d'ouvriers, autrement livrés à eux-mêmes° pendant que leurs mères travaillaient. Les années passant, la maternelle s'est installée dans les habitudes éducatives, jusqu'à devenir "l'une des rares institutions qui se sont développées du bas vers le haut, séduisant peu à peu les classes aisées", selon François Héran. Depuis les années 1970, tous les enfants y séjournent. Tandis que les Scandinaves viennent d'établir le même service scolaire, l'Allemagne tente maintenant d'allonger les horaires d'accueil des jardins d'enfants°, et se heurte à des réticences° culturelles. Jusqu'à présent, il était mal vu outre-Rhin° de confier ses jeunes enfants : ces femmes recevaient le nom de "mères Corbeau°". Désormais, l'Allemagne veut raccourcir les congés parentaux et privilégier la maternelle.

one-time bonuses
cradle
early
left alone
day care centers
barriers
across the Rhine (in Germany)
mothers who let their children fend for themselves

Scolarisation ultraprécoce

En France, les économistes ont largement étudié cette institution. Elle s'avère le mode de garde le moins onéreux° pour la collectivité - en 2005, le coût mensuel d'un enfant préscolarisé s'élevait à 390 euros, contre 948 dans une crèche°. Et recueille l'approbation des parents, qui la jugent bénéfique. Elle soulage° les mères qui veulent retravailler ou... songer à un nouvel enfant. En moyenne, 3,5 ans séparent les naissances dans les fratries. Le temps de voir l'enfant entrer en maternelle. Démarrée plus récemment, la scolarisation ultraprécoce change à son tour la donne. En 2000, près de 35 % des enfants de 2 ans et demi s'y trouvaient, contre 21 % aujourd'hui, faute de places. Récemment, le ministre de l'Éducation, Xavier Darcos, a regretté que des professeurs diplômés s'occupent de "changer des couches°". Cependant, comme mode de garde, elle s'avère très efficace et favorable aux plus démunis°, comme les mères seules, qui peuvent ainsi retravailler, selon l'enquête menée récemment par les économistes Éric Maurin et Dominique Goux. Désormais, la Commission européenne préconise le développement de ce genre de structures d'accueil collectives. Avec, à terme, l'intention de proposer un congé parental plus court, et mieux rémunéré, pour favoriser le retour à l'emploi des mères. Car les femmes paient toujours le tribut°

the cheapest
day care center
relieves
diapers
destitute
the price

de la maternité. Au Danemark, elles sont concentrées dans le service public, qui se concilie mieux avec la vie de famille. Dans les pays anglo-saxons, elles connaissent souvent les temps partiels° et les petits boulots°, retrouvés au gré des retours de grossesse°. En France, les femmes conservent en général leur emploi après le premier enfant, puis ont parfois intérêt à le quitter, dans les foyers modestes, après le deuxième et surtout le troisième enfant. Enfin, dans les pays du sud de l'Europe, en Grèce, en Pologne, les femmes travaillent peu mais la natalité s'est effondrée. Car aujourd'hui, les pays les plus "familialistes sont les moins natalistes", assure François Héran. "Les femmes veulent toujours des enfants, mais sans sacrifier leur vie personnelle et professionnelle". Une voie empruntée, semble-t-il, par les Françaises. Avec l'aide de l'État.

part-time jobs

odd jobs / after a pregnancy

1. Pourquoi est-il moins coûteux d'avoir un enfant pour une famille française que pour une famille d'un autre pays?
2. Qu'est-ce que la France a commencé à faire dans les années 30, et pourquoi?
3. Pourquoi les familles aisées bénéficient-elles aussi des allocations et des réductions d'impôts?
4. Quel rôle l'école maternelle joue-t-elle dans le taux de natalité?
5. La possibilité de prendre un congé parental est une avancée sociale. Pourquoi est-il aujourd'hui remis en question?

Interviews accordées à Rémi Duchemin pour le *Journal du Dimanche*

get along

Pacs et mariage font-ils bon ménage°?

Il y a dix ans, l'Assemblée nationale adoptait le Pacte civil de solidarité (Pacs) au terme d'une lutte acharnée. Depuis, au fil des ans, le Pacs, principalement conçu pour permettre aux couples d'homosexuels d'avoir une reconnaissance juridique, a connu un succès grandissant. En 2007, près de 100 000 couples ont choisi cette forme d'union, dont une très large majorité d'hétérosexuels. Un succès dont certains se félicitent, mais qui, pour d'autres, irait jusqu'à menacer le mariage traditionnel. Et vous, qu'en pensez-vous?

"Les deux unions sont complémentaires"

Parti Socialiste

François Rebsamen, sénateur-maire PS° de Dijon

"Dix ans après, on a maintenant une certaine expérience du Pacs, on peut en tirer un bilan. Or on s'aperçoit que cela ne porte pas du tout atteinte à l'institution traditionnelle qu'est le mariage. Cela permet à des personnes, quel que soit leur sexe, qui souhaitent vivre ensemble selon une forme légale différente du mariage, de pouvoir le faire en toute sérénité, avec des garanties juridiques. Cela permet des unions que le mariage ne permettait pas aussi facilement.

they complement each other

Il n'y pas de concurrence entre les deux unions, au contraire, il y a une complémentarité°. Pour les hétérosexuels qui ne veulent pas se marier, cela permet d'avoir une vie en commun légalisée. Et les personnes du même sexe qui le souhaitent peuvent vivre ensemble dans un cadre sécurisé sans avoir à se cacher. C'est une bonne formule qui sort les homosexuels d'une forme de clandestinité insupportable.

De ma propre expérience de maire de Dijon, les demandes de mariage restent toujours aussi nombreuses, et l'hôtel de Ville ne désemplit pas, contrairement à ce que les opposants au Pacs pouvaient penser. Et lors des Pacs que j'ai pu célébrer à la mairie de Dijon, il y avait autant d'affection, de tendresse et d'émotions que lors d'un mariage traditionnel.

so relentlessly, so fiercely

Chacun est libre de sa vie, de vivre comme il l'entend. Et à ce titre, je considère qu'en terme d'avancées, de respect de la personne et de droit à la différence, le Pacs constitue une réponse intelligente, appropriée et respectueuse. Christine Boutin et tous les opposants au Pacs doivent aujourd'hui regretter d'avoir manifesté à l'époque leur hostilité avec autant d'acharnement°".

"Une vraie menace pour le mariage"

Christian Vanneste, député UMP du Nord

"Le Pacs est certainement l'un des textes les plus stupides, les plus néfastes° qui aient été votés dans la cadre de la Ve République. C'est une loi absolument désastreuse, qui torpille° la famille. Ce qui devait servir à faciliter la vie d'une toute petite minorité d'homosexuels a servi surtout à miner° complètement le mariage, qui, lui, est une institution qui consolide le tissu social, qui est fondé sur l'idée que le lien entre les demandes d'un couple doit être le plus continu possible, et qui sert essentiellement à ce que des enfants naissent et soient élevés au sein du couple.

harmful

torpedoes

undermine

Grâce au Pacs, on fait en sorte que les gens qui vivent dans un contexte social où la précarité°, la peur de l'engagement°, l'individualisme forcené triomphent, peuvent se dire que c'est plus prudent de se pacser que de se marier. C'est une vraie menace pour le mariage. Ce qui me scandalise profondément, c'est que des maires ont l'inconscience, l'irresponsabilité de mettre sur le même plan un acte fondateur du lien social et de la cellule de base de notre société, de notre République et un accord entre deux personnes qui trouvent juste leur intérêt.

lack of security / fear of commitment

Qu'en ayant fait un certain choix de vie -car l'homosexualité est un choix-, on ait les mêmes avantages que ceux qui font un choix de vie qui manifestement est davantage facteur de stabilité et de développement pour la société, ce n'est pas normal, ce n'est pas juste. Je dis donc: Vive le mariage. Restaurons-le, et faisons en sorte qu'il y ait le maximum de différences au niveau fiscal, au niveau de la succession°, entre les gens qui se marient et ceux qui passent un accord entre eux dans leur seul intérêt. J'estime que les 10 ans du Pacs sont un anniversaire à marquer d'une pierre noire, noire foncée. C'est une catastrophe. Il faut le supprimer au plus vite, et j'espère que le bon sens triomphera."

inheritance

1. Pourquoi François Rebsamen est-il favorable au Pacs?
2. Le Pacs a-t-il un effet néfaste sur le mariage d'après lui?
3. Pourquoi Christian Vanneste est-il contre le Pacs?
4. Que souhaite-t-il?
5. Quel est le ton de chaque entretien?

Analyse de Charlotte Rotman pour *Libération* (19 juillet 2007)

Le boom des monoparents

Le Centre d'études de l'emploi alerte sur la hausse des foyers à parent unique et l'exposition à la précarité.

on the rise

challenge

Revenu Minimum d'Insertion (pour ceux qui n'ont aucun autre revenu)

Une jeune mère hébergée en foyer, un veuf avec des enfants à charge, des divorcées qui ont la garde des petits: les familles monoparentales sont multiples. Et en hausse°. Depuis les années 60 leur nombre a doublé et on en comptait 1,5 million en 1999 (derniers chiffres du recensement). Dit autrement, en 1982 un ménage sur dix était composé d'un ou plusieurs enfants de moins de 25 ans et d'un parent seul. Aujourd'hui, c'est le cas de un sur cinq. En tout, 2,4 millions d'enfants vivent avec un seul parent. *"Un défi° majeur pour les politiques publiques"*, selon une étude du Centre d'études de l'emploi, publiée le mois dernier[1]. Surtout quand on sait qu'entre 1994 et 2004, le nombre de familles monoparentales qui perçoivent le RMI° a augmenté de 56,4 %, c'est-à-dire beaucoup plus vite que l'ensemble des ménages (+ 32,9 %).

Le RMI

Un "RMIste" est une personne qui a droit au Revenu Minimum d'Insertion, une allocation versée aux personnes sans emploi ou qui gagnent très peu (temps partiel, contrats de courte durée). En 2009 il a été remplacé par le RSA (Revenu de Solidarité Active), dont le but est d'aider plus activement les bénéficiaires à (re) trouver un emploi.

Les caractéristiques de ces foyers ont changé. Au début des années 1960, les veufs et veuves représentaient 55 % des cas contre 7,5 % en 2004. Dans la même période, la part des divorcé(e)s a augmenté (de 15 à 42 %), celle des célibataires a fait un bond (de 8 à 41 %). Ces changements expliquent la féminisation de ces familles, car dans 85 % des cas de divorce, la garde des enfants est confiée à la mère.

middle school / economically unstable / gives them some standing, sense of self-worth

Collège. Il y a différents profils. Les mères célibataires, celles qu'on n'appelle plus les filles-mères, sont plus jeunes que les autres parents. Un quart d'entre elles n'ont pas dépassé le collège°. Souvent précaires° de mère en fille, la maternité les valorise°. Ces "single-mothers" n'ont jamais vécu en couple et sont hébergées, une fois sur cinq par leur famille. Elles ont des revenus faibles : 30 % touchent moins de 1000 euros nets par mois. 59 % d'entre elles occupent un emploi, souvent *"atypique"*, (intérim, temps partiel). Parmi elles, on trouve des adolescentes, même si leur nombre a chuté de 10 000 à 4 000 en 25 ans.

---

1 Anne Eydoux, Marie-Thérèse Letablier, avec Nathalie Georges, *les Familles monoparentales en France,* disponible sur le site www.cee-recherche.fr

La configuration la plus fréquente est celle des parents séparés : les trois quarts des situations de monoparentalité sont dues à une séparation. C'est aussi la plus complexe, car les enfants peuvent conserver des liens avec le parent absent. D'autant que le mode de la résidence alternée n'est pas pris en compte par les statistiques. Ni d'ailleurs les coparentalités, notamment de couples homosexuels. La pérennité des liens familiaux au-delà des séparations, rappellent les auteurs, est *"l'un des objectifs des politiques publiques et l'un des rôles assignés à l'action sociale [...] : veiller au maintien de ces liens, économiques [...], sociaux [...] et affectifs"*.

HLM. Les familles monoparentales, diverses, ne sont pas toutes exposées de la même manière aux risques de pauvreté. Mais les chiffres sont évocateurs. En moyenne, elles ont un niveau de vie inférieur de 24 % à celui des ménages avec enfants. Après séparation, 6 femmes sur 10 déclarent restreindre leur train de vie, la moitié disent qu'elles ont juste de quoi vivre. Ces familles sont surreprésentées dans l'habitat social et portent plus souvent un avis négatif sur leur quartier. Davantage locataires que la moyenne des ménages (65 % contre 38 %), elles sont plus vulnérables aux hausses° des loyers. Temps partiel subi°, rémunération plus faible : les parents seuls sont *"pénalisés"* et *"cumulent les désavantages"*. Il n'y a qu'à voir : la proportion des ménages monoparentaux sans emploi a franchement augmenté, passant de 9 % en 1975 à plus de 25 %, en 2002.

rent increase / imposed

1. Parmi les chiffres cités, lequel vous frappe le plus?
2. Comparez le pourcentage de veufs et veuves dans les foyers monoparentaux dans les années 60 et en 2004.
3. Quels sont les deux schémas les plus classiques aujourd'hui pour les familles monoparentales?
4. Quels sont les grands problèmes rencontrés par les mères célibataires?
5. En règle générale, de quoi souffrent les foyers monoparentaux?

Article d'Agnès Leclair paru dans le *Figaro* du 3 mars 2009

Homoparentalité : l'avenir des enfants en question

Le projet visant à donner des droits au "beau-parent", y compris homosexuel, divise l'UMP.

Il y a maman et il y a Manou. Manou, c'est la deuxième mère - ou le "coparent" - qui élève l'enfant de sa compagne comme si c'était le sien. La décision d'avoir un bébé, les deux femmes l'ont prise ensemble, après douze ans de vie commune. La maman biologique, Emmanuelle Revolon, a donné naissance à sa petite fille il y a trois ans, après avoir effectué une insémination artificielle avec sperme de donneur (IAD). Elle préside par ailleurs l'association Gaylib, mouvement associé à l'UMP, et milite pour les droits des familles dites "homoparentales".

third party

L'avant-projet de loi sur le statut du tiers° et l'autorité parentale, dévoilé lundi, constitue un premier pas dans la reconnaissance de ces familles. Jusqu'à présent, jamais les couples composés de deux personnes du même sexe n'avaient en effet été pris en compte dès l'élaboration d'un texte de loi. Le projet prévoit la possibilité de partager l'autorité parentale avec un tiers par simple voie conventionnelle avec homologation de la convention par un juge. Ce tiers pourrait aussi bien être un beau-parent qu'un grand-parent ou le coparent d'un couple homosexuel. Le texte divise l'UMP, la polémique étant symbolisée par les positions divergentes des deux ministres, Christine Boutin et Nadine Morano. La première a dénoncé une reconnaissance "de l'adoption par les couples homosexuels de façon détournée". "Une posture passéiste et idéologique", selon la seconde.

guardianship

Pour l'heure, la compagne d'Emmanuelle ne bénéficie d'aucun statut particulier. Elle se promène avec une lettre d'autorisation signée par Emmanuelle dans sa poche au cas où on la questionne sur ses liens avec la fille de sa compagne lors de démarches administratives. "Nous avons également prévu une tutelle° testamentaire pour que ma compagne puisse avoir la garde de ma fille si je décède", explique Emmanuelle.

Sécuriser le lien

Jean-Marc et Olivier, un autre couple homoparental, ont pris des dispositions similaires. Leurs deux garçons, dont Olivier est le père biologique, sont issus d'une gestation pour autrui, réalisée aux États-Unis avec une mère porteuse° américaine. L'aîné, âgé de six ans, "nous considère tous les deux comme ses papas", raconte Jean-Marc. Il a également une "marraine"°, souvent présente à ses côtés, et rencontre sa mère biologique une à deux fois par an. "Nous n'avons pas de statut légal mais nous avons un statut social, revendique Jean-Marc, lié à Olivier par un Pacs et "second papa". Tous nos proches° sont au courant de la situation. Nous sommes assimilés à un couple de parents "classiques" par la CAF°, qui prend en compte nos deux revenus dans le calcul des allocations." Il en va de même pour la comptabilité de la cantine°. Le couple s'estime donc dans la situation de parents lambda°, notamment à l'école où il s'est fait de nombreux amis parmi les parents d'élèves. Ce projet de loi pourrait sécuriser son lien avec les deux enfants, selon Jean-Marc. Mais ce dernier craint aussi qu'il "repousse de dix ans le débat sur l'adoption simple dans un couple homosexuel".

surrogate

a godmother

friends and relatives

Caisse des Allocations Familiales

school cafeteria

any other parents

Pourtant, ce texte va sans doute plus loin qu'une simple tentative d'organiser la vie pratique des beaux-parents ou homoparents. Il pose des questions qui font débat sur les transformations de la famille. Le psychanalyste Jean-Pierre Winter met ainsi en garde contre "un changement profond des lois de la filiation". "La vie prive parfois un enfant de père ou de mère par accident, commente-t-il, mais ce n'est pas à la loi d'organiser cette privation. Cela transforme les enfants en champ d'expérience car il n'existe pas d'études sérieuses sur le devenir des enfants des familles homoparentales". "Il serait plus pertinent d'accorder des droits d' 'éducateurs' aux personnes qui les élèvent que de les reconnaître comme parents", poursuit-il. La psychanalyste Caroline Thomson, elle, avance que "rien ne prouve que cette situation crée des déséquilibres chez l'enfant". L 'homoparentalité est un exemple poussé des problématiques des recompositions familiales, estime-t-elle. "Les rôles de père et de mère sont plus fluctuants, y compris dans les couples hétérosexuels. C'est un des grands changements de ces trente dernières années".

1. Que propose l'avant-projet de loi sur le statut du tiers et l'autorité parentale?
2. Que craint le psychanalyste Jean-Pierre Winter? Que propose-t-il?
3. Qu'en pense la psychanalyste Caroline Thomson?

Autres films à voir

Trois hommes et un couffin (comédie de Coline Serreau, 1985)

Pierre, Michel et Jacques partagent un grand appartement. Ils sont célibataires et profitent de la vie. Un matin, ils découvrent un couffin à leur porte. Ils vont être obligés de s'occuper du bébé et de changer radicalement de vie.

1. De quelle façon le bébé transforme-t-il les hommes ?
2. Ce film a remporté un énorme succès quand il est sorti. Aurait-il le même succès aujourd'hui ou est-il très ancré dans les années 80 ? Qu'est-ce qui était différent à l'époque ?

La fleur du mal (comédie dramatique de Claude Chabrol, 2003)

Une bourgeoise ambitieuse en politique, un homme faux et inquiétant, une vieille dame souriante mais indigne et un jeune couple qui va faire des découvertes sur le passé de la famille.

1. Qu'est-ce qui caractérise la famille Charpin-Vasseur ?
2. A première vue, les membres de la famille sont charmants et bien élevés. Ils sont bourgeois, vivent confortablement et poliment. Est-ce bien une famille parfaite ?
3. Quelle question le film pose-t-il sur la culpabilité et ses effets à long terme sur la famille ?

Tanguy (comédie d'Etienne Chatiliez, 2001)

Tanguy est charmant et hyper-diplômé mais il a 28 ans et vit toujours chez ses parents qui ne peuvent plus le supporter. Ils vont tout mettre en œuvre pour le dégoûter de la maison et le pousser à prendre son indépendance.

1. Quel type de parents sont Paul et Edith ? Comment ont-ils élevé leur fils ?
2. Comparez Tanguy et Lili (leurs parents, leur vie quotidienne) et imaginez l'avenir de chacun.
3. Quel phénomène de société le film expose/dénonce-t-il ?

Comme les autres (comédie dramatique de Vincent Garenq, 2008)

Emmanuel (Manu) et Philippe sont amoureux et homosexuels. Manu veut un enfant, Philippe n'en veut pas. Manu est prêt à tout, même à perdre Philippe, pour réaliser son rêve.

1. Quel regard la société (famille, amis) porte-t-elle sur le couple formé par Manu et Philippe ?
2. A quelles options Manu pense-t-il pour avoir un enfant ?
3. Quelles questions le film pose-t-il ?

L'école
Entre les murs

Collège de Moutiers (Rhône-Alpes).

Elèves d'*Entre les murs*.

Le film

François est professeur de français dans un collège difficile de Paris. Il est ouvert et prêt à la discussion avec ses élèves. Les échanges incessants sont stimulants mais ne sont pas toujours contrôlés. Un jour la situation dérape et les conséquences seront lourdes.

Le réalisateur

Laurent Cantet (né en 1961): Après des études de cinéma à l'IDHEC, Cantet débute sa carrière en réalisant un documentaire pour la télévision et deux très bons courts métrages. Le grand public le découvre en 2000 grâce à *Ressources humaines*, son premier long métrage. Il a ensuite réalisé *L'emploi du temps* (2001) et *Vers le sud* (2006), deux films marquants et appréciés. Depuis il a connu la consécration à Cannes en décrochant la palme d'or pour *Entre les murs*. Ses films sont tous des docu-fictions: ils sont fictionnels mais ont des aspects documentaires, qui permettent à Cantet d'être très proche des sujets de société qui lui tiennent à cœur, comme la place du travail dans la vie, la famille, la

A savoir

Laurent Cantet et François Bégaudeau ont tous deux des parents enseignants. Cantet a aussi deux enfants adolescents.

lutte des classes, les conflits sociaux, l'école. Cinéaste discret, sincère et nuancé, Cantet signe des films ancrés dans le réel qui sont l'authentique reflet de notre société.

Les acteurs

Les acteurs sont tous des amateurs.

François Bégaudeau a d'abord été professeur de français dans un lycée difficile de Dreux puis dans un collège du XIXe arrondissement et a écrit un livre en 2006, *Entre les murs*, qui relate son expérience. Laurent Cantet avait depuis longtemps le projet de tourner un film sur l'école. Quand il a lu le livre, il a été séduit par le propos, le style, et la personne de Bégaudeau. Aujourd'hui Bégaudeau n'enseigne plus, il se consacre à l'écriture et participe à plusieurs émissions de télévision.

Collège Françoise-Dolto

Les adultes du film, que ce soit les professeurs, le principal-adjoint, les femmes de ménage, font tous le même métier dans la vie. Ils viennent du collège Françoise-Dolto, lieu du tournage, ou d'écoles du quartier. Certains avaient enseigné avec Bégaudeau. Les parents sont tous les vrais parents des élèves du film, à l'exception de la mère de Souleymane.

Pour trouver les élèves Laurent Cantet a organisé des ateliers théâtre au collège Françoise-Dolto dans le XXe arrondissement de Paris. Les jeunes du film viennent de ce collège et ont tous participé aux ateliers toutes les semaines pendant neuf mois. Ils ne jouent pas leur propre rôle mais un rôle de composition proposé par le réalisateur.

Buzz

- Sortie: 2008
- Durée: 2h08
- Titre aux Etats-Unis: *The Class*
- Genre: Comédie dramatique
- Public: Tous publics

Notes

La langue va vous sembler difficile à comprendre. Les jeunes parlent très vite, n'articulent pas, et utilisent beaucoup de mots et d'expressions modernes ou inventés.

Le film a remporté la Palme d'or au festival de Cannes. C'était la première pour la France depuis 1987, un événement !

Scénario et tournage

Le scénario est une adaptation du roman éponyme de François Bégaudeau. La structure était en place mais rien n'était vraiment écrit au départ. Le scénario s'est donc construit au fil des ateliers théâtre et en fonction de la personnalité des élèves. Le tournage (6 semaines pendant les vacances d'été) a laissé une grande place à l'improvisation. Pour chaque scène, seuls François et les quelques élèves au centre de la scène savaient ce qu'on attendait d'eux. Les autres découvraient au fur et à mesure et réagissaient donc de manière spontanée.

Culture et Vocabulaire

Aspects culturels

1. Le système scolaire : les grands principes

Le système d'enseignement français est fondé sur de grands principes, certains inspirés de la Révolution de 1789, de lois votées entre 1881 et 1889 et sous les IVe et Ve Républiques, ainsi que de la Constitution de 1958.

a. La liberté de l'enseignement

En France, le service public d'enseignement coexiste avec des établissements privés, soumis au contrôle de l'État et pouvant bénéficier de son aide, en contrepartie d'un contrat signé avec l'État. La liberté d'organiser et de dispenser un enseignement est une manifestation de la liberté d'expression. Cependant l'État est le seul à délivrer diplômes et grades universitaires : les diplômes délivrés par les écoles privées n'ont pas de valeur officielle sauf s'ils sont reconnus par l'État. La réglementation des examens se fait à l'échelle nationale.

b. La gratuité

Le principe de gratuité de l'enseignement primaire public existe depuis la fin du XIXe siècle et la gratuité a été étendue à l'enseignement secondaire en 1933. Les manuels scolaires sont gratuits jusqu'à la classe de troisième, ainsi que les matériels et fournitures à usage collectif. Dans les lycées, les manuels sont le plus souvent à la charge des familles.

c. La neutralité

L'enseignement public est neutre : la neutralité philosophique et politique s'impose aux enseignants et aux élèves.

d. La laïcité

L'enseignement public est laïc depuis 1882. L'importance de la laïcité dans les valeurs scolaires républicaines a été accentuée par la loi de 1905 instaurant la laïcité de l'Etat. Le respect des croyances des élèves et de leurs parents implique l'absence d'instruction religieuse dans les programmes, la laïcité du personnel et l'interdiction du prosélytisme. La liberté religieuse a conduit à instituer une journée libre par semaine laissant du temps pour l'enseignement religieux en dehors de l'école si les familles le désirent.

e. L'obligation scolaire

Depuis la loi Jules Ferry en 1882, l'instruction est obligatoire. Cette obligation s'applique à partir de 6 ans, pour tous les enfants français ou étrangers résidant en France. À l'origine, la scolarisation était obligatoire jusqu'à l'âge de 13 ans, puis 14 ans à partir de 1936. Depuis 1959, elle a été prolongée jusqu'à l'âge de 16 ans révolus.

La famille a deux possibilités : assurer elle-même l'instruction des enfants (avec déclaration préalable) ou les scolariser dans un établissement scolaire public ou privé. L'instruction à la maison est extrêmement rare en France.

1. Qu'est-ce que la liberté d'enseignement permet de faire ?
2. Qu'est-ce que l'Etat contrôle ?
3. "La réglementation des examens se fait à l'échelle nationale." Qu'est-ce que cela implique dans l'organisation du baccalauréat ?
4. Comment comprenez-vous les principes de neutralité et de laïcité ?

2. Le système scolaire : les rythmes scolaires

L'année scolaire comporte au moins 36 semaines réparties en 5 périodes de travail, de durée comparable, qui sont séparées par 4 périodes de vacances. Le calendrier scolaire est arrêté par le ministre de l'Education nationale.

a. Nombre d'heures hebdomadaires

À l'école maternelle et élémentaire, la durée de la semaine scolaire est fixée à 24 heures d'enseignement pour tous les élèves (6 heures par jour les lundi, mardi, jeudi et vendredi). Les enseignants consacrent en plus 2 heures par semaine à une aide personnalisée aux élèves rencontrant des difficultés d'apprentissage.

Les collégiens ont entre 25 et 28 heures de cours hebdomadaire.

Au lycée, selon la série et les options choisies, l'enseignement oscille entre 30 et 40 heures par semaine.

b. Les vacances scolaires

Les élèves ont des congés aux périodes suivantes :

- 10 jours fin octobre – début novembre
- 2 semaines autour de Noël
- 2 semaines en février
- 2 semaines en avril
- Les mois de juillet et août

1. Que remarquez-vous dans le nombre d'heures hebdomadaires ? Etes-vous frappé par certains chiffres ?
2. Que pensez-vous du rythme des vacances scolaires ?

3. Le système scolaire : les niveaux d'enseignement

a. L'école maternelle

Originalité du système français, l'école maternelle accueille les enfants avant la scolarité obligatoire qui débute à 6 ans. Elle est le plus souvent organisée en petite, moyenne et grande section, en fonction de l'âge des enfants.

Elèves de maternelle à la cantine (Paris).

En France, un quart des enfants de 2 ans et la quasi-totalité des enfants de 3 à 5 ans sont scolarisés en maternelle. Elle est le lieu de la première éducation hors de la famille pour la très grande majorité des enfants.

Cette école est aujourd'hui considérée comme une part normale du cursus des élèves. Les enfants y développent leurs facultés fondamentales, perfectionnent leur langage et commencent à découvrir l'univers de l'écrit, celui des nombres et d'autres domaines d'apprentissage. Permettre de vivre une première expérience scolaire réussie est l'objectif majeur de l'école maternelle.

b. L'école élémentaire

Classe d'une école primaire en Alsace.

Mixte, gratuite si elle est publique, l'école élémentaire accueille les enfants de 6 à 11 ans.

Les programmes sont nationaux et obligatoires pour tous les professeurs et tous les élèves.

Depuis 1990, les compétences attendues des élèves sont fixées par cycle. Des outils d'évaluation sont fournis aux enseignants qui disposent ainsi de références nationales.

c. Le collège

Cour de récréation du collège Claude-Debussy à Saint-Germain-en-Laye (Yvelines, région Ile-de-France).

Le collège est l'établissement de niveau secondaire qui accueille sans examen de passage tous les élèves après l'école élémentaire. Il permet de scolariser tous les élèves dans un cadre unique. La scolarité y dure quatre ans (sixième - cinquième - quatrième – troisième).

Les enseignements au collège sont structurés en disciplines : français, mathématiques, histoire-géographie, éducation civique, langue étrangère, physique-chimie, sciences de la vie et de la terre, technologie, arts plastiques, éducation musicale, éducation physique et sportive. Les objectifs sont fixés par des programmes nationaux.

A la fin de l'année de troisième, les élèves passent le diplôme national du brevet.

d. Le lycée

Sortie du lycée Ampère de Lyon.

À l'issue du collège, les élèves peuvent poursuivre leur scolarité dans un lycée d'enseignement général et technologique ou dans un lycée professionnel.

- **Le lycée d'enseignement général et technologique**

  La voie générale conduit les bacheliers vers des études longues.

  Elle comprend trois séries : économique et sociale (E.S.), littéraire (L) et scientifique (S).

  La voie technologique prépare à des études supérieures technologiques en 2 ans et plus.

  A la fin de l'année de terminale a lieu l'examen du baccalauréat, premier diplôme de l'enseignement supérieur.

Cours d'anglais dans une classe de 1ère du lycée Léonard de Vinci à Levallois-Perret (près de Paris).

- **Le lycée professionnel**

  En lycée professionnel, les enseignements technologiques et professionnels représentent de 40 à 60 % de l'emploi du temps d'un élève. Ils sont dispensés sous forme de cours en classe et selon les spécialités en atelier, dans un laboratoire ou sur un chantier. Les matières d'enseignement général (français, mathématiques, histoire-géographie, sciences, anglais) occupent aussi une place importante. Le lycée professionnel prépare les jeunes qu'il accueille à acquérir un diplôme professionnel qui leur permet de poursuivre des études, ou de s'insérer dans la vie active.

Lycée agricole de Saint-Germain-en-Laye (près de Paris).

1. Quelles sont les particularités de l'école maternelle ?
2. Quelles grandes différences voyez-vous entre le collège et le lycée ?

4. Le système scolaire : le public et le privé

Comparaisons internationales			
Pays	Distribution des élèves du primaire et du secondaire selon l'institution (2000, en %)		
	Public	Privé aidé par l'Etat	Privé indépendant
Allemagne	97,8	2,2	--
Espagne	66,6	30,2	3,2
France	85,4	14,3	0,2
Italie	93,4	--	6,6
Royaume-Uni	95,3	--	4,7
Etats-Unis	89,4	--	11,6
Japon	99,1	--	0,9

Quels enseignements pouvez-vous tirer de ce tableau ? Qu'est-ce qui vous frappe ?

5. Le système scolaire : les ZEP et les inégalités

a. Les ZEP
Qu'est-ce que l'éducation prioritaire ?

Le but de l'éducation prioritaire est d'améliorer les résultats scolaires des élèves. Cette politique existe depuis 1981. L'Etat identifie les établissements scolaires où les difficultés sociales et scolaires sont très importantes et donne plus de moyens à ces écoles (plus de personnel, classes moins chargées). On dit que les établissements qui bénéficient de ces moyens accrus sont en ZEP (zones d'éducation prioritaire).

b. Les inégalités

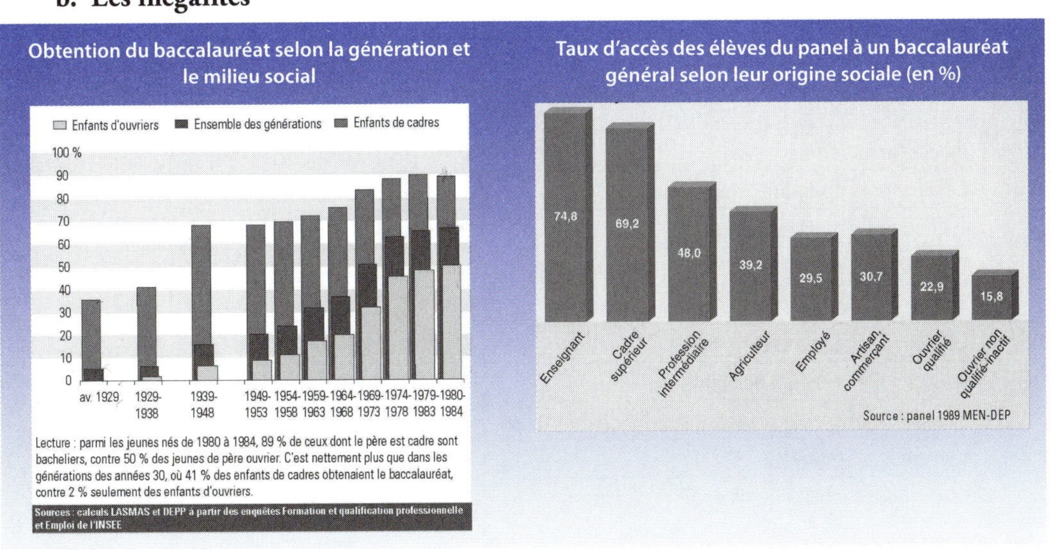

- Qu'est-ce que le premier document nous apprend ? Peut-on être optimiste ?
- Comment peut-on expliquer que les enfants d'enseignants (document 2) ont tellement plus de chances d'avoir leur bac que les enfants d'ouvriers non qualifiés ?

6. Le système scolaire : les enseignants

a. Formation

Les étudiants qui souhaitent devenir professeurs doivent être titulaires d'un Master, puis ils doivent réussir un concours difficile appelé CAPES. Ils s'y préparent pendant un an. S'ils réussissent, ils enseignent quelques heures par semaine pendant un an avec l'aide d'un professeur expérimenté. Ils sont ensuite affectés dans un établissement où ils enseignent à plein temps.

b. Leur point de vue

1. De quoi les professeurs souffrent-ils ?

Les enseignants de collège et le problème de l'indiscipline	
Principales difficultés professionnelles rencontrées (en %)	
Les conditions de travail	55
Les problèmes de discipline avec les élèves	49
S'adapter au niveau des élèves	44
Principales causes de l'indiscipline (en %)	
Difficultés des élèves à rester concentrés	65
Problèmes familiaux ou sociaux	54
Manque de goût pour apprendre	29
Effectifs de classe trop importants	28
Manque d'autonomie des élèves	14
Manque d'intérêt pour la discipline enseignée	7

Total >100% en raison des réponses multiples. Source : MEN-DEP

Hiérarchisation des 3 principaux avantages professionnels reconnus				
	1er	2ème	3ème	Total
Le contact avec les élèves	23%	22%	17%	62%
Enseigner la discipline que j'aime	23%	13%	10%	46%
L'autonomie dans le travail	13%	14%	12%	39%
Les relations entre collègues	9%	11%	11%	31%
Transmettre des savoirs, des connaissances	8%	11%	11%	30%
Le temps libre, les vacances	5%	6%	11%	22%
Exercer une fonction éducative	4%	9%	6%	19%
L'équilibre entre vie professionnelle et vie privée	4%	4%	7%	15%
L'ambiance de travail	4%	4%	5%	13%
Etre au contact des livres et de la culture	2%	2%	5%	9%

2. A votre avis, que veut dire “conditions de travail” ?
3. D’après les professeurs, les problèmes d’indiscipline viennent-ils principalement des élèves ou de l’école ?
4. Qu’est-ce que les professeurs apprécient principalement dans leur travail ?
5. N’est-ce pas paradoxal quand on voit ce qu’ils trouvent difficile dans leur fonction ?

7. Arrondissements de Paris

La ville de Paris est découpée en 20 arrondissements. Vous verrez sur la carte qu’ils ne sont pas tous de la même taille. Ils ont surtout des caractéristiques socio-économiques très différentes.

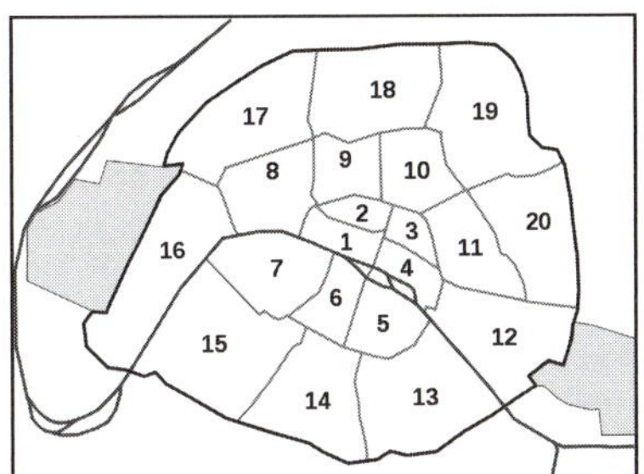

1. Quels enseignements pouvez-vous tirer des deux tableaux ci-dessous?
2. Le film se passe dans le 20e arrondissement. Que pouvez-vous deviner sur les familles des élèves ?

Les ménages selon l’arrondissement en 2005			
	Ménages à revenus modestes	Ménages à revenus moyens	Ménages aisés
6e	18,4%	38,6%	43,1%
7e	16,4%	37,6%	46,0%
8e	17,3%	37,7%	44,9%
16e	17,3%	37,2%	45,5%
19e	41,1%	47,8%	11,1%
20e	37,2%	51,1%	11,7%

Source : METATTM-Filocom d’après la DGI

Prix de l’immobilier à Paris (2009)	
En euros, par m²	
6e	10010
7e	9535
5e	8785
4e	8686
10e	5680
18e	5629
20e	5351
19e	5093

Source : www.meilleursagents.com, 1er nov. 2009

Vocabulaire

Les cours

Les matières :

le français : French
les maths : maths
l'histoire-géo(graphie) : social studies
l'anglais : English
l'allemand : German
l'espagnol : Spanish
les sciences physiques : physics
les SVT (sciences de la vie et de la terre) : earth and life sciences
l'art : art
la musique : music
l'EPS (éducation physique et sportive) : gym

un cahier de textes : homework notebook
un carnet de correspondance : a grade book shared with parents

une classe mixte : a co-ed class
une classe hétérogène : a mixed-level class
une classe métissée : a multi-cultural class
une classe ingérable : a hard-to-manage class

Les élèves

la rentrée : back-to-school day
être en cours : to be in class
écouter qq'un : to listen to s.o.
participer : to contribute (during class)
poser une question : to ask a question
sérieux (-se) : conscientious
attentif (-ve) : attentive
agité(e) : restless
bavard(e) : talkative
insolent(e) : insolent
narquois(e) : mocking
avoir des lacunes : to have gaps in one's knowledge
décrocher : to drop out
bavarder : to chat
répondre à qq'un : to talk back to s.o.
provoquer : to push s.o.
un baggie : baggy pants
un sweat à capuche : a hooded sweater

Expressions utilisées par les jeunes du film :

Céfran = Français
Guantanamo = le bureau du principal
un truc de ouf = un truc de fou
vénère = énervé
mes potes du tier-quar= mes copains du quartier
une keuf = une fille
ma darone = ma mère
la tchatche : la parole facile

Les professeurs

la pré-rentrée : the first day of school for teachers (before students)
la salle des professeurs : the teachers' lounge
un collègue : a colleague
enseigner : to teach
faire un cours : to teach a class
préparer un cours : to prepare for a class
consciencieux (-euse) : conscientious
découragé(e) : discouraged
se faire respecter : to command respect
corriger des copies : to grade students' work
démago(gique) : demagogic
un conseil de classe : staff meeting (to discuss students' progress)
une réunion de parents : a parent-teacher meeting

L'administration

le directeur : the principal (in an elementary school)
le principal : the principal, the head of school (in a middle school)
le proviseur : the principal (in a high school)
le CPE = Conseiller principal d'éducation : a staff member in charge of discipline
un(e) délégué(e) de classe : a class rep (a student)
un conseil de discipline : a disciplinary committee
exclure un élève : to expel a student

Le lieu

une salle de classe : a classroom
un couloir : a hall
un bureau : 1. an office ; 2. a desk
une cour de récréation : a playground
une cantine : a cafeteria

Parallèles avec d'autres pays

Le collège: En France le collège est le dernier niveau où tous les élèves sont acceptés sans sélection. Il accueille donc tous les élèves, quels que soient leur niveau ou leurs aptitudes. Qu'en est-il dans votre pays? A quel moment les élèves sont-ils sélectionnés?

L'école comme phénomène de société: En France tout le monde réagit à ce film, tout le monde se sent concerné et a son mot à dire. L'école est au centre des préoccupations et fait très régulièrement débat. D'ailleurs les Français vivent au rythme de l'école: la rentrée, les vacances scolaires, la sortie. Le ressentez-vous de la même façon aux Etats-Unis ou dans votre pays?

L'importance de la langue comme facteur d'intégration: En France il est capital de bien parler français pour s'intégrer. Aux Etats-Unis il est fréquent de voir des panneaux en espagnol ou d'avoir l'option d'écouter un message enregistré en espagnol. Ceci est inconcevable en France, où tout est en français. Que pensez-vous des deux approaches? Estimez-vous normal d'aider les étrangers en parlant dans leur langue, ou pensez-vous que cette approche est contre-productive?

Les jeunes issus de l'immigration: Dans votre pays les jeunes issus de l'immigration sont-ils bien intégrés? Souffrent-ils de discrimination ou de conditions économiques précaires? Cherchent-ils à conserver leur culture et leur langue d'origine?

Le film

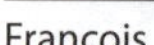
François

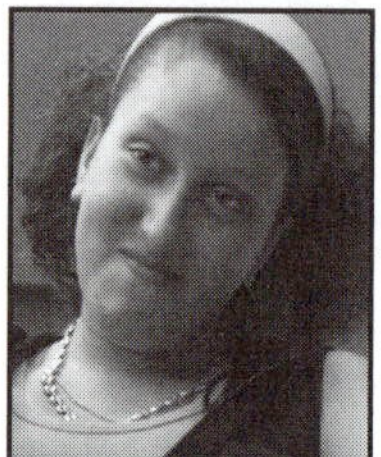
Esmeralda

Khoumba

Souleymane

Wei

Louise

Buraq

> **A savoir**
>
> Par souci de réalisme, on utilise dans cette étude la langue parlée par tout le monde, pas celle des manuels scolaires. On parle donc d'un prof, de l'histoire-géo...

Questions générales sur le film

Les cours

1. Décrivez la première heure de cours. Comment les élèves se comportent-ils? Etes-vous surpris?
2. Le professeur est-il capable se suivre un plan de cours strict? Pourquoi?
3. A la fin de l'année les élèves sont tous capables de parler de quelque chose qu'ils ont appris dans l'année. C'est un moment positif et encourageant, vite terni par l'élève qui avoue n'avoir rien appris et ne rien comprendre à ce qui se fait en classe. Qu'est-ce que cela indique? Quel constat peut-on faire?

Les élèves

4. Les élèves mettent en doute le fait que leur professeur puisse vraiment s'intéresser à eux. Comment peut-on justifier cette méfiance?
5. Quand la classe parle de ce qui leur fait honte, Wei explique qu'il a parfois honte de ses camarades. Il ne donne pas de précisions mais on comprend de quoi il parle. Pouvez-vous expliquer pourquoi il a honte des autres?
6. Que pensez-vous de l'attitude d'Esmeralda et de Louise pendant le conseil de classe?

Les professeurs

7. Quelle impression avez-vous des professeurs le jour de la pré-rentrée?
8. Pourquoi François refuse-t-il de travailler avec son collègue d'histoire-géo qui lui propose de lire Voltaire en corrélation avec son étude des Lumières?

9. Pourquoi le prof de techno explose-t-il? Qu'est-ce qu'il ne supporte pas? Comment ses collègues réagissent-ils?

10. Analysez la scène des excuses de Khoumba. M. Marin exige qu'elle lui fasse des excuses après avoir refusé de lire et avoir été insolente. Qui gagne dans cette scène?
11. Les professeurs ne sont pas d'accord sur la discipline. Certains, comme le prof d'histoire-géo, sont pour l'application stricte du règlement, tandis que d'autres adaptent la règle aux circonstances. C'est le cas de François que son collègue accuse "d'acheter la paix sociale". Que veut-il dire?
12. Avant le conseil de discipline les professeurs en discutent entre eux. François a des remords et s'inquiète de l'avenir de Souleymane. Ses collègues ont-ils le même avis?

Les parents

13. Les parents sont très peu présents mais la réunion parents-professeurs est intéressante. Ils sont tour à tour satisfaits, inquiets, ambitieux, agressifs ou distants. Qu'est-ce que leur attitude révèle sur la façon dont ils élèvent leurs enfants et sur leur propre rapport à l'école?

L'administration

14. Décrivez l'attitude du principal envers les élèves et les professeurs.
15. Quelle impression avez-vous du conseil de discipline?

Le lieu

16. Comment comprenez-vous le titre du film?
17. Comment la cour est-elle filmée? Quelle impression donne-t-elle? A quoi fait-elle penser?

Questions sur les thèmes du film

1. L'école

a. L'école est censée être un lieu d'intégration. Est-ce le cas dans le film ? A-t-on l'impression que tous les élèves, quelles que soient leurs origines, sont bien intégrés en France ?

b. L'école publique a pour objectif de donner la même chance à tous les élèves. Pensez-vous que les élèves de ce collège ont les mêmes chances que ceux d'un collège plus favorisé ? Qu'est-ce qui est plus difficile pour les élèves qui vont dans un collège de ZEP ?

Parallèle avec *L'esquive*

Comparez les deux établissements scolaires. Pensez notamment aux locaux, aux professeurs de français et à l'attitude des élèves.

c. Quel est le rôle du professeur ? Est-ce d'enseigner un programme, de libérer la parole, de donner le goût d'apprendre ? Pensez-vous que François est un bon professeur ?

d. Quel est le rôle de l'école ? Est-ce la transmission des savoirs, l'éducation des individus au sens large (apprendre à apprendre et à réfléchir), l'apprentissage de la vie en société et du respect des autres, la préparation à l'avenir des jeunes ? Qu'est-ce que cette école réussit à faire ?

e. En France il y a très peu d'écoles non mixtes (écoles de garçons ou écoles de filles). Dans le cas du collège du film, serait-il souhaitable de séparer les garçons et les filles ? Les classes seraient-elles moins difficiles à gérer ?

f. En France les écoles accueillent une population très diverse mais il n'est pas dans la tradition française de reconnaître et de mettre en valeur la diversité. Au contraire, l'intégration passe par l'assimilation de la culture, de la langue et des traditions françaises. Cela a longtemps bien fonctionné. Pourquoi le modèle pose-t-il problème maintenant ?

g. La vision du film est-elle optimiste ou pessimiste ?

2. La langue

a. Une bonne maîtrise du français passe par un long apprentissage, même pour les Francophones de naissance. Ils passent des années (en général du CE1 à la 3e) à apprendre les règles d'orthographe et de grammaire, à faire des dictées et des exercices de conjugaison. Les élèves du film ont-ils réussi cet apprentissage ?

b. Pour les élèves, le but est-il d'exprimer une idée, de parler pour le plaisir de parler, ou d'avoir le dernier mot à tout prix ?

c. Il y a trois langues distinctes dans le film : la langue commune, normale, parlée par les professeurs, ensuite la langue des élèves, créative, imagée, mais souvent incorrecte ou vulgaire, et enfin la langue châtiée, celle des livres. Certains élèves considèrent que parler un français correct, sans faute et sans accent, équivaut à être bourgeois. Pourquoi est-il pourtant si important de bien parler ?

3. La quête d'identité

Certains élèves de la classe sont français de souche, d'autres sont des immigrés récents, comme Wei, d'autres enfin sont français d'origine étrangère, comme Esmeralda qui déclare : "Je suis française, mais je ne suis pas fière de l'être". Avez-vous le sentiment que les élèves sont tous à l'aise avec leur nationalité et donc leur identité ? Pendant la coupe du monde de football, les élèves ne sont pas pour la France mais pour leur pays d'origine. Qu'est-ce que cela indique ?

4. Ecole et monde extérieur

Le réalisateur a choisi de ne jamais sortir de l'école. Pourtant les incursions du monde extérieur sont fréquentes : les parents assistent aux réunions, on apprend que la mère de Wei a été arrêtée, que le père de Souleymane risque de l'envoyer au Mali. L'école peut-elle, et doit-elle, protéger les jeunes du monde extérieur ?

Etude complémentaire

Les limites de ce film

1. Le comportement du professeur
   a. Trouvez-vous François trop copain avec les élèves, au point de ne plus être perçu comme une figure d'autorité? Au contraire, le sentez-vous froid et distant?
   b. Sa pédagogie est basée sur l'échange et le dialogue, moments enrichissants pour les élèves mais qui dérivent tellement qu'ils empêchent François de faire ce qu'il avait prévu. Peut-on justifier ces discussions, ou François devrait-il couper court pour enseigner ce qui est au programme?
   c. Est-il trop individualiste? Au lieu de refuser de travailler avec son collègue d'histoire-géo, aurait-il pu proposer autre chose?

   d. François est-il un prof parfait?
   e. Le film ne montre que des moments extrêmement animés, voire agités, des cours. Est-ce plausible? Peut-on supposer qu'à certains moments les élèves sont très calmes, ne participent pas, s'ennuient?

2. Est-ce que le film dénonce quelque chose (le système scolaire, les méthodes d'enseignement, les programmes) ou quelqu'un (les élèves, le corps enseignant, la direction, les parents, la société)? Est-ce qu'il devrait? Est-il trop consensuel?
3. On ne voit pas les autres acteurs de l'établissement (autres professeurs avec cette classe, surveillants, infirmière, CPE) avoir des interactions avec les élèves. Choisissez une des situations suivantes et développez-la:
   - Le prof d'histoire-géo pendant un cours sur la Révolution française
   - Un surveillant dans la cours de récréation
   - L'infirmière avec deux élèves de la classe.

   Ecrivez un paragraphe ou un dialogue.

Une situation typiquement française?

Le film a remporté la Palme d'or à Cannes, décernée par un jury international présidé par Sean Penn. Il a été acheté par des dizaines de pays. Il a du succès partout. C'est pourtant un film qui se passe principalement dans un cours de français d'un collège parisien. Pourquoi les étrangers s'y intéressent-ils?

A vous de jouer !

1. **Jeux de rôle :**
   a. Les élèves sont maintenant en 3e avec un nouveau professeur de français, plus strict et traditionnel. Un jour, un conflit éclate dans la classe. Un(e) élève accuse le professeur de ne pas être cool et d'être ennuyant. Imaginez la scène. Comment le professeur réagit-il ? Quelle attitude les autres élèves ont-ils ?
   b. François rencontre par hasard un(e) des élèves 5 ans plus tard. Choisissez l'élève et écrivez le dialogue. Que veut savoir François ? Que va raconter l'élève ?
2. **Débat :** Dans les établissements difficiles, la pédagogie basée sur le dialogue fonctionne mieux que la discipline. Vrai ou faux ? Qu'en pensez-vous ? Réfléchissez, argumentez, et donnez des exemples précis.

La parole à...

Anne-Céline Séjourné, professeur de mathématiques

Qu'est-ce qui vous a donné envie de choisir le métier d'enseignante?

J'ai toujours voulu enseigner, donc je ne me suis jamais vraiment posé la question ou réfléchi à la possibilité de faire un autre métier. Ma mère étant aussi professeur, j'avais un bon exemple à suivre. Par contre, j'ai longtemps hésité entre professeur de maths, d'anglais ou d'école°.

° école: elementary school teacher

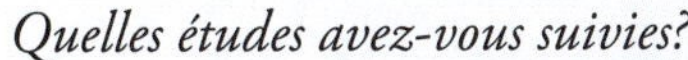

Quelles études avez-vous suivies?

Après un bac S, je suis allée deux années en classe préparatoire (maths sup, maths spé), puis j'ai passé les concours d'écoles d'ingénieurs en fin de deuxième année. Puis licence, maîtrise, et année de préparation au CAPES. Enfin une année à l'IUFM en tant que stagiaire afin d'être titularisée.

Dans quel établissement avez-vous d'abord été affectée? Pouvez-vous me décrire cette première expérience?

En tant que stagiaire, j'ai été affectée à Orvault en banlieue nantaise. Je n'ai pas un bon souvenir de cette première année. Les élèves ayant senti mon stress les premiers jours, ils en ont largement profité.

Il n'est pas évident d'avoir du répondant° au départ. On nous envoie devant les élèves sans aucune expérience alors que c'est pendant les premiers jours de classe que tout se joue.

° répondant: *here*: to be self assured

Ma tutrice et le principal de mon collège ne m'ont pas beaucoup aidée : rien dans ce que je faisais n'était positif et ils n'avaient pas de solution à me proposer pour améliorer les choses. Le professeur principal de ma classe de 4ème m'a heureusement aidée et soutenue.

Durant cette même année, j'ai effectué quelques heures dans un lycée du centre ville d'Angers. Ma tutrice de lycée m'a, quant à elle, bien conseillée en me donnant à chaque cours les points positifs et négatifs et en me guidant pour améliorer mes cours.

Dans quels établissements avez-vous enseigné depuis? Quelles étaient les caractéristiques de chacun?

J'ai été nommée TZR (titulaire en zone de remplacement) dans le Loir-et-Cher.

La première année, j'ai été affectée dans un collège de centre-ville à Blois (collège lycée mélangés, 1 600 élèves). Le tiers des élèves provenait d'un milieu favorisé, voire très favorisé, et un tiers provenait d'un milieu très défavorisé. Entre la moitié et les deux tiers des parents assistaient aux rencontres parents-professeurs. Il arrivait aussi que certains parents viennent contester une punition et donnent raison à leur enfant.

La deuxième année, j'ai été affectée 12 heures au même collège de Blois et 6 heures à Contres au sud de Blois dans un collège d'environ 700 élèves qui venaient d'un milieu plutôt ouvrier.

La troisième année, j'ai été affectée au collège d'Oucques au nord de Blois. C'était un établissement plus petit (300 élèves) dans un milieu plutôt agricole et assez défavorisé.

Pensez-vous que la formation que vous avez reçue à l'IUFM est adéquate?

out of synch

Elle est beaucoup trop décalée° avec l'année en cours. On discute de "comment faire un cours" au mois de janvier. On pose nos questions mais on n'a pas souvent de réponse.

appointed to a permanent post

L'IUFM n'est d'aucun recours puisqu'on expose les problèmes rencontrés en classe, mais on ne nous donne pas de solution et on risque de ne pas être titularisé° à la fin de l'année si on avoue que cela ne se passe pas bien dans notre classe.

On a dû aborder 2 heures le problème de la discipline en classe alors que cela devrait être primordial car il est impossible de faire cours si les élèves n'écoutent pas.

thesis

Le mémoire° n'est pas non plus d'une très grande utilité On peut très bien réfléchir à notre manière d'enseigner sans être obligé d'écrire 30 pages (beaucoup de travail pour pas grand chose).

Bref, une année stressante.

Quelles difficultés rencontrez-vous au jour le jour?

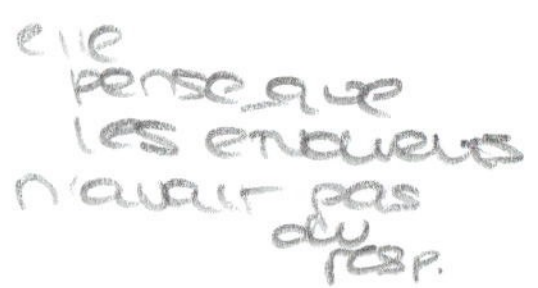

Il n'y a plus le respect automatique du professeur, il faut l'obtenir et les élèves nous testent. Ils ont tendance à répondre et ne sont plus beaucoup impressionnables. Il est quasiment obligatoire de se montrer "méchant" lors des premiers cours.

La plupart des élèves travaillent peu à la maison. Quelques-uns ne travaillent pas non plus en classe.

Les moyens de pression sont assez minces, surtout si les parents ne sont pas derrière leurs enfants.

Que trouvez-vous gratifiant dans ce métier?

Les bons élèves nous montrent souvent qu'ils comprennent ce qu'on leur apprend.

Le plus gratifiant ce sont les élèves en difficulté qui s'accrochent, travaillent et arrivent donc à s'en sortir sur certaines notions.

Il y a aussi certains anciens élèves que l'on croise dans la rue et qui viennent nous raconter la suite de leurs études.

Vous sentez-vous soutenue par vos collègues et par la direction de votre établissement?

Cela dépend des collègues et du chef d'établissement. En général, il y a toujours des collègues sur qui compter et d'autres dont il faut plutôt se méfier.

Que faudrait-il faire pour faciliter votre travail et l'apprentissage des élèves?

Avoir des classes moins chargées (comme j'en ai eu l'année dernière) permet de mieux s'occuper des élèves en difficulté.

Si le respect et la discipline en classe étaient renforcés cela améliorerait l'apprentissage car on perd énormément de temps à gérer quelques élèves perturbateurs, temps qui n'est donc pas consacré aux élèves qui en ont besoin.

Et bien sûr, tout cela passe par un minimum d'investissement de la part des parents qui, pour certains, attendent de l'école qu'elle éduque leurs enfants.

Comment envisagez-vous l'avenir? Dans quelle situation professionnelle vous voyez-vous dans 20 ans?

Pour l'instant, je ne sais pas. Il y a un an je voulais changer de métier. L'année passée m'a donné envie de continuer.

Si c'était à refaire, choisiriez-vous à nouveau de devenir professeur de mathématiques?

Peut – être professeur pour adultes pour éviter tout le côté discipline qui est parfois épuisant.

Avez-vous eu l'occasion de voir les films suivants : Entre les murs, L'esquive, LOL, La journée de la jupe *? Sont-ils proches de la réalité que vous connaissez?*

J'ai vu *Entre les murs* qui est assez proche de la réalité des établissements scolaires, et pas seulement des ZEP.

J'ai également vu *LOL* qui relate bien les préoccupations des ados et les relations avec leurs copains.

Frédéric Lajarrige, professeur d'allemand

Qu'est-ce qui vous a donné envie de choisir le métier d'enseignant?

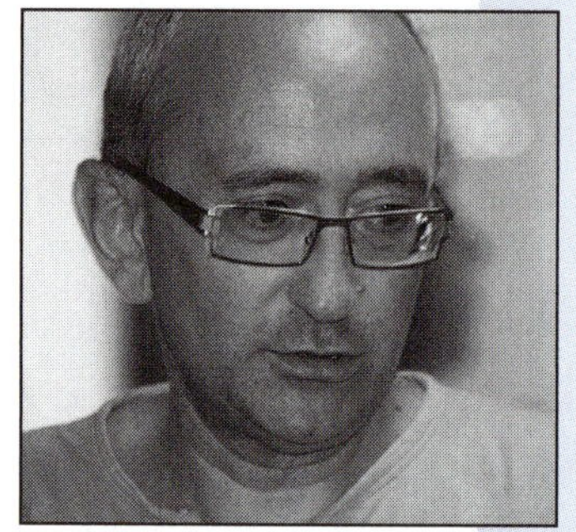

Je crois que ce sont quelques modèles marquants, notamment mon professeur d'anglais en 4e. Sans doute avais-je aussi le goût du savoir et la volonté de le transmettre, même si le métier d'enseignant va beaucoup plus loin; mais ça, on s'en rend compte après.

Quelles études avez-vous suivies?

Un cursus assez classique et direct: licences (allemand et linguistique) et maîtrise (allemand) en fac et le CAPES dans la foulée avec succès immédiat, ce qui, compte tenu du peu de places à l'époque (bien moins qu'aujourd'hui), était inespéré. C'est seulement quelques années après, que dans un sursaut de courage, j'ai préparé et obtenu l'agrégation°.

° prestigious and very competitive exam for teachers

Dans quel établissement avez-vous d'abord été affecté? Pouvez-vous me décrire cette première expérience?

Remplacement au collège de Longué (Maine-et-Loire). Je suis depuis ami de la collègue remplacée et de son mari, lui même professeur d'allemand. J'ai découvert une petite structure, familiale presque, où tout le monde connaissait tout le monde. J'ai compris d'emblée que, pour se faire accepter et travailler efficacement, il fallait de soi-même faire l'effort de s'intégrer et non attendre des autres qu'ils viennent vers le nouveau. Sur le plan de l'enseignement, j'ai eu un excellent contact avec les élèves et ai pu réaliser "mes rêves" sans être trop déçu.

Dans quels établissements avez-vous enseigné depuis ? Quelles étaient les caractéristiques de chacun?

Dans l'ordre:

Collège du Chemin Vert à Saumur: Collège réputé difficile, aujourd'hui en ZEP, où j'ai eu d'excellents élèves et où régnait une très bonne ambiance. J'ai découvert qu'il ne fallait pas se fier à la réputation d'un établissement, expérience qui me sert encore aujourd'hui.

Lycée Chevrollier pour le stage CAPES: Gros lycée anonyme, élèves peu difficiles; depuis j'aurais pu à plusieurs reprises retourner dans ce lycée où j'aurais sans doute eu des prépas, mais je n'ai rien fait pour.

Collège Jean Racine à Saint-Georges-sur-Loire: Expérience extraordinaire, établissement où j'ai commencé à voler de mes propres ailes et qui m'a conforté dans mon choix professionnel. J'y ai tissé des liens d'amitié qui durent depuis un quart de siècle.

Lycée Pierre Mendès France de Péronne: Gros lycée de campagne avec beaucoup d'élèves internes° dans une autre région, avec une tout autre mentalité, du reste plus proche de la mienne: des élèves bosseurs° même si pas doués, extrêmement sympathiques et désireux de réussir. C'est mon amour du métier et eux qui m'ont fait accepter de changer de région alors que je n'en avais pas envie. J'ai encore des contacts avec des anciennes élèves!

boarding

hardworking (*familiar*)

Collège de Châteauneuf sur Sarthe: Le retour dans la région après l'exil, mais je savais que c'était provisoire puisque je n'étais pas titulaire du poste. Je m'y suis malgré tout investi. J'avais beaucoup d'élèves turcs très motivés par l'allemand, seule langue avec laquelle ils pouvaient communiquer avec les cousins vivant en Allemagne.

Collège Honoré de Balzac de Saint Lambert des Levées: Collège de périphérie à population rurale très défavorisée financièrement et culturellement, et qui a très mauvaise réputation dans le Saumurois et même auprès des gens de l'Education Nationale. A tort!

Pourquoi avez-vous choisi de rester dans ce dernier collège ?

C'était mon premier poste fixe dans ma région. Je m'y suis investi tout de suite, et 22 ans plus tard, c'est encore plus vrai. C'est là que j'ai eu mes meilleurs élèves (j'ai 6 anciens élèves qui sont devenus professeurs d'allemand et plusieurs autres ont obtenu des postes élevés en entreprise grâce à leur connaissance de l'allemand). C'est aussi un établissement où beaucoup d'élèves sont très reconnaissants du travail effectué par les profs et où on est presque une star pour peu° qu'on maîtrise et accepte un certain nombre de codes. De plus, se battre pour l'élévation sociale d'élèves de ce type, est, en dépit d'échecs certains, une tâche exaltante.

if

Quelles difficultés rencontrez-vous au jour le jour ?

Le décalage culturel et parfois le manque d'appétit, voire d'ambition de certains élèves.

Que trouvez-vous gratifiant dans ce métier ?

Voir plus haut. En plus, c'est là et avec ces élèves que j'ai été reconnu dans le métier par les trois inspecteurs sous lesquels j'ai "servi".

Parlez-moi de l'évolution des élèves, des méthodes, de l'implication des parents, de l'attitude de l'administration. Remarquez-vous beaucoup de changements depuis 25 ans ?

Cadre Européen de Référence pour les Langues vivantes

En fait, c'est difficile à dire car on évolue avec eux. Je ne pense pas que les élèves aient tant évolué en dépit des nouvelles technologies. Au lieu de regarder la télé, ils sont sur leur ordi, mais ils ne lisent pas moins qu'il y a 25 ans. Les méthodes ont évolué dans le bon sens, le CECRL° est un outil extraordinaire qui doit enfin permettre plus d'efficacité dans l'apprentissage des langues. Dans mon établissement, les parents sont globalement peu impliqués, mais ça a l'avantage qu'ils ne sont pas trop pénibles. Quant à l'administration, c'est une courroie de transmission qui doit avoir la culture du résultat; quand on a de la chance, on voit quand même des êtres humains derrière avec leurs qualités et leurs faiblesses (qui les humanisent).

Que faudrait-il faire pour faciliter votre travail et l'apprentissage des élèves?

Seulement un apprentissage plus régulier, plus méthodique et plus contraignant pour les élèves, ce qui supposerait pour eux plus de temps et d'encadrement.

Vous avez des activités pédagogiques en parallèle de votre travail d'enseignant. Pouvez-vous m'en dire plus, et expliquer ce qu'elles vous apportent?

J'enseigne en primaire, pas par goût, mais pour remplir mes classes; c'est une spécificité des profs d'allemand en France, il faut qu'ils assurent le recrutement; ça me pèse, mais c'est très lucratif! La formation et l'inspection sont venues sans que je sollicite quoi que ce soit. L'inspection me plaît bien, ça me permet de découvrir d'autres publics scolaires et d'autres pratiques d'enseignement.

Si c'était à refaire, choisiriez-vous à nouveau de devenir professeur d'allemand ?

OUI, OUI, OUI. Sinon, l'alternative était avocat, mais c'est une vie moins tranquille et d'anciens élèves qui exercent ce métier m'avouent ne pas avoir trop d'argent alors qu'ils travaillent 10 heures par jour!

L'AVIS DE LA PRESSE

Article d'Anne Rohou, publié dans le *Direct matin* le 4 septembre 2008

"Busing" à la française

Cette année, 21 élèves de l'école Jacques-Tati de Courcouronnes (91) ont pris le chemin de l'école Paul-Bert, plus réputée. Ils y seront scolarisés grâce à un système de ségrégation positive, le "busing".

Ils sont 21 élèves de CM2 de Courcouronnes à s'être levés un peu plus tôt que les autres, mardi, jour de rentrée. A 8h10, devant leur école Jacques-Tati, [...] ils attendent le bus... Direction, le village de Courcouronnes, de l'autre côté de l'autoroute A6 qui coupe la ville en deux. Ils seront cette année scolarisés dans deux classes de CM2 de l'école Paul-Bert, en pleine zone pavillonnaire° et à trois kilomètres du Canal. En Ile-de-France°, Courcouronnes (91), Asnières (92) et Dugny (93) expérimentent le "busing", terme dérivé du mot "bus" et créé aux Etats-Unis dans les années 1970 pour désigner le transfert par navettes° quotidiennes d'élèves noirs vers des quartiers blancs.

(semi-)detached houses

the region around Paris

shuttles

Sortie de son contexte racial, cette ségrégation positive a été adaptée en 2003 par la commune d'Oullins (Rhône) pour combattre les discriminations sociales. L'idée a séduit Fadela Amara, qui l'a incluse dans son plan Espoir banlieues. En juin, la secrétaire d'Etat à la Politique de la ville annonçait l'adhésion d'une cinquantaine de communes. Elles sont une vingtaine, prêtes pour la rentrée.

Paris refuse l'expérience

Pascal Cerki, adjoint au maire de Paris chargé des affaires scolaires, explique son refus d'organiser le "busing" dans la capitale. "C'est une logique à l'américaine, dit-il. Pourquoi permettre à 5% des enfants d'accéder à des écoles de centre-ville? Quand on a en charge l'Education nationale, on doit se préoccuper de l'ensemble des élèves. Le gouvernement essaye de se donner bonne conscience mais c'est la pénurie budgétaire qui l'oblige à choisir le "busing".Moi, je me bats contre la pénurie budgétaire de l'école."

Le context géographique et démographique de Courcouronnes se prête bien au projet. D'un côté, l'école Jacques-Tati, saturée°, affiche des résultats scolaires inférieurs de 10% aux moyennes nationales. A l'autre bout de la ville, Paul-Bert se dépeuple, avec des résultats de 5% supérieurs aux moyennes. Avec l'appui° des directeurs d'école et des enseignants, le maire a présenté le projet aux habitants. "Je m'attendais à la pire réunion du mandat", se souvient Stéphane Beaudet (UMP°). A part deux ou trois refus, l'idée a finalement été acceptée par les parents de CM2 des deux écoles. Mais les réserves existent: "Je l'ai mal pris au départ. On nous a dit que

overflowing

support

Union pour un Mouvement Populaire (conservative party)

notre école Jacques-Tati était défavorisée...", raconte Stéphanie, mère de Dylan. "Stigmatiser le quartier du Canal? Il faut arrêter de se voiler la face°, le quartier décline chaque année socialement", constate François Briquet, directeur de l'école Tati depuis six ans. Mardi à la sortie des classes, devant l'autre école, le père d'une élève de CM1 s'emporte: "Je ne comprends pas cette mesure. Chacun son monde! Le niveau va baisser et l'indiscipline monter à Paul-Bert. Si ça se passe mal, je mets ma fille dans le privé!"

to hide from the truth

A la fin janvier, l'Education nationale évaluera les résultats scolaires: "Il ne faut pas attendre de miracle au bout de quelques mois, prédit Marie-Louise Testenoire, inspectrice d'académie de l'Essonne, mais l'important est que l'élève se retrouve dans une dynamique de rattrapage°". Au-delà de l'impact scolaire, le maire espère tisser du lien social° entre les deux quartiers. "Les gamins vont apprendre à aller de l'autre côté de l'autoroute, à se faire des copains en dehors de leur cage d'escalier°. Les parents aussi traverseront la ville pour assister aux conseils d'école."

catch up

create bonds

stairwell

L'opération ne coûte rien à la commune°. Le ministère finance la location du bus avec chauffeur (90 000 euros par an) et la restauration scolaire (30 000 euros par an).

town

1. Pourquoi l'école de Courcouronnes expérimente-t-elle le "busing"?
2. Tous les parents sont-ils contents?
3. Qu'est-ce que le maire espère?
4. Pourquoi l'adjoint au maire de Paris chargé des affaires scolaires est-il contre cette mesure?
5. Pensez-vous que cette mesure serait une bonne idée dans le collège du film? Est-ce que les élèves en bénéficieraient?

Article de Martine Laronche, paru dans le *Monde* du 14 avril 2009

Elèves trop stressés : la faute aux parents ?

Y a-t-il trop de stress lié à la réussite scolaire ? Oui, mais les plus stressés ne sont pas ceux que l'on croit. Les enfants sont certes touchés, mais leurs parents le seraient plus encore. C'est ce qui ressort d'un sondage° CSA pour l'Association des parents d'élèves de l'enseignement libre (APEL), rendu public jeudi 2 avril et réalisé en février auprès d'un échantillon de 655 parents représentatifs.

poll

A la question : *"Avez-vous le sentiment que votre enfant est stressé par l'école ?"*, 31 % des adultes répondent par l'affirmative. Mais si on leur demande : *"Et vous-même, vous sentez-vous stressé par la réussite scolaire de votre enfant ?"*, 52 % avouent que oui. Les motifs principaux d'inquiétude des enfants sont liés aux notes et à l'évaluation tandis que les parents craignent pour leur avenir. De là à penser que le stress des plus jeunes est - en partie - transmis par leurs aînés...

"Les enfants sont stressés de plus en plus tôt", assure Gisèle George, pédopsychiatre. Maux de ventre, irritabilité, problèmes de sommeil°, perfectionnisme, volonté de tout contrôler, petites maladies à répétition : les symptômes sont nombreux. Il y a dix ans, la spécialiste recevait principalement en consultation des adolescents de 17 à 20 ans, élèves de classe préparatoire°, de terminale ou de première, mais depuis trois ans sa clientèle s'est largement ouverte aux collégiens de 11 à 13 ans.

sleep

one- or two-year class preparation for the very competitive admissions exams to the "grandes écoles"

Le stress n'épargne° pas non plus l'école primaire, comme le constate Joël Péhau, enseignant de CM2 à Orthez (Pyrénées-Atlantiques). *"Les parents sont de plus en plus inquiets*, témoigne-t-il. *Ils veulent savoir où nous en sommes par rapport au programme. Certains donnent même des devoirs supplémentaires à leurs enfants."* Cela se traduit soit par des enfants *"apathiques, car submergés par l'ampleur de la tâche"* ou *"qui posent beaucoup de questions, par peur de l'échec°"*. L'instituteur passe de plus en plus de temps à recevoir les parents pour les rassurer et leur expliquer que *"la pression peut être contre-productive"*.

spare

failure

L'inquiétude des familles est visible à travers les succès d'édition que sont devenus *Qu'apprend-on à la maternelle ?* ou *Qu'apprend-on à l'école élémentaire ?* (Sceren-XO Editions) ou encore avec l'apparition de cahiers de vacances° pour les petits, avec *Les Passeports de la maternelle vers le CP* ou encore *De la*

summer workbooks

tutoring / decreasing average age

moyenne vers la grande section. Philippe Coléon, directeur général d'Acadomia, leader du soutien scolaire°, fait état lui aussi d'un rajeunissement° des élèves qui bénéficient des services de son entreprise.

Rayonnage de cahiers de vacances dans un hypermarché Carrefour.

"Les enfants du primaire représentaient, il y a dix ans, 6 % des élèves que nous suivions. Cette proportion est aujourd'hui de 12 %", assure-t-il. Crainte du chômage, mères moins disponibles parce qu'elles travaillent, explosion des foyers monoparentaux expliquent, selon lui, ce phénomène. *"Aujourd'hui, réussir sa vie de parents est davantage associé à la réussite scolaire de ses enfants"*, analyse-t-il.

downloadable

Les mères apparaissent plus stressées que les pères par la réussite scolaire (59 % contre 43 %). D'une manière générale, elles suivent davantage la scolarité de leurs enfants. *"Nos fiches de méthodes primaires, téléchargeables° sur notre site, sont très consultées par les mères de famille, qui s'en servent pour aider leurs enfants"*, constate Hervé Lecat, président de Complétude, spécialisé dans le soutien scolaire. [...]

advocates

L'institution scolaire, sélective, et les enseignants, dont les appréciations sont trop souvent négatives, ont également une forte part de responsabilité dans le stress des parents. *La psychopédagogue Brigitte Prot dénonce "la tyrannie de la note"* et préconise° une évaluation par les compétences, moins stigmatisante. *"Les parents recherchent les meilleurs établissements et les meilleurs diplômes pour garantir l'avenir de leur enfant car ils perçoivent bien que, pour la première fois, ceux-ci n'auront pas forcément un meilleur métier qu'eux"*, poursuit Joël Péhau.

expectations

disappoint

Comment les parents peuvent-ils faire retomber la pression ? *"Il y a un transfert d'inquiétude, concernant l'avenir, des adultes sur leurs enfants,* déplore Patrice Huerre, psychiatre de l'enfant et de l'adolescent. *Les parents doivent savoir doser la pression des attentes° qu'ils ont quant à la réussite scolaire. Sinon leurs enfants risquent de vivre dans la crainte de perdre leur amour s'ils les déçoivent°."*

mix up

typecast / hopeless, useless

Pour Brigitte Prot, *"les parents ne devraient jamais confondre° la personne de leur enfant et ses résultats scolaires"*. Mieux vaut dire *"tes résultats m'inquiètent"* plutôt que *"tu m'inquiètes"*. A éviter : enfermer° son enfant dans une image de *"faible en maths"* ou *"nul° en orthographe"*, ou le comparer avec ses frères et soeurs.

De même que les parents aspirent à faire une pause en rentrant chez eux après une journée de travail, leurs enfants aussi ont le droit d'oublier, de temps en temps, leur métier d'élèves.

1. Qu'est-ce qui a changé récemment?
2. Quelles sont les conséquences du stress à l'école primaire?
3. Comment peut-on expliquer que les parents sont si stressés?
4. Pensez aux parents des élèves du film. Vous donnent-ils l'impression d'être stressés?

Article de Sophie Bourdais et Samuel Douhaire publié dans *Télérama* n° 3087 (11 mars 2009)

Y a-t-il une guerre des sexes chez les ados?

Enseignants et chercheurs s'alarment d'une dégradation des relations garçons-filles. En cause, des clichés sexistes et une ségrégation sociale qui pousse à surjouer la virilité.

C'est un pétage de plombs° qui marque les esprits°. Dans *La Journée de la jupe*, un téléfilm de Jean-Paul Lilienfeld diffusé vendredi 20 mars sur Arte, Isabelle Adjani incarne Sonia Bergerac, une professeure de français qui enseigne dans un collège difficile. L'agressivité des élèves, les insultes sexistes, la violence font partie de son quotidien. Jusqu'à l'humiliation de trop, la peur de trop. Après avoir trouvé un revolver dans le sac du caïd° de la classe, Sonia Bergerac prend en otages une quinzaine de collégiens. Sa revendication° ? L'instauration par le ministre de l'Education nationale d'une Journée de la jupe, autrement dit *"un jour où l'Etat affirme : on peut mettre une jupe sans être une pute"*... Il s'agit d'une fiction. Mais est-elle si éloignée de la réalité ? *"C'est dur d'être une fille aujourd'hui"*, avoue Sarah Douali, l'une des jeunes comédiennes. Depuis quelques années, de nombreux enseignants, directeurs d'établissements scolaires, conseillers principaux d'éducation, militants associatifs et chercheurs constatent le même phénomène : les relations entre les garçons et les filles, jamais faciles à l'adolescence, se sont dégradées°. Après des décennies° de combat féministe et trente-quatre ans de mixité° scolaire, il faudrait donc encore s'interroger sur la possibilité de vivre en bonne intelligence, sans rapports de force systématiques.

a major case of losing it / that makes a lasting impression

(gang) leader

demand, claim

have deteriorated / decades

coeducation

Assistons-nous à une régression des droits des femmes, ou notre plus grande intolérance vis-à-vis du sexisme nous rend-elle plus attentifs à ses manifestations ? Difficile à dire, mais le phénomène est préoccupant. Et particulièrement visible dans les quartiers défavorisés, où des termes aussi délicats que "salope", "chiennasse" ou, un must, "elle est bonne" sont couramment employés. Comme le rappelle la sociologue Isabelle Clair, auteure des *Jeunes et l'amour dans les cités*[1], les filles des quartiers° se classent en deux catégories : les "bien" - celles qui restent à la maison, qui ne couchent pas - et les "putes". *"Même si elle n'a "rien fait", sexuellement parlant, il suffit qu'une adolescente porte une minijupe, qu'elle ne soit pas dans les codes de la discrétion sexuelle, pour qu'elle ne soit pas "bien"."* Les autres filles ne sont d'ailleurs pas les dernières à relayer les "réputations", forcément mauvaises. Ni à reprocher à la victime d'un viol de l'avoir "bien cherché"... Conséquence : les adolescentes dissimulent° leur féminité, voire, selon Isabelle Clair, *"se virilisent pour écarter le stigmate d'être femme".*

poor and ethnically diverse neighborhoods

hide

De leur côté, les garçons *"ont tendance à renforcer leur identification aux rôles masculins",* note Didier Lapeyronnie, professeur de sociologie à la Sorbonne. Avec cette obsession de la virilité, *"l'idée de se promener amicalement avec une copine n'est ni pensable ni possible, parce que ça engendre forcément de la violence et des moqueries".* Dans le même temps, les filles se protègent des garçons en les tenant à distance ou en les ignorant. Exemple, parmi d'autres, au collège Montbarrot-Malifeu, de Rennes. *"Nous avons très peu de couples parmi les élèves,* constate la principale adjointe, Isabelle Henry-Le Penven. *Garçons et filles évitent soigneusement de se montrer ensemble."* La mixité disparaît ainsi de l'espace public. *"Quand j'étais ado°, dans ma cité de Créteil,* se souvient le réalisateur Jean-Paul Lilienfeld, *on se retrouvait avec les copines dans une cour discrète pour s'embrasser en cachette des adultes. Trente ans après, cette cour est surnommée le "chemin des garçons". Plus aucune fille n'y met les pieds".*

= adolescent

Pourquoi tant de méfiance et d'incompréhension ? Il serait un peu facile d'incriminer la seule influence de l'islam dans les banlieues. *"Les garçons des cités ne sont pas culturellement ni génétiquement programmés pour être violents. Et le patriarcat n'est pas une spécialité musulmane",* rappelle Nacira Guénif-Souilamas, qui a dénoncé la stigmatisation des jeunes d'origine maghrébine dans *Les Féministes et le garçon arabe*[2]. Le problème, développe Didier Lapeyronnie dans *Ghetto urbain*[3], vient plutôt de la *"ségrégation sociale"* de quartiers ghettoïsés où les jeunes, surtout les garçons, sont victimes plus qu'ailleurs du chômage et de la discrimination raciale, et n'ont guère d'autre choix que de s'enfermer dans une identité masculine rigidifiée. Or, comme le remarque Isabelle Clair, *"tout ce qui entraîne une mise en danger de la virilité pousse*

---

1 Ed. Armand Colin.

2 Coécrit avec Eric Macé, éd. de l'Aube.

3 Ed. Robert Laffont.

vers des comportements violents". Ces demoiselles ont aussi le "tort" de mieux réussir à l'école. De quoi contribuer au rejet du féminin. Les garçons en difficulté scolaire ont tendance à vouloir montrer qu'ils sont *"quand même les plus forts en bousculant°, en agressant physiquement, voire sexuellement",* argumente Jean-Louis Auduc, directeur adjoint de l'IUFM de Créteil[4].

jostling

Attention, cependant, aux généralités. Les cités n'ont pas le monopole des comportements agressifs. *"Ça nous rassure peut-être de penser que ça n'arrive que là-bas quand on n'y habite pas, et notamment quand on est une femme,* avertit Isabelle Clair. *Mais les violences sexistes, même si elles prennent des formes différentes, sont bien partagées. Partout."* On manque de chiffres pour évaluer l'ampleur du problème, mais pas d'observations concrètes. La sociologue Sylvia Di-Luzio a mené une étude dans deux collèges "moyens" de Toulouse, ni huppés° ni classés ZEP, situés l'un en centre-ville, l'autre à la périphérie. Si les violences les plus visibles s'y exerçaient entre garçons, elle a relevé, envers les filles, des insultes de l'ordre du dénigrement physique ou à caractère sexuel, et des gestes déplacés° et/ou agressifs. *"Il s'agit d'un système présent dans la tête de tout le monde, quels que soient le niveau social, l'origine, la culture, la religion,* estime Sylvia Di-Luzio. *On n'a pas besoin d'aller jusqu'aux coups, une blague sexiste est déjà une violence. Le problème, c'est quand les filles elles-mêmes ne se rendent pas compte° que se faire traiter de salope ou se retrouver avec une main aux fesses n'est ni normal ni tolérable."*

privileged

inappropriate

don't realize

Sur n'importe quel lieu de travail, on qualifierait cela de harcèlement° sexuel, et on le réprimerait. En milieu scolaire, le phénomène est d'autant plus rarement sanctionné° qu'il faudrait une vigilance constante pour ne rien laisser passer, et qu'il n'y a pas consensus, dans la communauté éducative, sur ce qui est acceptable ou pas. Il faudrait une prise de conscience, comme celle qui a entraîné la création, en 2006, d'une... Journée de la jupe et du respect, analogue à celle que réclame Sonia Bergerac dans le téléfilm. Une initiative qui n'est pas partie d'un collège de ZEP en crise, mais d'un lycée agricole privé breton, l'Ipssa d'Etrelles. Il ne s'y passait rien de spectaculaire, mais un atelier de travail avec l'animateur Thomas Guiheneuc, de l'association Liberté couleurs, a mis au jour le mal-être° des filles face aux remarques blessantes de leurs condisciples masculins. Dix-sept élèves ont organisé dans la foulée, toujours avec Liberté couleurs, une journée de sensibilisation° qui a fait tache d'huile°.

harassment

punished

discontent, unease

awareness / that has spread

---

4 Voir le lien http://www.cafepedagogique.net/lexpresso/Pages/130307FillesetgarconsSystEducFr.aspx

Ce qui s'appelle désormais le Printemps de la jupe et du respect débute le 16 mars sa troisième édition. Animations, débats, spectacles, créations d'affiches ou d'autres supports d'expression, tout émane des jeunes, les adultes n'apportant que leur soutien moral, financier et logistique. Le Printemps 2009 impliquera jusqu'au 3 avril vingt-sept structures (contre sept en 2007) accueillant des jeunes (collèges, lycées, foyers de jeunes travailleurs...) issus de tous les milieux sociaux. *"Dans certains établissements, les insultes font partie du quotidien ; dans d'autres, qui se trouvent à peine 400 mètres plus loin, les garçons ne se reconnaissent pas du tout dans ces représentations sexistes"*, note Thomas Guiheneuc. Au point de se montrer parfois, lors des échanges, plus progressistes que les filles. Comme dans le téléfilm, l'intitulé de l'opération n'est pas toujours bien compris... par les adultes. La jupe comme symbole d'émancipation féminine, voilà de quoi faire hoqueter d'indignation toutes celles qui se sont battues pour avoir droit de porter un pantalon ! *"Il ne faut pas rester au premier degré,* oppose Nicole Guenneuguès, chargée de mission égalité filles-garçons pour l'académie de Rennes. *Ce que les filles ont exprimé, dans ce lycée, c'est : "je ne peux pas mettre une jupe sans me faire insulter". Il faut accepter de partir des mots et du vécu° des jeunes. Ce qui est troublant, c'est qu'on en est toujours à contrôler ce que peuvent ou ne peuvent pas porter les femmes."* La jupe n'est, au fond, qu'un prétexte pour mettre les non-dits sur le tapis°, et obliger ceux que Thomas Guiheneuc appelle la *"majorité silencieuse"* à prendre position : *"Les filles qui mettent une jupe entendent les critiques d'une minorité de grandes gueules°. Le collectif n'est pas forcément d'accord, mais s'il ne réagit pas, elles pensent "qui ne dit mot consent°"*. Parler, discuter, lever les tabous, voilà ce qu'il convient de faire. Il ne s'agit pas de sonner le tocsin : la puberté a toujours été une zone de tensions identitaires et sexuelles, beaucoup de ceux qui la traversent y survivent plutôt bien, et l'éducation comme les modèles parentaux jouent leurs rôles dans l'équilibre des relations entre les sexes. Mais personne n'est à l'abri° d'un dérapage° des comportements. *"Chez les adolescents des classes plus favorisées, il n'y a pas de montée de la violence. La généralisation de la culture porno est sans doute plus pertinente pour expliquer l'essor du sexisme chez eux"*, observe ainsi la sociologue Marie Duru-Bellat, auteure de *L'Ecole des filles*[5].

experiences

to discuss the unsaid

big mouths

agrees

immune to / abrupt changes in behavior

L'Education nationale ne fait pas le dos rond° ; la prévention des violences sexistes et homophobes figure en toutes lettres parmi ses missions, au même titre, depuis 2000, que l'éducation à

does not ignore the issue

5 Ed. L'Harmattan.

l'égalité des sexes. De nombreuses études ont montré que la mixité
ne garantit rien dans ce domaine, que la plupart des enseignants
s'adressent différemment aux filles et aux garçons, qu'ils cultivent
inconsciemment des stéréotypes poussiéreux (elles seraient
travailleuses et disciplinées, ils seraient créatifs et spontanés
; ils excellent forcément en maths, elles cartonnent° bien sûr en — excel
français...), que l'orientation scolaire et professionnelle des unes et
des autres se détermine toujours selon les mêmes vieux schémas° — patterns
de la domination masculine (ils auront besoin d'une profession
rémunératrice°, elles devront rester disponibles pour leur famille)... — lucrative

Ce constat dépasse *La Journée de la jupe.* Mais il n'est
pas hors sujet. Les violences sexistes et les clichés sclérosants
entretiennent de concert° un système dépassé, qui empêche les filles — together, jointly
comme les garçons de faire leurs propres choix et bloque tout réel
progrès dans la répartition des rôles sociaux. Personne ne peut s'en
satisfaire. Or, même si elle est prévue par les textes, la formation
du personnel éducatif à une meilleure prise en compte de l'égalité
entre les sexes n'est pas jugée prioritaire au regard des nombreuses
missions déjà attribuées à l'école. Les académies° sont inégalement — school districts
mobilisées sur la question. L'éducation à la sexualité, qui pourrait
être une excellente occasion de libérer la parole des adolescent(e)s
et de questionner leurs représentations, ne va pas toujours au-delà
de la simple rubrique contraception-sida°-MST° dans le cours de — AIDS / STD
SVT (sciences de la vie et de la terre).

**L'apaisement des tensions et le rééquilibrage des relations
entre les sexes** profiteraient pourtant à tout le monde. Le modèle
viriliste est épuisant° pour les garçons, coincés dedans et obligés de — exhausting
s'y conformer, alors que les filles peuvent jouer avec leur identité.
"On a longtemps mis l'accent sur les filles qui doivent oser, dit Nicole
Guenneuguès. *Mais on n'a pas essayé d'accompagner l'évolution des
garçons, alors qu'eux aussi peuvent gagner à cette transformation, en
ayant plus tard des vies plus équilibrées, où ils pourront davantage
s'occuper de leurs enfants."* Et rendre inutile la Journée de la jupe.

1. Pourquoi est-il difficile d'être une fille dans certains quartiers?
2. Parallèlement, que font les garçons?
3. Comment peut-on expliquer ce phénomène?
4. Ces problèmes entre garçons et filles sont-ils seulement associés aux quartiers défavorisés?
5. Est-ce que tout le monde comprend l'initiative de la Journée de la jupe?
6. Que fait l'Education nationale pour combattre le sexisme?

Autres films à voir

L'esquive (comédie dramatique d'Abdellatif Kechiche, 2004)

Entre amour et amitié, disputes et répétitions d'une pièce de théâtre, la vie dans une cité de la région parisienne d'un groupe de jeunes d'une quinzaine d'années.

1. Quels parallèles peut-on établir entre les jeunes des deux films?
2. On les voit en cours de français. Comparez leur attitude dans les deux films, et celle de leurs professeurs.
3. Quel rôle la langue a-t-elle dans les deux films?

LOL (comédie de Lisa Azuelos, 2009)

Lola a des parents divorcés, de bonnes copines et un copain qu'elle doit reconquérir. Elle trouve que sa mère ne comprend rien et ne lui raconte rien. Elle vit collée à son portable et à son ordinateur. Elle va en cours, en boums et en voyage scolaire. Elle observe les autres et elle mûrit.

1. Lola vit dans un quartier très favorisé. Qu'est-ce que cela change au jour le jour?
2. Qu'est-ce que les jeunes des deux films ont en commun, malgré leurs différences?

La journée de la jupe (drame de Jean-Paul Lilienfeld, 2009)

Sonia Bergerac est professeur de français dans un collège très difficile. Un jour elle découvre par hasard un révolver dans le sac d'un élève. Elle s'en empare pour prendre sa classe en otage.

1. Comparez les élèves d'*Entre les murs* à ceux de *La journée de la jupe*. Pensez notamment à leur attitude en classe et aux relations entre garçons et filles.
2. Comparez l'attitude des deux professeurs, M. Marin et Mme Bergerac.
3. Quel film a fait la plus forte impression sur vous?

Chapitre 3

Immigration, intégration, banlieues

L'esquive

Cité de Saint-Denis

Les filles de *L'esquive* dans leur cité.

Le film

Krimo, 15 ans, vit dans une cité de la banlieue parisienne. Il vient de perdre sa copine, son père est en prison, et l'école ne le passionne pas. En assistant à la répétition d'une pièce de théâtre il découvre Lydia, qu'il connaît depuis toujours, sous un jour nouveau. Il tombe amoureux d'elle mais ne sait comment le lui dire. Il décide alors de jouer dans la pièce pour se rapprocher d'elle.

Le réalisateur

Abdellatif Kechiche est né en 1960 en Tunisie et est arrivé en France à l'âge de 6 ans. Il a d'abord été acteur dans les années 80, puis a réalisé son premier film, *La Faute à Voltaire*, en 2000. Il a été applaudi par la critique et a même remporté le Lion d'or de la meilleure première œuvre au Festival de Venise. Malgré le succès de ce premier film Kechiche a eu beaucoup de mal à trouver le financement pour *L'esquive*. Il a envoyé son scénario (écrit 13 ans plus tôt!) à une cinquantaine de producteurs et à toutes les chaînes de télévision. Tous ont refusé le projet pour deux raisons: le sujet n'était pas vendeur et il n'y avait pas d'acteur connu. Le film a pourtant remporté un grand succès critique, ce qui a permis à Kechiche d'enchaîner avec *La graine et le mulet* en 2007. Il y relate les difficultés rencontrées par un vieil Algérien qui souhaite ouvrir un restaurant dans le Sud de la France. C'est à nouveau un grand succès critique, avec des prix à la Mostra de Venise et aux César. Kechiche est un réalisateur discret et sensible qui donne un profil et une voix aux personnes issues de l'immigration.

Les acteurs

Sara Forestier (née en 1986) faisait du théâtre depuis 3 ans et avait joué dans un téléfilm quand elle a été choisie pour le rôle de Lydia. C'est la seule interprète qui n'habite pas en banlieue mais à Paris. Son rôle dans *L'esquive* a lancé sa carrière: on a pu la voir dans *Un fil à la patte* (2005), *Hell* (2006), *Quelques jours en septembre* (2006) et *Jean de la Fontaine* (2007). En 2009 elle a tenu le rôle principal pour la première fois dans *Humains.*

Sabrina Ouazani, Sara Forestier et Rachid Hami.

Les autres acteurs n'avaient jamais fait de cinéma. Ils ont été recrutés par petites annonces. **Sabrina Ouazani**, née en 1988, a elle aussi été remarquée par les réalisateurs. On a pu la voir dans *3 petites filles* (2003), *La graine et le mulet* (2007) et *Adieu Gary* (2009). Elle aura prochainement un rôle plus important dans *Fait divers.*

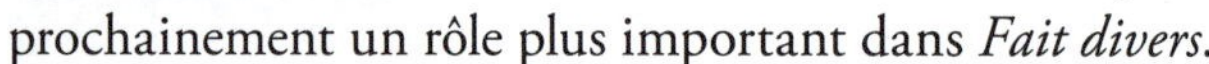

Les autres jeunes acteurs n'ont pas refait de cinéma.

Buzz

- Sortie: 2004
- Durée: 1h57
- Titre aux Etats-Unis: *Games of Love and Chance*
- Genre: Comédie douce-amère

Scénario

Le scénario était complètement écrit avant le tournage mais les acteurs se sont appropriés les répliques en changeant certaines expressions. Ils ont conseillé Kechiche pour que le dialogue soit plus authentique.

Cité des Francs-Moisins

Tournage

Le film a été tourné dans la cité des Francs-Moisins en Seine-Saint-Denis. Par souci d'économie, Kechiche a tourné le film en numérique et très rapidement (6 semaines et demie seulement) en octobre-novembre 2002. Les acteurs ont répété deux mois avant le début du tournage.

Note sur la langue

La langue est très difficile à comprendre, donc ne vous inquiétez surtout pas si vous ne comprenez pas grand-chose. En fait, les 10 premières minutes sont incompréhensibles, même pour des Français qui parlent un français standard.

Succès

L'esquive a été, à la surprise générale, le grand vainqueur de la soirée de remise des César en 2005. Il a en effet remporté 4 César, et non des moindres: meilleur film, meilleur réalisateur, meilleur scénario et meilleur jeune espoir féminin (pour Sara Forestier). Une performance remarquable puisqu'il était en compétition avec une grosse production (*Un long dimanche de fiançailles*) et un très gros succès public (*Les choristes*).

Culture et vocabulaire

Aspects culturels

1. Immigration

Beaucoup de jeunes du film sont issus de l'immigration. Leurs familles sont nées à l'étranger mais les jeunes sont, pour la plupart, nés en France. Observez les deux tableaux suivants sur l'immigration en France et répondez aux questions.

Population selon la nationalité

		Part de la population		
Année de recensement	Population (en milliers)	Français de naissance (en %)	Français par acquisition (en %)	Étrangers (en %)
1921	38 798	95,4	0,7	3,9
1931	41 228	92,5	0,9	6,6
1946	39 848	93,5	2,1	4,4
1962	46 459	92,6	2,8	4,7
1975	52 599	90,8	2,6	6,5
1990	56 652	90,5	3,1	6,3
1999	58 521	90,4	4,0	5,6

Champ : France métropolitaine. Source : Insee, recensements de la population.

a. La population française est-elle restée stagnante au XXe siècle?

b. Comment sa composition a-t-elle évolué?

c. Comment peut-on expliquer qu'il y ait moins d'étrangers en 1999 qu'en 1990?

Immigrés selon le pays d'origine

	1962	1975	1990	1999	
	en %	en %	en %	en %	effectifs
Europe	**78,7**	**67,2**	**50,4**	**44,9**	**1 934 144**
Espagne	18,0	15,2	9,5	7,3	316 232
Italie	31,8	17,2	11,6	8,8	378 649
Portugal	2,0	16,9	14,4	13,3	571 874
Pologne	9,5	4,8	3,4	2,3	98 571
Autres pays d'Europe	17,5	13,1	11,4	13,2	568 818
Afrique	**14,9**	**28,0**	**35,9**	**39,3**	**1 691 562**
Algérie	11,6	14,3	13,3	13,3	574 208
Maroc	1,1	6,6	11,0	12,1	522 504
Tunisie	1,5	4,7	5,0	4,7	201 561
Autres pays d'Afrique	0,7	2,4	6,6	9,1	393 289
Asie	**2,4**	**3,6**	**11,4**	**12,8**	**549 994**
Turquie	1,4	1,9	4,0	4,0	174 160
Cambodge, Laos, Vietnam	0,4	0,7	3,7	3,7	159 750
Autres pays d'Asie	0,6	1,0	3,6	5,0	216 084
Amérique, Océanie	**3,2**	**1,3**	**2,3**	**3,0**	**130 394**
Non déclaré	**0,8**	///	///	///	///
Total	**100,0**	**100,0**	**100,0**	**100,0**	
Effectif	2 861 280	3 887 460	4 165 952	4 306 094	4 306 094

Note : /// = absence de résultats due à la nature des choses. Source : Insee, Recensements de la population, 1962-1999.

d. De quel continent les immigrés venaient-ils principalement en 1962? Et en 1999?

e. Quelle est la religion dominante en Espagne, en Italie, au Portugal et en Pologne? Pourquoi ces immigrés ont-ils choisi de s'installer en France?

f. Comparez le pourcentage d'immigrés d'origine italienne en 1962 et en 1999. Faites la même chose pour les "Autres pays d'Afrique" (c'est-à-dire l'Afrique sub-saharienne). Que remarquez-vous?

g. Quelles sont les régions qui attirent le plus d'immigrés ? Est-ce surprenant ? Justifiez votre réponse.

Part des immigrés en 2004-2005 par région

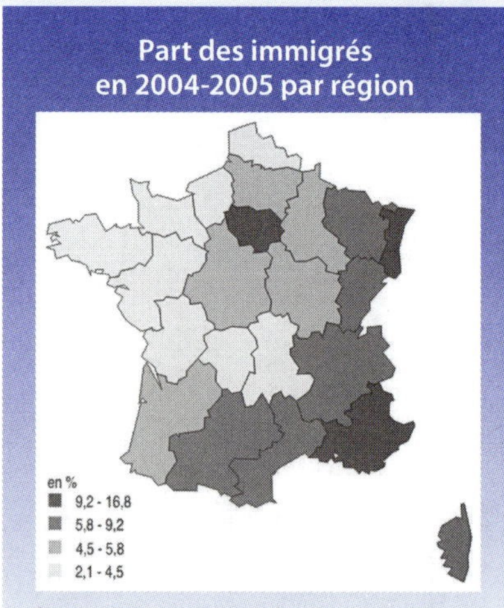

Champ : France métropolitaine. Source : Insee, enquêtes annuelles de recensement de 2004 et 2005.

2. Les Beurs

> **Le Maghreb**
>
> Le Maroc, l'Algérie et la Tunisie forment le Maghreb. En France on parle des Maghrébins, qui sont souvent français mais dont les familles sont venues d'un de ces pays.

a. Les jeunes du film ont des origines différentes, mais beaucoup sont beurs. D'où leurs parents ou grands-parents viennent-ils? Azouz Begag, Yamina Benguigui, Rachida Dati, Fadela Amara, Djamel Debbouze, Faudel, Smaïn et Zinedine Zidane sont des Beurs célèbres. Faites quelques recherches sur eux si vous ne les connaissez pas.

b. Que veut-on dire quand on parle de la France Black Blanc Beur ?

c. Pouvez-vous deviner ce que veut dire le mot "beurgeois" ?

3. Intégration

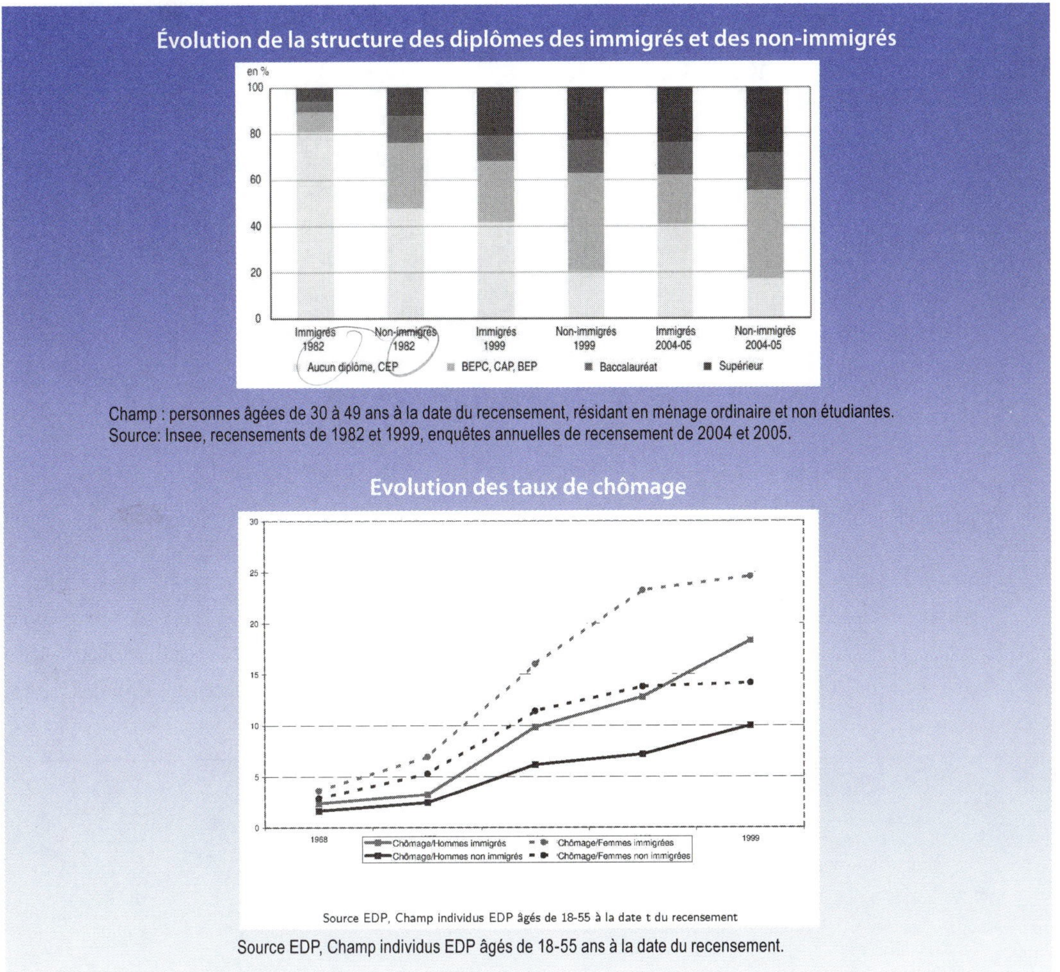

Source EDP, Champ individus EDP âgés de 18-55 ans à la date du recensement.

a. Comparez la situation des immigrés et des non-immigrés en 1982.

b. Comment la situation a-t-elle évolué entre 1982 et 2004-05 ?

c. Qu'est-ce qui vous frappe dans le 2e document ?

4. Les banlieues

Il existe toutes sortes de banlieues. Certaines sont riches, bien équipées et bien entretenues. D'autres, au contraire, ont de gros problèmes d'insécurité, de chômage, de pauvreté, de précarité. La population compte de nombreux immigrés et descendants d'immigrés. On appelle ces quartiers les "banlieues sensibles".

Observez la carte ci-dessous. Vous y voyez la ville de Paris (l'étoile) et les 7 départements limitrophes, qui, ensemble, forment la région Ile-de-France (d'où l'adjectif "franciliennes"). Sachant que les communes (villes et villages) les plus riches sont en gris clair et les plus pauvres en noir, que pouvez-vous en conclure ?

Répartition des communes franciliennes en trois groupes socio-urbains (aisé, moyen, modeste)

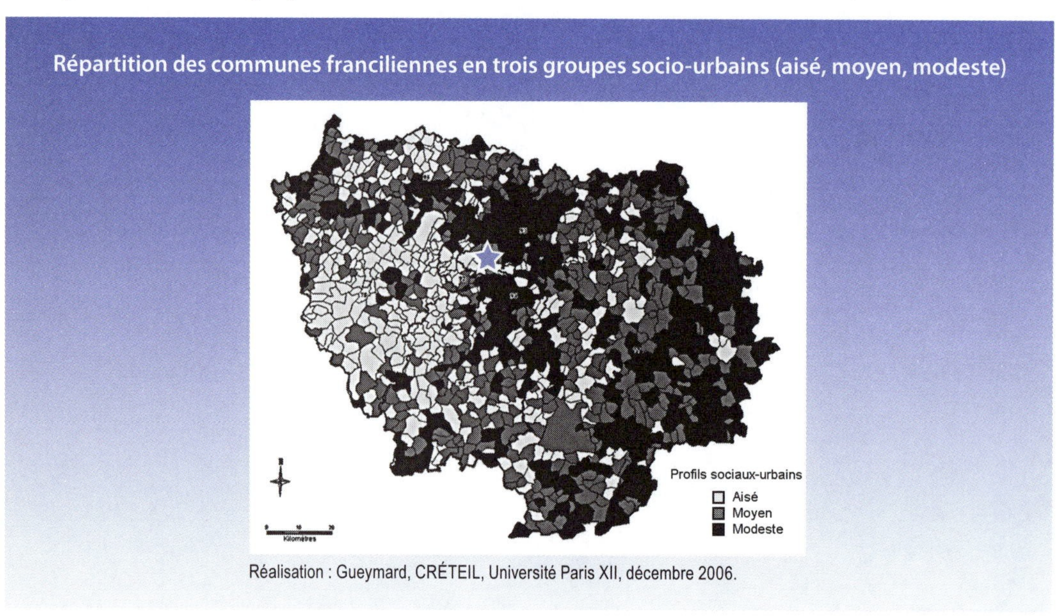

Réalisation : Gueymard, CRÉTEIL, Université Paris XII, décembre 2006.

5. Les cités

Dans *L'Esquive* vous allez voir un groupe d'adolescents qui vivent dans une cité, en banlieue. Leurs conditions de vie sont différentes de celles dans une banlieue chic. A votre avis, quelles sont les difficultés liées à la vie dans une cité? Réfléchissez en particulier aux points suivants: qualité et confort du lieu de vie (maison ou appartement), jardins, espaces verts,

Carrières-sur-Seine

Marly-le-Roi

Cité de Bel-Air, Montreuil

Cité des Castors, Bobigny

terrains de sport, lieux culturels et de détente, moyens de transports, qualité des écoles, (in) sécurité, relations avec la police. Vous pouvez regarder les photos ci-dessus pour vous aider. Bobigny et Montreuil sont en Seine-Saint-Denis, au nord-est de Paris, et Louveciennes et Marly sont dans les Yvelines, à l'ouest de Paris.

6. Le verlan

Les jeunes que vous allez voir parlent une langue qui leur est propre, et qui est fort éloignée du français standard. C'est un mélange d'argot, d'arabe et de verlan. Que veut dire "verlan"? Comment les mots sont-ils formés? Pouvez-vous retrouver l'origine des mots suivants?

.... → un beur

.... → chelou

.... → un keum

.... → une meuf

.... → un Nouache

.... → relou

.... → reuch

.... → un Séfran

.... → la téci (ou la tess)

.... → une teuf

.... → un truc de ouf

.... → un truc de guedin

.... → zarbi

> Beur a une forme féminine: "beurette", et une forme reverlanisée: "rebeu"

> Ou même: la 6T !

Un mot a comprendre: kiffer (aimer)

Vous allez très souvent entendre ce verbe dans le film. Par exemple, Magalie dit (en parlant de Krimo): "Je l'ai kiffé, il m'a kiffée, et je le kiffe encore."

7. Marivaux

Dans le film les élèves répètent *Le jeu de l'amour et du hasard*, une pièce de théâtre de Marivaux.

a. Qui était Marivaux? A quelle époque a-t-il vécu? Qu'a-t-il écrit? Quels étaient ses sujets de prédilection?

b. De quoi parle la pièce? Qui en sont les personnages principaux? Il est important de bien comprendre l'histoire et les personnages pour pouvoir établir un parallèle avec le film.

Vocabulaire

Immigration et intégration

immigrer : to immigrate
un(e) immigré(e) : an immigrant
un(e) étranger (-ère) : a foreigner
un permis de séjour : a residence permit
un clandestin : an illegal immigrant
acquérir la nationalité : to become a (French) citizen
un(e) Français(e) issu(e) de l'immigration : 2nd or 3rd generation French person
être français(e) de souche : to be of French extraction

La banlieue, la cité

la banlieue: the suburb
un quartier: a neighborhood
un quartier sensible: connotes inner-city environment / "the 'hood"
un grand ensemble: a housing development
une cité: a project
le béton (armé): (reinforced) concrete
l'insécurité : lack of public safety ; climate of fear
la délinquance : delinquency, criminality
se faire agresser : to be assaulted
la discrimination positive : reverse discrimination
l'égalité des chances : equal opportunity
l'ascenseur social : social ladder

Le saviez-vous?

Le mot "banlieue" est formé de deux mots: le ban (la loi de la grande ville proche) et la lieue (une distance de 2,5 à 4 km, en fonction des époques). A l'origine, la banlieue est donc le pourtour de la ville, qui obéit aux règles de la ville.

Le logement

une HLM: (Habitation à Loyer Modéré) a housing project
les logements sociaux : subsidized housing
une tour: a high-rise
une barre d'immeubles: an apartment building
un appartement: an apartment
l'espace: space
une pièce: a room
une chambre: a bedroom
le rez-de-chaussée: first floor
le premier étage: second floor
l'escalier: the stairs
le couloir: the hallway
le sous-sol: the basement
le balcon: the balcony

Les jeunes et leurs relations

un(e) adolescent(e): a teenager
un(e) copain/copine: a friend; a boy/girlfriend
faire la connaissance de qq'un: to meet s.o.
bien/mal s'entendre avec qq'un: to get along poorly with s.o.
avoir des sentiments pour qq'un: to have feelings for s.o.
tomber amoureux (-euse) de qq'un: to fall in love with s.o.
être amoureux (-euse) de qq'un: to be in love with s.o.
déclarer sa flamme à qq'un: to declare one's love to s.o.
embrasser qq'un: to kiss s.o.
rompre avec qq'un: to break up with s.o.
se bagarrer avec qq'un: to fight with s.o.
reprocher qqch à qq'un: to criticize well / s.o. for sth
s'emporter contre qq'un: to lose one's temper with s.o.
hurler: to yell
insulter qq'un: to insult s.o.
rêver de qq'un/qqch: to dream of s.o./sth
avoir du caractère: to have a strong personality
avoir confiance en soi: to be self-confiden

A savoir

En France les gens s'embrassent sur les deux joues pour se dire bonjour et au revoir. Le "hug" n'existe pas et est très étrange pour les Français!

Pour décrire les jeunes

maladroit(e): awkward
timide: shy
buté(e): stubborn
émouvant(e): moving
gêné(e): embarrassed
désemparé(e): helpless
humilié(e): humiliated
agacé(e): annoyed, irritated
jaloux (-se): jealous
amer (-ère): bitter
violent(e): violent
menaçant(e): threatening
froid(e): cold
distant(e): distant
proche : close
chaleureux (-euse): warm (for a person)

Le théâtre

une pièce: a play
le metteur en scène: the director
l'acteur (-trice): the actor / actress
un cours de théâtre: a drama class
jouer: to act (in a play)
un rôle: a part
une répétition: a rehearsal
le/la décorateur (-trice): the set designer
les décors: the set
les accessoires: the props
le/la costumier (-ière): the wardrobe keeper
un costume: a costume
une robe: a dress
la scène: the stage
un spectacle: a show
une représentation: a performance
le trac: stage fright
le public: the audience
l'entracte: the intermission

Parallèles avec d'autres pays

1. Immigration

Chaque pays a sa propre histoire d'immigration: récente ou de longue date, voulue ou combattue, contrôlée ou non et les profils d'immigrants varient en fonction des pays. Réfléchissons à l'immigration vers les Etats-Unis à l'aide des documents suivants.

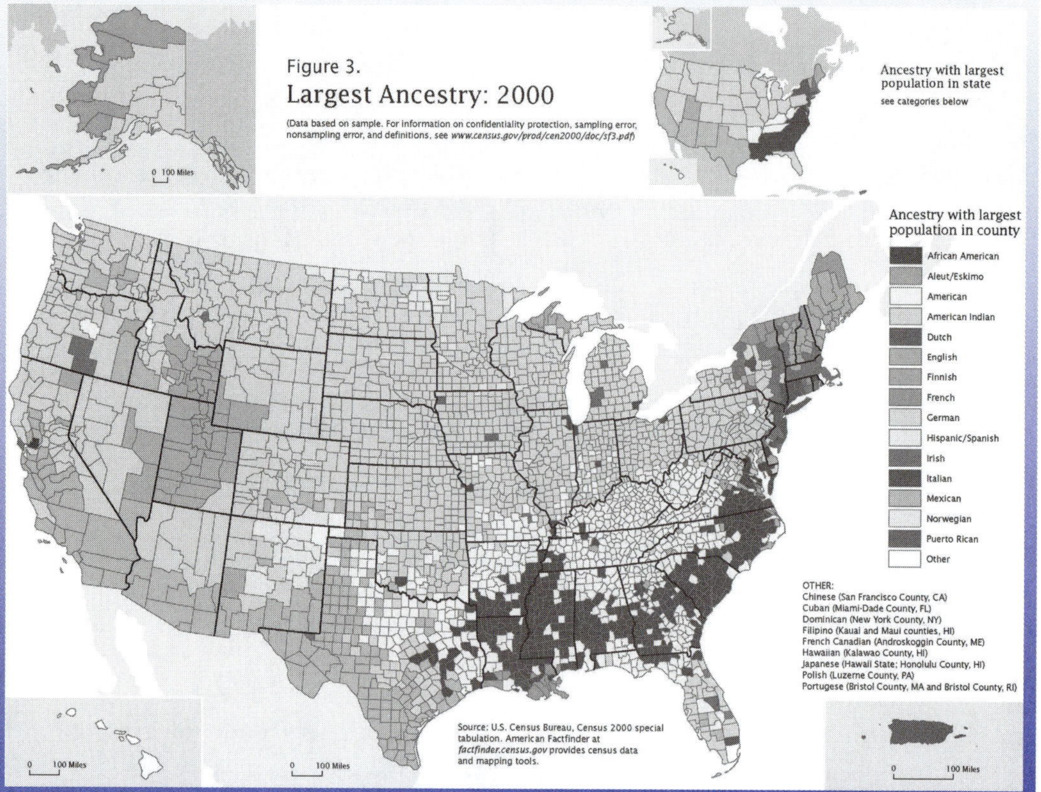

Figure 3.
Largest Ancestry: 2000
(Data based on sample. For information on confidentiality protection, sampling error, nonsampling error, and definitions, see www.census.gov/prod/cen2000/doc/sf3.pdf)
Ancestry with largest population in state
see categories below
Ancestry with largest population in county
African American
Aleut/Eskimo
American
American Indian
Dutch
English
Finnish
French
German
Hispanic/Spanish
Irish
Italian
Mexican
Norwegian
Puerto Rican
Other
OTHER:
Chinese (San Francisco County, CA)
Cuban (Miami-Dade County, FL)
Dominican (New York County, NY)
Filipino (Kauai and Maui counties, HI)
French Canadian (Androskoggin County, ME)
Hawaiian (Kalawao County, HI)
Japanese (Hawaii State; Honolulu County, HI)
Polish (Luzerne County, PA)
Portugese (Bristol County, MA and Bristol County, RI)
Source: U.S. Census Bureau, Census 2000 special tabulation. American Factfinder at factfinder.census.gov provides census data and mapping tools.
0 100 Miles

Pour voir la carte en couleur, allez sur le site du U.S. Census Bureau: www.census.gov/prod/2004pubs/c2kbr-35.pdf.

a. Qu'est-ce qui vous frappe sur cette carte? Etes-vous surpris?

Répartition de la population née à l'étranger (par région du monde à la naissance) (2000)

OCEANIA 0.5
NORTHERN AMERICA 2.7
AFRICA 2.8
EUROPE 15.8
ASIA 26.4
Central America 36.0
LATIN AMERICA 51.7
Caribbean 9.5
South America 6.2
Note: Adds to 99.9 percent due to rounding.
Source: U.S. Census Bureau, Census 2000, Summary File 3.

Population née à l'étranger (2000)

Percent foreign born by state
14.0 to 26.2
11.1 to 13.9
4.5 to 11.0
1.1 to 4.4
U.S. percent 11.1
Source: U.S. Census Bureau, Census 2000 Summary

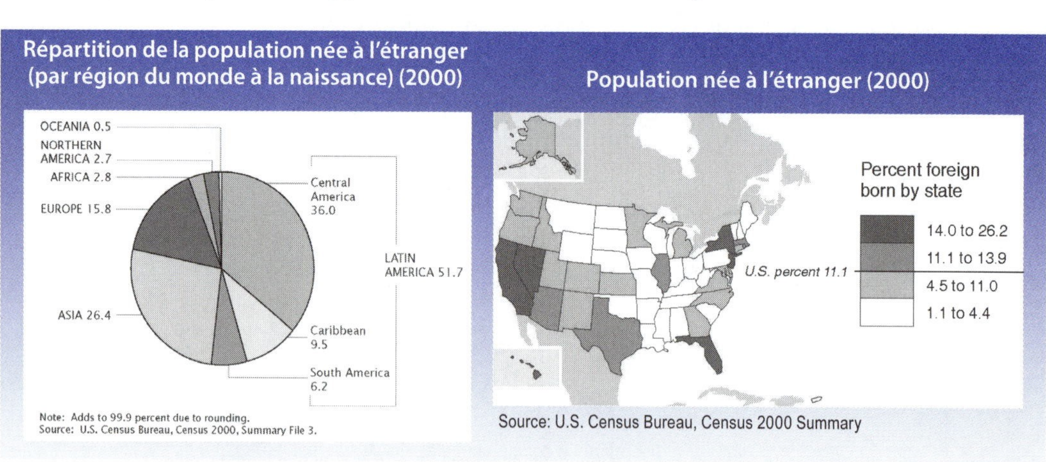

b. D'où venaient principalement les immigrants en 2000?

c. Quels sont les états qui accueillent le plus d'immigrants? Est-ce logique?

d. Connaissez-vous l'histoire de votre famille? Savez-vous d'où venaient vos ancêtres? Pourquoi sont-ils venus? Où se sont-ils installés? Interrogez vos parents, grands-parents ou même arrière grands-parents pour mieux comprendre d'où vous venez.

2. Intégration

La France encourage l'intégration des immigrés, alors que les Etats-Unis préfèrent le pluralisme culturel. Qu'est-ce que cela veut dire? Pouvez-vous expliquer ces deux notions en donnant des exemples?

3. Cadres de vie

Comme nous l'avons vu, les banlieues françaises sont extrêmement variées. Certaines sont cossues, alors que d'autres ont besoin de grands travaux. Le phénomène des "banlieues sensibles" (avec grands ensembles, concentration d'habitants étrangers ou d'origine étrangère, précarité économique et accès de violence) existe-t-il de la même façon aux Etats-Unis ou dans votre pays d'origine? Qu'est-ce que le mot "banlieue" évoque dans votre culture? Dans quels quartiers les personnes en grande difficulté financière habitent dans votre ville?

Le film

Lydia | Krimo | Frida | Nanou

Rachid | Fathi | Magalie | la prof

Questions générales sur le film

Introduction

1. Qu'apprend-on sur Krimo dans les premières minutes du film?
2. Comment fait-on la connaissance de Lydia? Que comprend-on sur son caractère?

Le théâtre

3. Que se passe-t-il pendant la première répétition? Qu'est-ce que cette scène révèle sur les relations entre Lydia et Frida? Quel rôle Rachid a-t-il?

4. Krimo acteur :
   a. Pourquoi et comment Krimo et Rachid s'échangent-ils les rôles? Pour qui est-ce le plus difficile ?
   b. Comparez la première répétition de Krimo (quels problèmes a-t-il?), la répétition suivante (quand il est seul avec Lydia), et la dernière (pourquoi quitte-t-il la classe ?)
   c. Qu'est-ce que le visage de Krimo révèle quand il observe la pièce?
   d. Peut-on dire que l'expérience théâtrale est un échec total pour Krimo ?
5. Les costumes : Pourquoi Lydia est-elle si contente d'avoir sa robe? Qu'est-ce que ce costume représente pour elle? Comment Krimo se sent-il dans le sien? Comment leurs camarades les voient-ils dans leurs costumes?
6. Quel rôle la prof a-t-elle? Qu'est-ce qu'elle représente pour les jeunes qui suivent ses cours?
7. Qu'est-ce que le théâtre apporte aux élèves (à ceux qui jouent dans la pièce et à ceux qui regardent)?

Les filles

8. Qu'est-ce qu'on apprend dans la scène où Magalie attaque verbalement Lydia?
9. Qu'est-ce que Lydia et Nanou comprennent quand Krimo demande à Lydia de l'aider à répéter son texte? Voient-elles clair?
10. Lydia dit-elle la vérité à ses copines? Qu'est-ce qu'elles lui reprochent ensuite?

Les garçons

11. Qu'est-ce que Fathi ne comprend pas? Quels conseils donne-t-il à Krimo?

Les filles et les garçons

12. Qu'est-ce que la scène entre Frida et Fathi révèle sur eux deux?
13. La scène de réunion dans la voiture donne-t-elle les résultats espérés par Fathi?
14. Sur quel ton le film se termine-t-il?

15. Comparez les garçons et les filles. Est-ce qu'ils s'expriment et se comportent de la même façon?
16. Quelle importance la vie de groupe a-t-elle pour les jeunes? Sont-ils plus souvent seuls ou avec leurs copains? Le groupe est-il une protection ou un poids?

Les adultes

17. Comment se passe le contrôle de police? Pourquoi les policiers sont-ils aussi agressifs? Que croient-ils? Que pensez-vous de cette scène? Certains spectateurs n'ont pas compris pourquoi elle faisait partie du film. La trouvez-vous importante?
18. La mère de Krimo, la prof et la police sont les seuls adultes qui parlent dans le film. A quel moment voit-on les parents? Qui représente l'autorité ?

Parallèle avec *Le petit lieutenant*

Comparez l'attitude de la police dans les deux films. S'agit-il du même genre de policiers? Font-ils le même travail?

Questions sur les thèmes du film

1. L'immigration

On peut supposer que les jeunes du film sont tous français. D'où viennent leurs parents ou leurs grands-parents ? Certains pays sont-ils sur-représentés ?

2. Les Beurs

On parle souvent de la "culture beur". Avez-vous l'impression, en regardant le film, que les Beurs ont leur propre culture, différente de la culture française de souche, ou de la culture des jeunes qui viennent d'autres pays ?

3. L'intégration

Les jeunes vous donnent-ils l'impression d'être bien intégrés à la société française ?

4. Les banlieues

Est-ce que *L'Esquive* est un film sur la banlieue, ou juste un film qui se passe en banlieue?

5. Les cités

Les cités sont très souvent diabolisées dans les médias, qui parlent en général de celles où règne la violence. Quelle impression avez-vous de cette cité en particulier ? Peut-on y vivre décemment et s'y épanouir ? Quels aspects de la vie sont difficiles ?

6. L'usage de la langue

Les acteurs parlent dans trois langues: français standard, langue de Marivaux et langue de la banlieue. Qu'est-ce qui rend la langue de la banlieue riche? Pourquoi est-elle importante pour les jeunes? Sont-ils capables de parler en français standard?

7. **Marivaux**

Pourquoi Kechiche a-t-il choisi de faire répéter *Le Jeu de l'amour et du hasard*? Pouvez-vous établir un parallèle entre la pièce et le film?

Etude complémentaire

Les limites de ce film

1. Il existe des cités beaucoup plus violentes. Certes la vie n'est pas rose dans la cité du film mais les jeunes ne sont pas malheureux. Ils ont des amis et s'entraident. Cette vision de la cité vous semble-t-elle juste ou un peu optimiste ?

2. Certains aspects du film font cliché : c'est la Française de souche qui a le rôle principal, le personnage le plus violent est maghrébin, la police harcèle des jeunes qui n'ont rien fait. Qu'en pensez-vous ?
3. Nous avons une vision limitée des jeunes puisqu'à l'exception de Krimo nous ne les voyons jamais avec leurs parents et chez eux. Pouvons-nous bien les connaître et les juger sans les voir dans leur contexte familial ?

Une situation typiquement française?

Trouvez-vous cette histoire typiquement française, ou peut-on imaginer un film similaire, dans un quartier équivalent, aux Etats-Unis ou ailleurs ?

A vous de jouer!

1. **Jeu de rôles :** Vous travaillez pour la mairie de la ville du film. On vous confie une mission : préparer un projet de rénovation du quartier pour améliorer la qualité de vie. Rencontrez trois habitants de la cité et discutez avec eux pour savoir ce qu'ils voudraient.
2. **Débat :** Grâce à l'école, les jeunes ont les mêmes chances de réussite, quel que soit le quartier où ils habitent. Est-ce vrai ? Réfléchissez bien à la question et présentez votre point de vue en donnant des exemples.

La parole à…

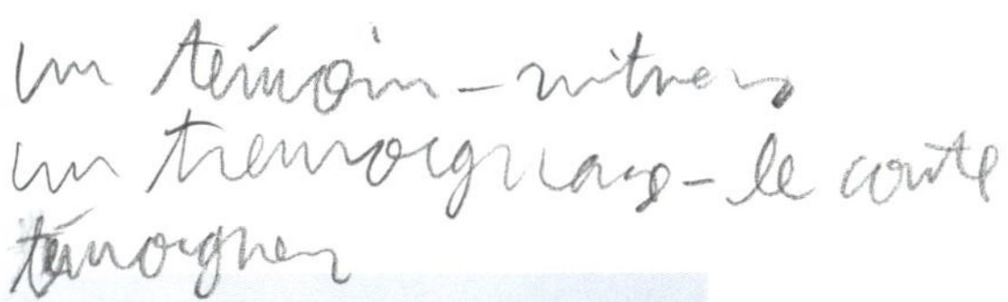

Ahlame Ltifi, Française d'origine tunisienne

Pouvez-vous me décrire votre famille? Quelle langue parlez-vous entre vous ?

Je suis l'aînée de 5 enfants. Je parle arabe avec mes parents et français avec mes frères et soeurs. Il est important pour moi de garder des liens avec mes oncles et tantes et mes cousins en Tunisie. Quand j'étais petite nous y allions une fois tous les deux ans. Maintenant j'y vais au moins une fois par an.

Parlez-moi de vos parents. En quelle année et pourquoi sont-ils venus en France ? Où se sont-ils installés ? Comment leur intégration s'est-elle faite ?

Mon père est arrivé en 1962. On est venu le chercher, il travaillait à la campagne. Ensuite il a travaillé en usine en région parisienne. Il parlait déjà français quand il est arrivé.

Ma mère est arrivée en 1971 avec moi. J'avais 3 mois. Elle se débrouillait en français mais elle n'était pas à l'aise.

Mes parents ont gardé leur culture, leurs traditions, leur religion, mais tout cela restait à la maison. Ils n'ont jamais eu de revendications° particulières. demands

Où avez-vous grandi ?

J'ai grandi en banlieue mais avec des Français. Dans notre quartier il y avait très peu d'immigrés.

Quand vous étiez enfant et adolescente, vous sentiez-vous plutôt tunisienne, plutôt française, ou bien les deux ? A l'époque, ressentiez-vous votre double culture comme un handicap ou une richesse ?

Quand j'étais enfant je ne me posais pas la question. J'ai eu une enfance comme tout le monde. Plus tard je me sentais française mais je recevais une éducation plutôt musulmane. J'étais en recherche d'identité mais c'était aussi lié à l'adolescence.

Dans ma famille il n'y a jamais eu de différence entre les garçons et les filles et mes parents n'ont jamais délégué l'autorité aux garçons. Nous avons tous été poussés à faire des études.

Pour résumer je crois que je ressentais ma double culture comme un handicap car j'étais brimée par mon éducation musulmane. J'avais moins de liberté que les filles françaises. En revanche, cela m'a poussée à faire des études pour sortir de là.

Avez-vous, dans votre jeunesse, souffert de racisme ou de discrimination ?

Non, j'étais bien intégrée.

On entend souvent dire que les personnes d'origine étrangère ont beaucoup plus de mal que les autres à trouver un emploi. Avez-vous été dans ce cas ?

Cela m'est arrivé quand je cherchais un stage pendant mes études. Après mon BTS j'ai été au chômage pendant 2 ans mais il est difficile de savoir vraiment pour quelles raisons mon CV n'était pas retenu. Etait-ce de la discrimination, ou tout simplement parce que je ne savais pas encore faire grand chose?

Aujourd'hui, l'intégration a 1001 facettes, entre les jeunes nés en France de parents aussi nés en France et pourtant mal intégrés, et les réussites spectaculaires comme celles d'Azouz Begag et de Rachida Dati. Quelles sont les clés pour réussir son intégration à votre avis ?

Je crois que l'attitude des parents est fondamentale. Ce sont eux qui donnent l'orientation aux enfants. J'ai des cousins qui sont arrivés dans les mêmes conditions que nous. Ils se sont toujours positionnés en victimes et ils ne réussissent pas. Au contraire, mes parents nous ont poussés à nous battre et nous avons tous réussi nos études et notre intégration.

Quel rôle l'école a-t-elle, ou devrait-elle avoir, dans l'intégration ?

L'école est une ouverture vers les autres. Elle permet aux enfants d'apprendre à se côtoyer° mais elle ne peut pas remplacer les parents. Ce sont eux qui donnent les bases.

to mix (with other kids)

Comprenez-vous les révoltes violentes des jeunes issus de l'immigration ?

Oui et non. Je les comprends en partie car ils n'ont pas de modèle positif. Ils ont des grands frères qui roulent en BMW, qui dealent. Ils sont en plus cantonnés dans des ghettos dont il est difficile de sortir. Ceci dit on ne peut pas juste jouer le rôle de la victime. Ils avaient le choix entre deux voies et ils n'ont pas pris la bonne.

Connaissez-vous les films suivants : L'esquive, Inch' Allah dimanche, Le gone du chaâba, Mémoires d'immigrés, La haine, Wesh wesh *? Reconnaissez-vous une partie de votre expérience ? Trouvez-vous ces films justes ?*

Je ne suis pas attirée par ce genre de film car je ne me reconnais pas. Dans l'ensemble je pense qu'ils ne donnent pas une image valorisante de la communauté maghrébine. Dans *L'esquive* les jeunes se sont forgé une identité (leur accent, leur façon de parler) qui ne va pas les aider à s'intégrer.

Merci Ahlame !

Lydia Caillaud, médecin en banlieue

Parlez-moi de votre parcours professionnel (études, carrière jusqu'à maintenant).

J'ai fait des études de médecine générale à Bobigny et des remplacements en cabinet général et en PMI°. Ensuite j'ai eu un poste à temps partiel au Centre Municipal de santé de Pantin, et enfin un poste à temps plein. Depuis 5 ans j'ai aussi un diplôme complémentaire de gynécologie.

PMI = Protection Maternelle et Infantile

Quelles sont les particularités de vos patients?

95% de mes patients sont d'origine étrangère. Ils viennent de partout, d'Afrique, du Maghreb, d'Asie, d'Amérique du Sud, d'Europe de l'Est. 90% sont des femmes. Elles viennent seules ou accompagnées de leur mari ou de cousins. Souvent elles vivent dans des appartements trop petits. Certaines ont des problèmes d'obésité. D'autres sortent très peu.

En quoi votre travail serait-il différent si votre cabinet était situé en centre-ville ou en zone rurale ?

En zone rurale mes patients seraient français de souche mais mon travail ne serait pas fondamentalement différent.

Que recherchent vos patients ? Pour quelles raisons viennent-ils ?

Ils viennent principalement pour des raisons de santé, mais aussi parfois pour des demandes sociales ou juste pour parler.

Qu'est-ce qui vous a donné envie de travailler avec une population immigrée ou d'origine étrangère?

La question ne s'est pas vraiment posée car j'étais déjà là, et j'avais envie de faire de l'humanitaire.

De quelle façon la médecine et les contacts avec des médecins peuvent-ils aider vos patients à s'intégrer et à se sentir bien en France ?

Tout dépend des patients et de leur volonté de s'intégrer. S'ils en ont envie on peut les aider. Sinon, c'est très difficile pour un médecin d'avoir un impact.

Quels aspects du métier trouvez-vous difficiles au jour le jour ?

La misère économique et humaine est difficile à supporter. Je sais que certains de mes patients dorment dans leur voiture ou font la quête°. Je dois aussi savoir garder mes distances. Il faut les aider sans être plongée dans leur problèmes.

beg (for money)

Qu'est-ce qui, au contraire, est gratifiant ?

J'aime bien "être le docteur"! Ce que j'apprécie surtout c'est le contact avec les gens et me sentir appréciée humainement et en tant que médecin.

Merci Lydia!

L'Avis de la presse

Dossier sur les banlieues paru en décembre 2005 dans les *Dossiers de l'Actualité*

Le mal de vivre des banlieues

Il est difficile de grandir dans une cité. Les embûches° sont nombreuses et les parents craignent souvent pour l'avenir de leurs enfants.

pitfalls

Une vue imprenable. Fatima[1] et ses cinq enfants vivent dan un F4°, au onzième étage d'une tour HLM à la Courtille, un quartier sensible de Saint-Denis (Seine-Saint-Denis), en banlieue parisienne. Une vue imprenable... Des tours de béton armé, à perte de vue. Quelques arbres plantés dans le bitume. Un terrain de basket et un parking, battus par les vents. Un supermarché "100% discount", qui a été dévalisé°. Et un tabac *"qui veut fermer"*, dit Fatima, à cause de l'insécurité.

a 3-bedroom apartmenf
robbed

De ces mêmes fenêtres, il y a un mois, Fatima a vu bien pire. Elle a vu Lena, 15 ans, se faire tabasser° par un caïd° du quartier. Dans la cité, on parle de *"mise à mort"*. Les bourreaux s'acharnent° à plusieurs. Les victimes sont choisies parce qu'elles ne reviennent° pas à tel caïd ou à telle bande, parce qu'elles ont "mauvaise réputation" ou comme ça, pour rien. La jeune Lena avait humilié

to be beaten up / a (gang) leader
persecute
they are not liked

1 Tous les prénoms ont été changés.

Cité Saussaie-Floréal-Courtille à Saint-Denis

une élève de 6e. Le cousin de celle-ci a décidé de la venger, et c'est ce qu'il a fait, en toute impunité, en plein cœur de la cité. Depuis, Fatima a peur pour ses trois filles, 12, 15 et 19 ans. "Le quotidien de la Courtille, c'est ça", témoigne Sonia Imloul, présidente de Respect 93, une association spécialisée dans la prévention de la délinquance des mineurs.

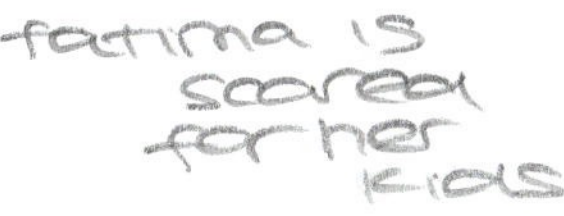

Loi du plus fort

Cela fait quatre ans que Fatima et ses enfants vivent ici. Avant, la famille vivait dans un pavillon°, à une station de bus de la Courtille seulement. "A côté d'ici, c'était le paradis", confie cette Tunisienne de 37 ans, épaisse chevelure noire et large sourire, qui élève seule ses enfants. Dans la cité, c'est la loi du plus fort qui prévaut, et les filles qui n'ont ni père ni grand frère sont particulièrement exposées. Depuis leur installation à la Courtille, où 30% des 7000 habitants ont moins de 20 ans, Fatima estime que ses filles ont changé, *"se sont abîmées"*. Elles parlent plus mal, traînent dehors, manquent de respect à leur mère. *"C'est l'éducation de la cité, pas la mienne,* déplore Fatima. *Quand je descends en Tunisie, j'ai honte. Là-bas, nos cousins maîtrisent mieux le français qu'ici !"*

a detached house

Cité Saussaie-Floréal-Courtille à Saint-Denis

Loin d'être un soutien, l'école est souvent *"une inquiétude supplémentaire"*. Situé au pied des tours, au cœur de la cité, derrière des grilles vertes, le collège dispense une éducation à des *"élèves qui, pour certains, n'ont jamais vu le centre-ville"*, souligne Sonia Imloul. *"Les bagarres° sont quotidiennes,* ajoute la responsable associative. *Et les violences sexuelles imposées aux filles par les caïds du quartier, monnaie courante°, y compris dans l'enceinte° du collège."*

fights, brawls

are common / inside the middle school

En mars dernier, l'une des filles de Fatima, Houria, alors âgée de 11 ans, a été sommée par un "grand" du collège de jouer la "rabatteuse" : aller trouver une fille, la lui ramener, et regarder.

Terrorisée, la fillette a obéi. Houria doit répondre aujourd'hui de complicité de viol° devant le tribunal° de Bobigny.

rape / courthouse

Trafics

Les halls et les cages d'escalier des immeubles de la Courtille sont jonchés de saletés, de détritus. Les portes et les murs, tagués. Au rez-de-chaussée d'une des tours, les vitres de la loge du gardien sont brisées. Jonel, 31 ans, se résigne. *"Ils ont fait ça hier"*, marmonne le gardien, en désignant l'impact laissé par les pierres sur la vitre de sa loge. Elevé en banlieue parisienne, ce *"lascar"*, comme il le dit lui-même, connaît bien la loi des cités. Mais il reconnaît que depuis plusieurs années, le climat s'est détérioré. *"Les délinquants sont de plus en plus jeunes,* raconte-t-il. *J'ai vu des gamins de 15 ans conduire des camions pour ramener ici des marchandises volées. Ou se promener avec un fusil à pompe. Je vais partir d'ici. Je refuse d'élever mes filles à la Courtille."* La présidente de Respect 93 renchérit : *"Nous sommes gênants pour ceux qui tiennent les trafics. Nous sommes à dix minutes de Paris, et nous vivons dans une zone de non droit absolu."*

Nadia, 43 ans, ne dit pas autre chose. D'origine algérienne, cette mère de trois garçons vit à Curial, une cité voisine. Son fils aîné, Kamel, aura bientôt 15 ans, et elle se fait pour lui un sang d'encre°. Nadia fait trois heures de ménage° le soir, à une heure de transport de la cité. Elle ne rentre pas avant 22 heures. *"J'ai peur pour mon fils,* dit la mère. *Il est fragile, et cherche à s'intégrer à la cité..."* Nadia gagne 500 euros par mois, en plus des allocations familiales°. Elle a quand même décidé d'inscrire Kamel dans une école privée, *"pour le protéger"*.

she's worried sick / cleaning

allowance (given by the state)

Les Martin, qui vivent dans une tour voisine, rêvent eux aussi de quitter la cité. Pourtant, ils connaissent bien la Courtille. Quand ses parents se sont installés dans cette ville nouvelle, en 1971, Hélène, mère aujourd'hui de deux enfants, n'avait pas 10 ans. Elle dit que le climat s'est *"beaucoup dégradé"* à cause de la drogue et des incivilités. Mariane, leur fille de 19 ans, une ravissante blonde aux yeux bleus, a passé son adolescence à raser° les murs. Parce qu'elle est *"blanche"* et *"gauloise"* (française de souche), la jeune fille est confrontée au racisme, aux insultes et à *"une réputation de fille facile"*. *"J'ai pensé me convertir à l'islam pour me faire respecter"*, explique-t-elle.

hugging the walls

Appels à l'aide

Quand elle appelle la police, Fatima dit qu'elle attend *"quatre heures qu'ils arrivent"*. La mère de famille tempête : *"Pourquoi n'installent-ils pas un commissariat° au cœur de la cité, au milieu des tours ? Pourquoi n'avons-nous pas le droit d'être protégés, comme tous les Français ?"* Un sentiment d'abandon aggravé par des problèmes internes au commissariat de Saint-Denis. En septembre, le commissaire a été suspendu pour avoir couvert de graves abus commis par certains de ses fonctionnaires. *"Les habitants des quartiers ont perdu confiance dans la police,* reconnaît Bally Bagayoko, maire adjoint à la jeunesse de Saint-Denis. *Beaucoup ne portent même plus plainte."*

° police station

Pour protéger ses filles, pour éviter que son fils de 7 ans *"ne se perde ici"*, Fatima a décidé de quitter la cité. Elle a vu le préfet, fait une demande de logement. *"Quand je suis arrivée en France, j'ai pensé que mes enfants auraient la chance que je n'ai pas eue,* se souvient Fatima. *Vivre dans un pays qui promeut l'égalité et la liberté. Et puis je suis arrivée dans cette cité de Seine-Saint-Denis. Je ne savais pas que c'était ça aussi la France."*

~ Solenn de Royer

1. Quelle impression générale se dégage de cet article ?
2. Pourquoi Fatima a-t-elle peur pour ses enfants ?
3. Pourquoi Jonel veut-il partir ? Qu'est-ce qui le dégoûte ?
4. Comprenez-vous le choix de Nadia (une école privée) ?
5. Pourquoi la vie dans la cité est-elle difficile pour Mariane ?
6. Que pensez-vous de la dernière phrase prononcée par Fatima ?

8-87

Article de Bernard Gorce, paru dans *La Croix* du 7 février 2008

Jacqueline, quarante années de bonheur dans une cité de banlieue

À l'heure du plan Espoir banlieues que doit dévoiler vendredi 8 février Nicolas Sarkozy, des habitants disent que vivre heureux dans un quartier de banlieue, c'est possible.

Par-delà le clocher de l'église et les toits pointus des maisons, Jacqueline Nucito pouvait apercevoir la lisière de la forêt de Rambouillet. En cette année 1968, Trappes n'était encore qu'un modeste village des Yvelines, à trente kilomètres de la capitale. "On vivait au milieu des vaches", s'amuse à rappeler cette retraitée aujourd'hui âgée de 69 ans.

Jacqueline venait de quitter un Paris encore tout agité par les grandes grèves°. Le couple Nucito et leurs deux enfants, 7 et 10 ans, ne tenaient plus dans la pièce unique de leur loge de concierge du 9e arrondissement, près de la Trinité. Quitter la capitale? Pourquoi pas Trappes, où les grands programmes immobiliers de ces années dites glorieuses faisaient surgir des champs les premières barres d'immeubles.

strikes

La famille Nucito emménage au numéro 1, square Yves-Farge. "Les immeubles étaient à peine terminés, se souvient-elle. On était encore les pieds dans la boue." Et depuis, Jacqueline n'a plus bougé. "Trappiste" pour la vie. Son petit appartement F3 aujourd'hui rempli d'objets et de photos souvenirs raconte quarante ans de joies et de peines. Les premières communions des enfants, la mort de son époux, en 2000, vaincu par une insuffisance respiratoire. "Toute sa vie, il a travaillé sur les chantiers° et il a trop fumé", dit Jacqueline qui a mis quatre ans à retrouver l'énergie de vivre.

building sites

Derrière la baie vitrée du salon, le paysage ouvre aussi comme un livre d'histoire. Après les immeubles du square Yves-Farge rangés en épi, d'autres barres et des tours sont sortis de terre. 10 000, 20 000 puis 30 000 habitants. Trappes n'a cessé de croître pour devenir cette ville étrange, coupée net en deux par la nationale° 10. Rive sud, le vieux village et ce qu'il reste de maisons coquettes. Rive nord, l'univers des quartiers qui, à partir des années 80, vont inscrire leur nom au livre noir des banlieues. À quelques pas de chez Jacqueline, la Cité des Merisiers dresse ses hautes façades. Plus loin, la cité de la Plaine-de-Neauphle.

road

20 % des habitants en dessous du seuil de pauvreté

Le couple Nucito a pourtant traversé toutes ces années sans jamais songer à quitter Trappes. Catholique fervente, Jacqueline aime sa paroisse° "toute mélangée" de couleurs et d'accents et ne voit toujours rien à jeter de sa vie de banlieue. La violence ? "Mais en quarante ans, je n'ai jamais été agressée°", proteste-t-elle. L'enclavement de sa cité ? "Lorsqu'on est arrivé, il n'y avait qu'un car° pour Paris. Aujourd'hui, il y a des bus pour aller partout. À Versailles, j'attrape le train de Chartres et, en un quart d'heure, je suis à Paris." Son loyer° de 400 € reste modeste et l'immeuble de sept étages est, à son goût, bien entretenu.

parish

assaulted

bus

rent

Il est facile de diagnostiquer le mal des banlieues par de simples relevés statistiques. À Trappes, 20 % des habitants vivent en dessous du seuil de pauvreté°. La ville compte 80 nationalités et plus de 70 % de logements sociaux. L'ancienne cité de cheminots°, longtemps communiste, a toutefois su préserver une tradition de vie associative qui a permis d'éviter le naufrage°. Et les fabuleux destins de deux enfants d'ici, le comédien Jamel Debbouze et le footballeur Nicolas Anelka, animent encore les rêves des jeunes Trappistes (34 % de la population a moins de 20 ans).

poverty line

railroad men

to avoid a disaster

Lors des émeutes° de 2005, le gardien d'un lycée était tragiquement décédé, asphyxié par un incendie de voitures. Vingt-trois bus ont brûlé dans un dépôt. Mais la ville n'a pas connu d'émeutes à proprement parler. Jacqueline dit ne jamais avoir eu peur. "Les incendiaires° venaient d'autres cités", défend la vieille dame qui, dans son immeuble, vit entourée de familles. "Je suis la mamie° de l'escalier", se présente-t-elle avec fierté.

riots

arsonists

grandma

Depuis le milieu des années 80, les cités de Trappes ont fait l'objet de plusieurs grandes opérations de rénovation. Celle des Merisiers avait été édifiée comme une prison, quatre ailes en carré et la cour au milieu. On a cassé des barres, recréé des rues qui ont rendu les Merisiers à la ville. Les "plans banlieues" qui se succèdent les uns aux autres laissent de marbre° Jacqueline, laquelle ne se soucie guère des nouvelles annonces de Nicolas Sarkozy;

leave Jacqueline cold

"Ce qui manque le plus, c'est des relations humaines"

"Moi, je suis RPR°, revendique-t-elle, mais je dis que mon maire socialiste est très bien. Guy Malandain, c'est un grand homme." Il y a un an, la municipalité a fermé l'ancien marché des Merisiers et créé un nouveau centre commercial à deux pas de chez Jacqueline. Elle qui se plaignait de la disparition des petits commerces peut de nouveau partir à pied faire ses courses. Bien sûr, la boucherie est hallal, "ce n'est pas une vraie charcuterie".

former name of the Conservative party

	Mais, heureuse de ce renouveau du quartier, elle insiste pour faire
round	la tournée° des magasins.
	D'abord, il y a Kabir l'épicier. L'homme ne regrette pas l'ancien
complains	marché mais peste° contre les architectes qui lui ont dessiné un
crooked	espace commercial "tarabiscoté°, pas pratique". Et puis il y a Claudine, la fleuriste. "Quand je suis arrivée à Trappes, j'ai cru que je n'allais pas rester. On m'appelait la "Française des fleurs",
were after me	les jeunes me cherchaient°. Mais je ne me suis pas laissé intimider. Et je suis maintenant très heureuse ici, témoigne-t-elle. Ce qui manque le plus dans ces villes, c'est des relations humaines."
delighted / nods	Jacqueline, aux anges°, opine° de la tête. Entre dans la boutique une retraitée qui, elle aussi, donne son opinion. "Les gens, ici, ils ne vous respectent pas. J'ai offert des œufs à ma voisine. Elle n'en a pas voulu. Je ne suis pas près de recommencer." Sur le chemin du retour, Jaqueline ne décolère pas. "Il ne faut pas dire ça ! Ce n'est
to speak ill of	pas vrai. Il y a toujours des gens pour médire° des autres."
	Jacqueline a le pas mal assuré sur l'allée pourtant refaite de pavés neufs. Ses yeux lui jouent des tours, la faute à son diabète. Peu importe, elle ne veut voir que la gentillesse des gens. Elle pousse la porte du marchand de journaux, juste pour dire bonjour au propriétaire maghrébin, ami de son mari. Elle parle, en chemin, de ses pèlerinages à Lourdes ou à Rome, de ses amis jésuites en Bretagne où elle se rend encore, l'été. Sur le pas de sa porte, l'ancienne concierge de La Trinité livre une dernière confidence.
gossip	"Moi je ne fais pas de commérage°. Je ne voisine pas. Mais je dis bonjour à tout le monde, c'est pour ça qu'on m'aime bien."

1. Comment Jacqueline est-elle arrivée à Trappes?
2. Qu'est-ce que Jacqueline aime dans sa cité?
3. Comment voit-on que Jacqueline est bien intégrée?
4. Comment peut-on expliquer l'enthousiasme de Jacqueline pour sa cité, alors que d'autres ont des avis différents?

Dossier sur les banlieues paru en décembre 2005 dans les *Dossiers de l'Actualité*

Le théâtre, une bouffée d'air dans la cité

A 20 ans, ils vivent au Val-Fourré et se passionnent pour la scène, loin des clichés.

"Mal/Latête/Toutcenoir/Partoutdans la tête/ Ca explose.

Attends, benoît. Reprends, un peu plus doucement. Essaie des gestes, pour voir."

Le Val-Fourré

Et Benoît reprend : une belle voix de basse campée sur une paire de baskets, dans la nuit du théâtre d'Aubergenville (Yvelines). Il est 21 heures. Les gradins ont été remisés, tout au fond de la salle. Et sur la scène, ils ne sont que quatre, âgés de 20 ans à peine, face à Eudes Labrusse, le directeur du théâtre, et Jérôme Imard, qui l'assiste pour la mise en scène. Quatre à s'échiner pour caler des mots, une intonation, un pas, et donner chair à *Nalia, la nuit*, cette histoire d'une fille de banlieue qui dérape dans la violence – le rapt d'un garçon – afin de s'inventer un mariage et des racines qu'elle n'a pas.

La révolte qui a secoué la cité voisine du Val-Fourré où ils habitent tous, qui n'a pour expression que la caillasse° et le briquet°, les laisse songeurs. *"On va faire encore plus peur aux gens et puis on se brûle entre nous,* regrette Sami. *Le seul intérêt, c'est que ça a rouvert le débat sur les discriminations. Ma sœur, malgré cinq ans d'école de commerce, a mis deux ans pour trouver un travail et a galéré° pour se loger, alors que ses copines se débrouillaient sans problème. Et quand j'en parle à la fac, on a l'air de découvrir le problème !"*

rocks / lighter

had a hard time

Ce soir, donc, eux sont venus au théâtre, comme presque chaque semaine depuis la rentrée, parfois même le week-end. Le virus de la scène, ils l'ont attrapé au collège Pasteur de la cité, où Eudes Labrusse enseignait et animait un atelier°. Leur premier spectacle s'intitulait *La Sorcière du Val-Fourré* : 50 représentations, *"gros succès, surtout auprès des maternelles"*, se souviennent-ils hilares. Et *"déjà, des moments de grâce"*, corrige Jérôme Imard, impressionné par ces *"mômes qui sont parfois capables de tenir une salle en haleine°, de jouer formidablement avec leur corps"*. Et ainsi, alors que beaucoup d'autres élèves décrochaient°, la petit bande est, elle, passée de Ionesco à Ribes, de Ribes à Fassbinder, voyageant

a theater club

to keep the audience on the edge of their seats / gave up

même – à l'époque où le collège avait encore un peu d'argent – deux fois en Hongrie pour participer à un festival.

you get hooked

"Lorsqu'on se retrouve sur scène, dans la lumière et sans rien voir, on est sur un petit nuage, alors on devient accro°", avoue Delphine, aujourd'hui en fac, comme Sami. *"Le trac, les sensations, ça m'a tout de suite plu"*, renchérit Maryam entrée, elle, en contrat de qualification pour faire de la vente. *"Moi, j'avais un bégaiement° et jouer m'a appris à le surmonter"*, confie Benoît. Lui avait brutalement interrompu son BEP° à 16 ans puis galéré dans des petits boulots et vient d'obtenir, dans ce théâtre d'Aubergenville, un contrat de retour à l'emploi pour se former au métier de régisseur° !

stammer

brevet d'études professionnelles (vocational degree after 2 years of study in a "lycée professionnel") / stage manager

Une histoire qui leur ressemble

Nalia, la nuit, qu'Eudes Labrusse a écrit en s'inspirant d'ateliers d'écriture menés avec ses élèves, les confronte à leur univers. La distance du jeu en plus. *"Nalia, c'est une jeune d'origine maghrébine qui vit dans une cité, comme moi,* explique Maryam. *Son frère ne la laisse pas sortir. Le mien aussi me serre un peu."* Lui pense d'ailleurs que le théâtre, ce n'est pas pour eux, *"que c'est un truc de bourges°, de riches"*. Tandis que sa mère, qui ne sait pas lire et qui ne parle pas le français, approuve Maryam d'oser affronter ainsi le public. Et cela lui donne des ailes. Jouer une scène un peu osée°? Elle se dit *"prête, si c'est vraiment nécessaire à la pièce"*.

colloquial for "bourgeois"

daring

Le personnage de Benoît, lui, est amoureux d'une fille, extérieure à la cité et aussitôt rejetée comme une étrangère. *"Dans les cités, on se sent catalogués, rejetés dans notre ghetto comme des étrangers. Alors ceux qui viennent de l'extérieur, on les rejette à notre tour"*, traduit-il. Puis il complète : *"Aimer cette fille, pour mon personnage, c'est comme un ticket de sortie."*

Un immeuble au Val-Fourré

"L'autre monde"

Serait-ce si dur de quitter la cité ? *"Le risque, c'est de se retrouver dans un entre-deux, hors de la cité, mais pas vraiment intégré dans l'autre monde"*, soupire Sami. Mais aucun des quatre ne souhaite vieillir au Val-Fourré : pour élever ailleurs leurs enfants, connaître autre chose, changer de décor... Un rêve au fond, qui rejoint celui du théâtre. Sami : *"Ce que j'aime dans le jeu, c'est faire des choses qu'on ne fait pas tous les jours, jouer des rôles qui, a priori, ne me ressemblent pas." "Moi, j'ai juste continué pour voir les copains"*, fanfaronne° Benoît. Pourtant, à voir l'émotion que celui-là jette dans certaines tirades, on pressent que tout ici ne se joue pas.

brags

Epinglée au mur de la salle, il y a cette phrase de Louis Jouvet : *"Rien de plus futile, rien de plus faux, de plus vain, rien de plus nécessaire que le théâtre."*

~ Sabine Gignoux

1. Pourquoi les jeunes de l'article font-ils du théâtre ?
2. Que pensent-ils des révoltes au Val-Fourré ?
3. Pourquoi le directeur du théâtre a-t-il écrit une pièce qui parle des jeunes et de leur vie ?
4. Faites le lien entre cet article et le film. Pouvez-vous imaginer que dans 5 ans Lydia et ses amis feront toujours du théâtre ?

Article paru dans *Le monde* du 8 novembre 2005

L'ascenseur est en panne, prenez l'escalier"

L'article suivant a été écrit par des enseignants, chercheurs et responsables à l'université Paris-XIII: Cécile Blatrix, maître de conférences en science politique ; Christian Chardonnet, physicien,animateur de Savantes banlieues ; Ariane Desporte, professeur de langues, directrice de l'UFR lettres-sciences de l'homme et des sociétés ; Alain Gonzalez, directeur du centre de formation continue ; El Mouhoub Mouhoud, professeur d'économie ; Jean-Loup Salzmann, professeur de médecine ; Daniel Verba, sociologue, directeur de l'IUT de Bobigny.

Université Paris-XIII

Quand les banlieues brûlent, les commentateurs pointent tous le chômage chronique, le manque de formation des jeunes et l'absence d'entreprises° dans les départements° en question. Mais qui est censé° former les jeunes des banlieues ?

companies / France is divided into 95 "départments" for administrative purposes / supposed to

L'université Paris-XIII a été créée au coeur de la Seine-Saint-Denis, à Villetaneuse, il y a trente-cinq ans, dans le but de fournir à ce territoire en pleine restructuration une offre de formation de qualité. D'emblée° pluridisciplinaire, elle y a déployé des formations professionnalisantes°, des filières technologiques de haut niveau, trois IUT°, des cursus médicaux, à côté d'un pôle d'une quarantaine de laboratoires de recherche reconnus internationalement dans la plupart des champs disciplinaires. Pour

from the start

here: well-suited to the job market

Institut Universitaire de Technologie: 2 year training after the baccalauréat

our success rate

competitive exam to become a certified teacher / revel in

here: Ministère de l'Education Nationale

to fill

students on financial aid

registration fees

makes up / this shortfall

costly

aging buildings

Paris and the surrounding "départements" / Réseau Express Régional (rapid-transit train between Paris and the suburbs) / college dorms / France is divided into "académies" for educational administrative purposes / glaring / teachers / catch up

striking

very competitive schools

which get most of the funds

under-endowed

redistribution

leveling down

ne citer qu'un chiffre, notre taux de réussite° au concours national du Capes (certificat d'aptitude au professorat de l'enseignement du second degré°) est le double de la moyenne nationale.

A l'heure où certains se gargarisent° de formules comme la discrimination positive, l'égalité des chances, la promotion républicaine, etc., voyons ce qu'il en est dans les faits.

Le personnel : selon les propres chiffres du ministère°, il manque 100 postes de personnels techniques et administratifs à Paris-XIII. Au rythme de création actuel, il nous faudra cinquante ans pour combler° ce déficit.

Le budget : les étudiants boursiers° - ils sont nombreux en Seine-Saint-Denis - ne payent pas de droits d'inscription°, et c'est bien. Mais le gouvernement ne compense° ce manque à gagner° qu'à 80 %, et seulement sur le "droit de base". En clair, les formations techniques, plus coûteuses°, ne sont compensées qu'à 30 %. Donc, plus une université a d'étudiants boursiers faisant des études technologiques, plus elle perd de l'argent. Cherchez l'erreur !

Les bâtiments : pour enseigner, il faut des salles. Nos étudiants occupent des locaux vieillissants° prévus pour accueillir 10 000 étudiants alors qu'ils sont plus de 20 000. Lors du dernier contrat de plan Etat-région (CPER), il était prévu de construire un bâtiment "Lettres-Droit-Sciences économiques". C'est la seule ligne du contrat de plan qui n'a pas été financée. Pas de chance.

Les transports : là, pas besoin de long discours, Paris-XIII est la seule université de l'Ile-de-France° sans métro ni RER°. Le projet de tramway, sans cesse annoncé, est toujours retardé. [...] Les logements étudiants° : ils sont trop peu nombreux dans une académie° où les besoins sont criants°. Les enseignants°, enfin : ils sont en nombre insuffisant pour assurer à la fois des formations de qualité et la remise à niveau° de jeunes extrêmement motivés mais qui manquent parfois du "bagage culturel" nécessaire.

Il existe un parallèle frappant° entre la balkanisation territoriale et le dualisme universitaire : des grandes écoles sélectives° de moins en moins républicaines - le nombre d'enfants d'employés et d'ouvriers, déjà marginal, continue à baisser -, mais qui concentrent l'essentiel des moyens°, face à des universités périphériques sous-dotées° et qui accueillent des étudiants en difficulté sociale et scolaire.

Le rééquilibrage° passe non pas par un nivellement par le bas° mais par une augmentation des moyens pour les universités des zones défavorisées. Il est indispensable d'arrêter la double ghettoïsation des territoires et des universités. Une politique volontariste° qui, par exemple, injecterait des crédits° de l'ordre de 10 % du budget de désamiantage° de Jussieu° pour nos bâtiments et la création de quelques postes suffirait à changer la donne° et à réparer l'ascenseur° social.

aggressive / funds

removal of asbestos / the Jussieu campus is the home of part of Université Paris VI and VII / to make a big difference / elevator

Pour sortir de cette crise, il est essentiel de créer de l'espoir. Les universités ont un rôle majeur à jouer, de promotion sociale et d'intégration professionnelle : qu'on leur en donne les moyens.

Amphithéâtre à Paris-XIII

1. Quels sont les atouts de l'université Paris-XIII?
2. A quelles difficultés l'université Paris-XIII doit-elle faire face? Expliquez-les sans recopier le texte!
3. Comment l'article compare-t-il les grandes écoles et les universités périphériques?
4. Qu'est-ce que l'article demande?

Autres films à voir

Inch' Allah dimanche (tragi-comédie de Yamina Benguigui, 2001)

1974 - Zouina quitte l'Algérie avec ses trois enfants pour rejoindre son mari qui vit et travaille en France depuis dix ans. Les premiers temps sont très durs mais Zouina est courageuse et elle se bat.

1. Dans quelles conditions Ahmed a-t-il fait venir sa famille?
2. Est-ce que sa famille voulait venir? Comment Zouina et les enfants vivent-ils ce déménagement?
3. Comparez le logement d'Ahmed et la cité de *L'esquive.* Imaginez ces appartements dans les années 70. Est-ce que la famille d'Ahmed aurait aimé vivre dans une cité?
4. Faites le lien entre Zouina et sa famille, immigrés de la première génération, et les jeunes du film. Ils ont l'âge d'être les petits-enfants de Zouina. Imaginez-vous ses petits-enfants comme les jeunes du film?

Le Gone du Chaâba (comédie dramatique de Christophe Ruggia, 1998)

1965 – Des familles algériennes vivent dans un bidonville français dans des conditions déplorable. Leurs enfants grandissent dans la boue et quelques-uns tentent d'assurer leur avenir en brillant à l'école. Ce film est basé sur le livre éponyme d'Azouz Begag, qui y raconte ses souvenirs d'enfance.

1. Peut-on imaginer, en voyant Omar/Azouz à 9 ans, qu'il deviendra chercheur au CNRS et écrivain?

2. Quel rôle l'école publique a-t-elle dans la réussite d'Omar/Azouz?
3. Comment imaginez-vous l'avenir des cousins et des camarades d'Omar/Azouz? Etes-vous optimiste pour eux?
4. Faites le lien entre ce film et les problèmes rencontrés aujourd'hui par les jeunes issus de l'immigration.

Mémoires d'immigrés, l'héritage maghrébin (documentaire de Yamina Benguigui, 1998)

La réalisatrice donne la parole aux hommes qui sont venus d'Algérie pour travailler sur les chantiers ou dans les mines, puis aux femmes qui les ont rejoints, et enfin aux enfants qui ont grandi en France.

1. Ce film vous permet-il d'avoir un autre regard sur les immigrés maghrébins? Si oui, de quelle façon?
2. Avez-vous été surpris par certains témoignages? Qu'est-ce qui vous a touché?

La haine (drame de Mathieu Kassovitz, 1995)

Trois copains s'ennuient et se disputent dans une cité. Sorti en 1995, c'était le premier film sur le malaise des banlieues. Il a eu un très grand retentissement, a été adoré ou détesté. C'est un film violent, qui en France était interdit aux moins de 12 ans à sa sortie (ce qui est rare).

1. Quelle vision de la banlieue ce film donne-t-il?
2. Comparez les jeunes de *La haine* et ceux de *L'esquive*.
3. Pensez-vous que ce film soit toujours d'actualité?
4. A votre avis, quel était le but de Kassovitz en réalisant ce film? Et celui de Kechiche avec *L'esquive*?

Wesh Wesh, qu'est-ce qui se passe? (drame de Rabah Ameur-Zaimeche, 2002)

Kamel sort de prison et tente de se réintégrer dans sa cité et dans la vie. Malheureusement la route est longue pour un jeune avec un nom étranger et un passage par la prison. Le climat de la cité, avec ses petits voyous, ses délits et les descentes de police ajoute à son désarroi.

1. Quels sont les problèmes de cette cité?
2. Etablissez des comparaisons entre *L'esquive* et *Wesh Wesh*. Comparez:
    a. les jeunes
    b. les cités
    c. les rapports avec la police
    d. l'absence des pères
    e. le personnage de la prof de français et celui d'Irène.

La France dans l'Union européenne
L'auberge espagnole

Le drapeau européen

Les jeunes de *L'auberge espagnole*

Le film

Xavier, 25 ans, quitte Paris et sa petite amie pour aller passer un an à Barcelone dans le cadre du programme d'échange Erasmus. Son but est d'améliorer son espagnol pour décrocher ensuite un bon poste au Ministère des Finances. Il trouve une chambre dans un appartement déjà occupé par une Anglaise, un Allemand, une Espagnole, un Danois, une Belge et un Italien. Xavier va apprendre beaucoup plus que l'espagnol…

Définition

Une "auberge espagnole" est un lieu où l'on trouve ce que l'on y apporte.

Le réalisateur

Né en 1961 dans un milieu favorisé, **Cédric Klapisch** fait des études de philosophie avant de s'orienter vers le cinéma. Il réalise des courts métrages puis choisit la comédie sociale pour ses deux premiers longs, *Riens du tout* en 1992 (sur la vie en entreprise) et *Le péril jeune* en 1995 (sur les années lycée). Sa longue collaboration avec Romain Duris date de ce film. Ils retravaillent ensemble l'année suivante dans *Chacun cherche son chat*. Cette année-là il collabore aussi avec Agnès Jaoui et Jean-Pierre Bacri en réalisant l'adaptation de leur pièce *Un air de famille*. En 1999 Klapisch change complètement de registre en réalisant un film d'anticipation (*Peut-être*), avant de revenir à la comédie sociale en 2002 avec *L'auberge espagnole*. Le gros succès du film encourage Klapisch à tourner une suite, *Les poupées russes* en 2005, dans lequel il renoue avec ses acteurs. En 2008 il change de registre avec *Paris*, un film plus dramatique dans lequel il retrouve la ville de Paris (qu'il avait déjà filmée dans *Chacun cherche son chat*) et Romain Duris.

Les acteurs

Romain Duris (né en 1974) n'avait jamais pensé devenir acteur. Il faisait des études de dessin quand il a été approché dans la rue par un directeur de casting qui cherchait des acteurs pour *Le péril jeune*, téléfilm de Klapisch. Duris cultive depuis un look rebelle et charmeur qui plaît aux réalisateurs et au public. Il retrouve Klapisch en 1996 pour *Chacun cherche son chat* et en 1999 pour *Peut-être*. Entre-temps il découvre le monde des gitans grâce au tournage de *Gadjo Dilo*, de Tony Gatlif, pour lequel il est nommé au César du meilleur espoir. Sa célébrité est assurée avec *L'auberge espagnole*, où le rôle de Xavier a été écrit spécialement pour lui. Il peut alors élargir sa palette: il est gentleman cambrioleur dans *Arsène Lupin* en 2004 et surtout un agent immobilier pianiste dans *De battre mon cœur s'est arrêté* en 2005. Son interprétation remarquable est saluée par toute la critique. La même année il retrouve ses camarades de *L'auberge espagnole* pour *Les poupées russes* et en 2006 il crève l'écran dans *Molière*. En 2007 il participe au film choral *Paris* (de Klapisch) et en 2010 il tourne *L'arnacoeur* de Pascal Chaumeil.

Romain Duris et Cécile de France

Cécile de France (née en 1975) quitte la Belgique à 17 ans pour faire des études de théâtre à Paris. Elle joue dans des téléfilms et au théâtre et enchaîne avec *L'art (délicat) de la séduction* qui la fait connaître en 2000. Elle est ensuite sollicitée plusieurs fois mais c'est grâce à *L'auberge espagnole* que sa carrière démarre. Elle obtient d'ailleurs le César du meilleur espoir féminin. L'année 2005 est faste. Non seulement on peut admirer son talent dans *Les poupées russes* et dans *Fauteuils d'orchestre*, mais elle est aussi maîtresse de cérémonie au Festival de Cannes. Son charme pétillant et son talent lui ouvrent toutes les portes. Elle joue aux côtés de Depardieu dans *Quand j'étais chanteur* en 2006 puis elle éblouit dans *Un secret* en 2007. En 2009 elle endosse le rôle principal de *Soeur Sourire*.

Pour les autres acteurs, Klapisch a dû procéder à un casting en Angleterre, en Allemagne, au Danemark, en Italie et en Espagne. Il a choisi ses acteurs avant d'écrire le scénario.

Buzz

- Sortie: 2002
- Durée: 2h02
- Titre aux Etats-Unis: *The Spanish Apartment*
- Genre: Comédie dramatique
- Public: R aux Etats-Unis

Scénario

Klapisch a été inspiré par l'expérience de sa sœur qui a fait une partie de ses études d'architecture à Barcelone.

Tournage

- Romain Duris ne parlant pas espagnol avant le début du tournage, il a suivi des cours intensifs pendant deux mois pour être convaincant.
- Certains acteurs ne parlaient pas français, ce qui a obligé Klapisch à les diriger en anglais. Il a trouvé cela éprouvant!
- Klapisch a opté pour une caméra numérique pour avoir la flexibilité et la rapidité qui donneraient au film un aspect "sur le vif".

Culture et vocabulaire

Aspects culturels

Sites web pour vos recherches

www.touteleurope.fr
www.education.gouv.fr
www.vie-publique.fr
http://ec.europa.eu
http://epp.eurostat.ec.europa.eu

1. Généralités sur l'Europe

a. Combien y a-t-il de pays dans l'Union européenne?
b. Quelle est la capitale de l'Union européenne?
c. Quelle est la population globale de l'Union européenne? Comparez-la à celle des Etats-Unis.
d. Vous avez ci-contre la carte et la liste des pays membres. Notez le nom de chaque pays sur la carte.

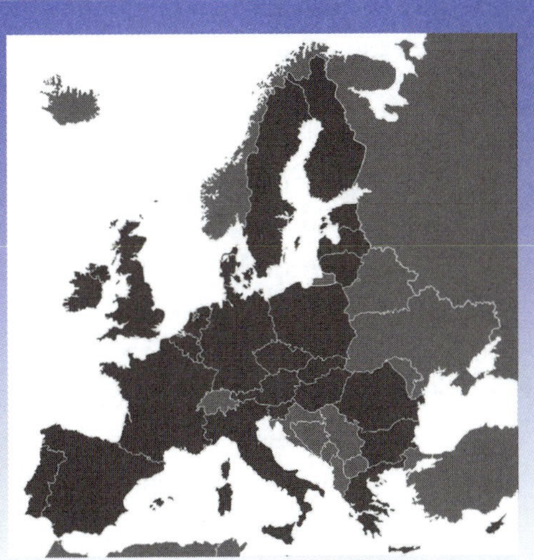

Allemagne	Grèce	Portugal
Autriche	Hongrie	République tchèque
Belgique	Irlande	Roumanie
Bulgarie	Italie	Royaume-Uni
Chypre	Lettonie	Slovaquie
Danemark	Lituanie	Slovénie
Espagne	Luxembourg	Suède
Estonie	Malte	
Finlande	Pays-Bas	
France	Pologne	

2. Histoire de l'Union européenne

Les étapes de la construction européenne (1957-2007)

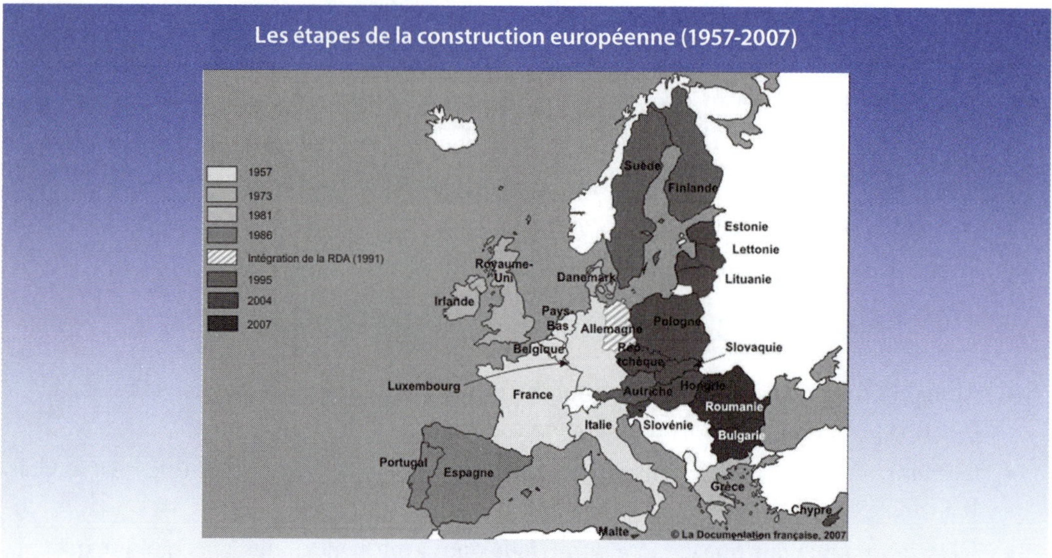

L'Union européenne se construit depuis les années 50. Dans le tableau ci-dessous vous devez remettre les événements historiques dans l'ordre en vous aidant des dates et de la carte.

Dates
1950
1951
1957
1973
1981
1986
1995
1995
1999
2002
2004
2004
2005
2007
2007

- **Signature du traité de Lisbonne** pour modifier et moderniser les traités en place
- **L'Europe à 9:** adhésion du Danemark, du Royaume-Uni et de l'Irlande.
- **Mise en circulation des billets et des pièces en euro.**
- **Très difficile adoption du projet de Constitution européenne** qui doit être ratifiée par chacun des États avant 2006.
- **L'Europe à 12:** adhésion de l'Espagne et du Portugal.
- **Déclaration de Robert Schuman** appelant à la mise en commun des productions de charbon et d'acier de la France et de l'Allemagne, au sein d'une organisation ouverte aux autres pays d'Europe.
- **L'Europe à 15:** adhésion de l'Autriche, de la Finlande et de la Suède
- **L'Europe à 27:** adhésion de la Roumanie et de la Bulgarie
- **L'euro devient la monnaie unique** de 11 états de l'Union européenne
- **Création de la CECA** (Communauté européenne du charbon et de l'acier) par six pays: la République fédérale d'Allemagne (RFA), la Belgique, la France, l'Italie, le Luxembourg et les Pays-Bas.
- **Création de la CEE** (Communauté économique européenne) **et de l'EURATOM** (Communauté européenne de l'énergie atomique)
- **L'Europe à 25:** adhésion de Chypre, de l'Estonie, de la Hongrie, de la Lettonie, de la Lituanie, de Malte, de la Pologne, de la République tchèque, de la Slovaquie, de la Slovénie
- **Entrée en vigueur des accords de Schengen** sur la suppression progressive des frontières et la libre-circulation des personnes.
- **L'Europe à 10:** adhésion de la Grèce
- **Rejet par référendum du projet de Constitution européenne** par la France et les Pays-Bas

3. Elargissement de l'Union européenne

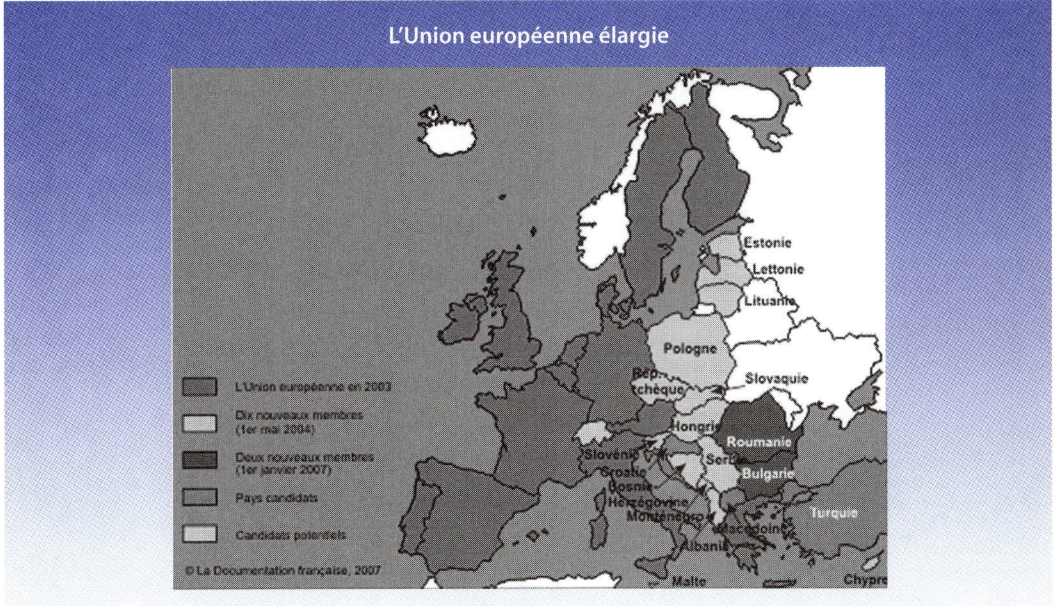

Observez la carte ci-dessus.

a. Quels sont les 3 pays qui ont posé leur candidature pour intégrer l'Union?

b. Lesquels sont des candidats potentiels à plus long terme?

c. Quels pays européens ont choisi de ne pas faire partie de l'Union?

4. Les langues dans l'Union européenne

Dans tous les pays de l'Union européenne les jeunes apprennent des langues étrangères mais ils le font à des degrés divers.

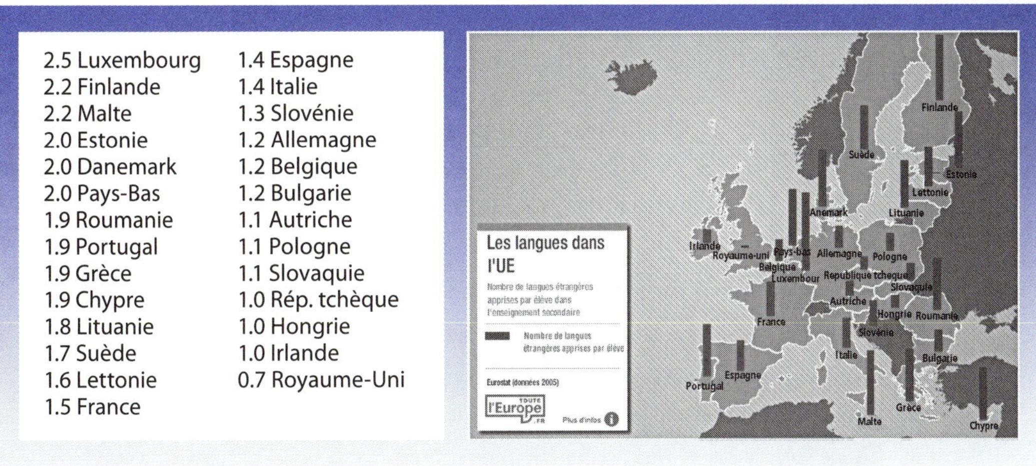

a. Pourquoi le Luxembourg est le pays où les jeunes apprennent le plus de langues?

b. Qu'est-ce que les pays en tête de liste (de Finlande à Lettonie) ont en commun?

c. Comment peut-on expliquer que l'Irlande et le Royaume-Uni sont si mal classés?

5. Les langues régionales en Europe

Les Européens parlent non seulement la/les langue(s) officielle(s) de leur pays, mais certains parlent en plus une langue régionale. Ce sont des langues qui, même si elles ne sont parlées que par une minorité, sont reconnues à part entière et sont protégées par la Charte européenne des langues régionales ou minoritaires.

Associez les langues suivantes et les pays dans lesquels elles sont parlées. Il s'agit d'une liste très partielle puisqu'il existe des dizaines de langues régionales en Europe.

Exemple de panneau en frison et allemand

- Le breton
- Le catalan
- Le frison
- Le gallois
- Le kachoube
- Le romanche
- Le same

- Espagne
- France
- Norvège, Suède, Finlande, Russie
- Pays-Bas et Allemagne
- Royaume-Uni
- Pologne
- Suisse

6. Erasme

Le programme Erasmus tire son nom du savant Erasme.

a. D'où venait Erasme?

b. A quelle période a-t-il vécu?

c. Pourquoi est-il célèbre? Qu'a-t-il fait d'inhabituel à son époque?

d. En quoi croyait-il?

7. Programme Erasmus

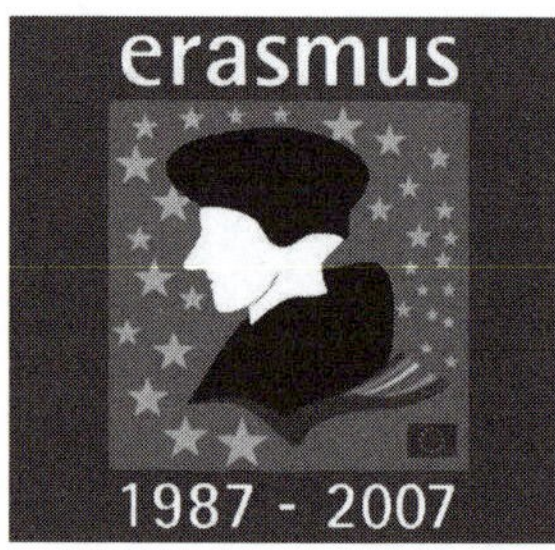

a. Depuis quand ce programme existe-t-il?

b. Combien d'étudiants profitent chaque année du programme Erasmus?

c. Le programme s'adresse-t-il seulement aux étudiants?

d. A votre avis, quel est le but d'un séjour à l'étranger dans le cadre du programme Erasmus? Qu'est-ce que l'étudiant va apprendre? Quelles compétences va-t-il acquérir?

e. Observez maintenant la carte ci-contre sur la mobilité des étudiants Erasmus.

- Quels sont les pays qui envoient le plus d'étudiants à l'étranger? Est-ce logique?
- Observez-le cas particulier du Royaume-Uni, pays aussi peuplé que la France. Qu'est-ce qui vous frappe? Comment peut-on expliquer ces chiffres?
- Quels sont les pays qui attirent le plus d'étudiants? Pourquoi à votre avis?

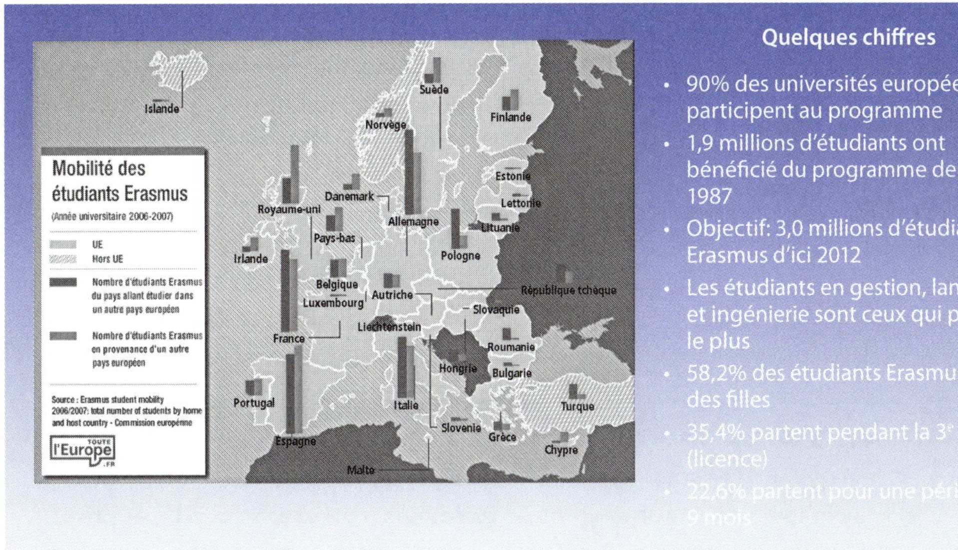

Quelques chiffres

- 90% des universités européennes participent au programme
- 1,9 millions d'étudiants ont bénéficié du programme depuis 1987
- Objectif: 3,0 millions d'étudiants Erasmus d'ici 2012
- Les étudiants en gestion, langues et ingénierie sont ceux qui partent le plus
- 58,2% des étudiants Erasmus sont des filles
- 35,4% partent pendant la 3e année (licence)
- 22,6% partent pour une période de 9 mois

Sources: Commission européenne et www.touteleurope.fr

8. Barcelone

Le film se passe en grande partie à Barcelone. Faites quelques recherches sur cette ville. Où se trouve-t-elle? Quelles en sont ses caractéristiques principales? Quelles langues y parle-t-on?

Barcelone

Vocabulaire

Pays et nationalités

l'Allemagne
- un(e) Allemand(e)
- Tobias est allemand.

la Belgique
- un(e) Belge
- Isabelle est belge.

le Danemark
- un(e) Danois(e)
- Lars est danois.

l'Espagne
- un(e) Espagnol(e)
- Soledad est espagnole.

la France
- un(e) Français
- Xavier est français.

La Grande-Bretagne
L'Angleterre
- un(e) Anglais(e)
- Wendy est anglaise.

l'Italie
- un(e) Italien(ne)
- Alessandro est italien.

Préparatifs et arrivée à l'étranger

poser sa candidature: to apply
un formulaire: a form
remplir des papiers: to fill out forms
la paperasse: red tape
obtenir une bourse : to get a scholarship
faire face à qqch: to face sth
un passeport: a passport
un billet d'avion: a plane ticket
quitter qq'un: to leave s.o.
être tendu(e): to be tense
l'inconnu: the unknown
se perdre: to get lost
chercher un appartement: to look for an apartment
les petites annonces: the classified ads
emménager: to move in
un(e) colocataire ("un(e) coloc"): a roommate

Vie à l'etranger

s'habituer à qqch: to get used to sth
être habitué(e) à qqch: to be used to sth
s'adapter: to adjust, to settle down
s'inscrire à qqch: to sign up for sth
suivre des cours: to take classes
rester en contact avec qq'un: to keep in touch with s.o.
découvrir: to discover
visiter: to visit (a place)
un séjour: a stay
être étonné(e) / surpris(e): to be surprised
s'ouvrir l'esprit: to broaden one's mind
faire des rencontres: to meet people
faire la fête: to party
faire le point: to take stock (of a situation)
prendre du recul: to get some perspective
mûrir: to mature

Vie quotidienne dans l'appartement

le frigo: the fridge
un repas: a meal
faire la cuisine: to cook
le ménage: housecleaning
faire le ménage: to clean
se répartir les tâches: to share out the chores
partager: to share
le désordre: the mess
s'énerver contre qq'un: to get worked up against s.o.
répondre au téléphone: to answer the phone
prendre un message: to take a message
payer le loyer: to pay the rent
le propriétaire: the landlord
l'ambiance: the atmosphere
s'entendre avec qq'un: to get along with s.o.
s'épauler: to support one another
s'entraider: to help one another

Caractéristiques des locataires du film

bavard(e): chatty, talkative
bosseur (-euse): hardworking
branché(e): cool, hip
bruyant(e): noisy
décidé(e): determined
décontracté(e): laid-back, easy-going
désordonné(e): messy
discipliné(e): disciplined
dynamique: energetic
fêtard(e): party animal
fier (ère): proud
indécis(e): undecided, unsure
lesbienne: lesbian
nonchalant(e): nonchalant
ordonné(e): tidy, neat
paresseux (-euse): lazy
sérieux (-se): serious, responsible
strict(e): strict
sympa: friendly, nice

Parallèles avec les Etats-Unis

Aux Etats-Unis le programme Erasmus n'existe pas mais les étudiants ont de nombreuses possibilités de partir un semestre ou un an à l'étranger grâce à des programmes universitaires. Réfléchissez aux questions suivantes:

1. Aimeriez-vous participer à un programme à l'étranger? Si oui, dans quel pays? Si non, pourquoi?
2. Préférez-vous un pays où on parle votre langue maternelle pour être à l'aise, ou un pays où on parle une langue que vous apprenez, comme le français, ou encore un pays où vous ne parlez pas du tout la langue?
3. A quelles difficultés serez-vous confronté, à votre avis?
4. Comment voudrez-vous être logé (en famille, en cité universitaire, en colocation)? Qu'attendrez-vous de cette expérience?

Le film

Xavier

Isabelle

Wendy

Tobias

Alessandro

Lars

Soledad

Martine

William

Jean-Michel & Anne-Sophie

Questions générales sur le film

Les débuts de l'aventure

1. Décrivez Xavier au tout début du film. Quel avenir semble-t-il avoir?
2. A quelles difficultés Xavier doit-il faire face avant de partir?
3. Qu'est-ce qui est difficile à son arrivée en Espagne?

Appartement et cohabitation

4. Pourquoi est-il tout de suite séduit par l'appartement où il va habiter?
5. Décrivez la vie et l'ambiance dans l'appartement.

6. Pourquoi le séjour de Martine ne se passe-t-il pas bien?
7. De quoi la scène de la course pour prévenir Wendy de l'arrivée d'Alistair est-elle révélatrice?
8. A quoi sert le personnage de William? Pourquoi est-il important?

Xavier

9. Pourquoi Xavier rentre-t-il une journée à Paris? A quoi cela sert-il?
10. Comment peut-on interpréter les visions de Xavier pendant son examen à l'hôpital?

Les adieux et le retour

11. Comparez la scène où Xavier quitte sa mère et Martine au début à celle où il quitte ses amis à la fin.
12. Que ressentiez-vous pendant cette scène où Xavier dit au revoir à tous ses amis de Barcelone? Il les invite à Paris. Avez-vous l'impression qu'ils se reverront?
13. Pourquoi Xavier ne raconte-t-il rien à sa mère à son retour?
14. Comment se réadapte-t-il à sa vie parisienne?

Questions sur les thèmes du film

1. **Langues régionales et construction européenne**: Isabelle pose une question intéressante à deux étudiants espagnols quand ils discutent du castillan et du catalan. Elle demande s'il n'est pas contradictoire de vouloir contruire l'Europe tout en insistant pour garder les langues régionales. Que lui répond l'étudiant gabonais-espagnol? Et vous, qu'en pensez-vous?

2. **Programme Erasmus**: Qu'est-ce que les jeunes du film ont appris pendant leur année en Espagne? En quoi ont-ils changé? Qu'est-ce que cette année leur a apporté?
3. **Les voyages:** Klapisch a déclaré: "Erasmus est quelque chose de fantastique. Je me suis toujours dit qu'en remplacement du service militaire, idée ridicule, on devrait obliger les jeunes à voyager". Que pensez-vous de cette idée?

Etude complémentaire

Les limites de ce film

1. Peut-on reprocher au film de ressembler à une publicité pour l'Europe?
2. Y a-t-il trop de clichés (sur les nationalités notamment) dans le film? Est-ce réducteur?
3. Le film est-il trop centré sur Xavier, au détriment des autres acteurs, alors que c'est un portrait de groupe?
4. Le personnage d'Anne-Sophie était-il nécessaire? Qu'est-ce qu'il apporte au film?
5. Les jeunes du film viennent tous de pays d'Europe de l'ouest. Pourquoi le réalisateur n'a-t-il pas choisi d'inclure des étudiants d'Europe de l'est?

6. Très peu de scènes se passent à la fac alors que l'aspect universitaire est important aussi dans le programme Erasmus. Les étudiants doivent en effet avoir des notes correctes pour que leurs études à l'étranger soient validées par leur université d'origine. Pourquoi Klapisch n'a-t-il pas davantage accompagné Xavier à la fac?

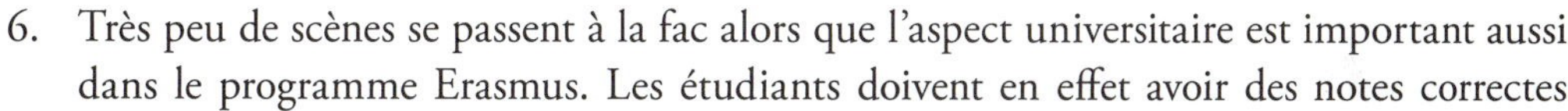

Maintenant, réfléchissons à une expérience différente pour Xavier.

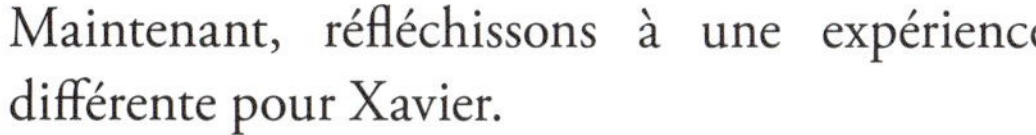

7. Quelle vie Xavier aurait-il eue s'il avait été logé dans une famille espagnole, en cité universitaire avec des Espagnols, ou dans le même appartement mais avec des Français?
8. Xavier passe un an à Barcelone. Il y est donc pour les fêtes de fin d'année. Elles ne sont pas abordées dans le film alors que c'est un moment crucial, et parfois difficile mais enrichissant, dans une année à l'étranger. Imaginez comment le groupe aurait pu fêter Noël, en supposant que certains membres du groupe ne seront pas présents.
9. Xavier ne semble pas débordé de travail. En quoi sa vie aurait-elle été différente s'il avait été préoccupé par ses examens?
10. Erasmus est souvent synonyme de voyages, or on ne voit jamais Xavier sortir de Barcelone. Faites quelques recherches pour voir ce que Xavier aurait pu faire.

Une situation typiquement française / européenne?

1. Vous êtes-vous en partie reconnus dans les personnages? Avez-vous reconnu vos camarades de chambre? Certains aspects de la vie dans l'appartement vous étaient-ils familiers?

2. L'appartement est habité par des jeunes très sympas, mais il n'est pas joli, n'est pas rangé, est souvent sale, on y laisse la nourriture sur la table, on fume. A-t-on vraiment envie de vivre là? Connaissez-vous, aux Etats-Unis, des appartements d'étudiants qui ressemblent à cela et dans lesquels vous aimeriez vivre?

3. Que pensez-vous de la bureaucratie telle qu'elle est décrite dans le film? Avez-vous déjà été dans des situations où vous deviez remplir beaucoup de papiers?
4. Cette année à Barcelone est fondatrice pour Xavier. Peut-on, dans une certaine mesure, la comparer à la première année universitaire pour les jeunes Américains qui partent loin de chez eux?

A vous de jouer !

1. Jeu de rôle

Vous habitez dans un appartement que vous partagez avec d'autres étudiants. Vous avez une chambre de libre donc vous faites passer un entretien à un jeune homme ou une jeune fille intéressé(e). Imaginez cet entretien avec vos questions et ses réponses.

2. Débats

a. Est-il possible d'apprendre une langue étrangère en classe ? D'accord ou pas d'accord ?
b. En France on dit que "les voyages forment la jeunesse". Qu'est-ce que cela veut dire ? Etes-vous d'accord avec cette affirmation ?

La parole à...

Mathilde et Frédéric, étudiants Erasmus

Mathilde est à Cadiz, en Espagne

Quelles furent tes motivations pour partir étudier à l'étranger?

Tout d'abord, j'avais déjà pas mal voyagé, j'y avais pris goût. Et suivant un cursus linguistique (LEA), cela me paraissait évident. De plus, je trouvais que mon niveau en espagnol n'était pas suffisant par rapport à mon niveau d'anglais.

Pourquoi as-tu choisi d'étudier en Espagne?

En LEA, on étudie deux langues. J'avais déjà passé pas mal de temps dans des pays anglophones, et je trouvais mon niveau en espagnol vraiment insuffisant, la meilleure façon d'apprendre une langue est l'immersion totale.

Comment as-tu vécu ton arrivée?

Je suis arrivée en voiture avec mes parents, surchargée bien entendu. J'avais trouvé un logement avec une fille de ma promotion° avant de partir, elle y était déjà et nous nous sommes retrouvées. Au bout d'un mois, ne la supportant plus, j'ai changé d'appartement. Avec une amie, nous avons appelé toutes les annonces qui étaient à la fac. Et nous avons très vite trouvé notre bonheur. [...]

class

Cadiz

As-tu réussi à facilement te faire des amis?

Assez facilement oui, on commence par rencontrer les autres Erasmus, on est tous dans le même bateau. On va de soirées en soirées et on rencontre les amis des amis etc....

Comment se passe la rentrée dans une nouvelle faculté et qu'est-ce qui était différent?

J'étais à la Facultad de Filosofia y Letras de Cadiz et la rentrée s'est bien passée. Le bâtiment lui-même était différent: assez ancien, mais refait à neuf à l'intérieur, et puis les deux patios au milieu, avec des palmiers. La fac est également beaucoup plus petite que mon université en France. En plus, en Andalousie, le rythme, même s'il semble identique au premier abord, est très différent. Par exemple, on est ravi du nombre incroyable de jours fériés°! [...]

holidays

Les conditions de vie à Cadiz sont-elles faciles?

Oui, la vie n'est vraiment pas chère, le climat est plus qu'agréable (sauf si l'on ne supporte pas le vent), et les gens sont charmants.

Parle-nous un peu des Espagnols.

Le rythme surtout est très différent. On déjeune entre 13h et 16h, on goûte° vers 19h30 et on dîne vers 22h30.

to have an enormous snack

Le truc à faire à Cadiz?

BRONZER°!!! Il y a plusieurs plages a Cadiz, dont celle de la Victoria, environ 6km de long, bondée° dès le mois de mars! Il y a aussi celle que l'on surnomme "la plage des surfeurs" car c'est là que ceux-ci se retrouvent. Et enfin, la Caleta... sans doute celle qui a le plus de charme, plus vers le centre ville, mais malheureusement pas toujours très propre.

tan

packed

Frédéric est à Budapest, en Hongrie

Quelles furent tes motivations pour partir étudier à l'étranger?

Comme beaucoup, j'avais le cliché de "l'Auberge Espagnole" en tête avec tout ce que cela induit: la possibilité de rencontrer des gens issus des quatre coins du monde dans une ambiance plutôt décontractée (une année en Erasmus est rarement très intensive, je ne vous apprends rien!) et découvrir une autre culture.

Pourquoi as-tu choisis d'étudier à Budapest?

Avant de partir, quand je répondais aux gens qui demandaient où je partais, souvent la réaction à ma réponse était "La Hongrie???" J'avais déjà une justification à ça et elle est encore plus vraie: le voyage! Budapest est le tremplin parfait pour visiter tous les pays de l'Europe de l'Est (Autriche, République Tchèque, Slovaquie, Pologne, Roumanie, Serbie, Bosnie, Croatie, Slovénie) et pourquoi pas un peu plus loin? La vie et particulièrement les moyens de transports y sont moins chers qu'ailleurs ; équipé d'une bonne tente il est possible de partir en vadrouille° tous les week-ends, ce que j'ai essayé de faire au maximum. Autre avantage: je voulais améliorer mon anglais et ici les cours sont dispensés en anglais. Certes, il n'est pas toujours évident de se retrouver dans un pays où l'on ne parle pas du tout la langue (le hongrois est particulièrement difficile), mais les bases finissent par venir et la plupart des commerçants ont un anglais correct. Le fait de n'être qu'avec des étudiants étrangers [...] permet de réellement rencontrer des gens des quatre coins du monde ; bien sûr, se mélanger avec la population locale demande un peu plus d'efforts.

to take off

Comment as-tu vécu ton arrivée?

Je suis venu avec un autre étudiant de mon université directement depuis Lille, en voiture, et via la Belgique, l'Allemagne et l'Autriche... le tout en 15 heures. Donc peu d'appréhension sur les conditions de l'arrivée, je dirais même plutôt de l'impatience d'arriver! Evidemment, rien ne se déroule° jamais comme prévu° dans ce genre de situation et l'hôtel où j'avais réservé, et où je devais retrouver les autres étudiants de mon université hongroise, avait perdu ma réservation et j'ai dû me trouver un autre hôtel ailleurs. [...] Une semaine après seulement, et quelques recherches sur Internet, j'emménageais avec un Allemand et un Franco-Allemand. Les prix dans le centre ville sont très acceptables pour des étrangers. [...]

happens / as planned

As-tu réussi à facilement te faire des amis?

Les soirées, organisées par les étudiants hongrois responsables de notre intégration, nous ont permis de très rapidement rencontrer beaucoup de monde. [...]

Qu'est-ce qui t'a changé à l'Université Technologique et Economique de Budapest?

Ici mon rapport avec les professeurs était très différent. En France il y a vraiment une relation professeur-élève très marquée avec le respect qui est censé° en découler. Ici on peut quitter le cours quand on veut, y compris pour répondre au téléphone ; le professeur s'excuse de vous annoncer que vous avez raté votre examen et est sincèrement désolé pour vous... Cela change beaucoup de cette impression d'être quelque peu infantilisé° en France (tout du moins dans mon université), mais l'excès inverse virant au clientélisme n'est pas forcément mieux! [...]

is supposed to

treated like a child

Les conditions de vie à Budapest sont-elles faciles?

Economiquement bien sûr la vie est vraiment moins chère qu'en France, même si les différences tendent à se réduire avec l'arrivée prévue de l'Euro en Hongrie. [...]

Budapest

Parle-nous un peu des Hongrois?

Budapest n'est pas vraiment représentative du reste de la Hongrie, et les Hongrois sont vraiment très semblables aux Français, au moins dans leur apparence. [...] Ce qui m'a surpris est leur politesse. Toute femme de plus de 40 ans ou toute personne âgée se verra proposer une place assise dans un tram bondé°, y compris par le petit jeune chargé d'un gros sac à dos. [...] Dans le métro, et particulièrement avec l'hiver, le nombre de sans domicile° est très, très impressionnant: au moins une dizaine par station de métro. Les soirs particulièrement froids, les bus de nuit se transforment en dortoirs° ambulants où les SDF° viennent passer un bout de leur nuit au chaud. Que cela ne vous fasse pas croire qu'il y a une quelconque insécurité à Budapest: je me suis rarement senti aussi serein qu'ici. [...]

crowded

homeless

dorms / Sans Domicile Fixe = homeless

Le truc à faire à Budapest?

Enormément de choses à faire à Budapest! Pour deux jours typiquement hongrois, je dirais: prendre une pâtisserie aux magasins Princess qui se trouvent dans toutes les stations de métro, emprunter la ligne jaune (premier métro d'Europe à la fin du XIXème siècle) en direction des bains de Széchény où, dans une eau à 38°C, vous aurez le choix entre une partie d'échecs° et un massage. Rien de tel qu'une petite promenade dans l'un des espaces verts de Budapest [...], avant de s'asseoir au chaud dans l'un de ses restaurants qui servent des spécialités hongroises et où l'on peut se remplir le ventre pour 6€. [...]

chess

Comparez les expériences de Mathilde et de Frédéric:

1. Comment chacun a-t-il choisi sa destination? Avaient-ils les mêmes priorités?
2. Ont-ils trouvé l'arrivée et l'installation difficiles?
3. Qu'est-ce qui les a frappés dans l'université d'accueil?
4. Qu'ont-ils aimé dans leur vie à l'étranger?

L'AVIS DE LA PRESSE

Interview d'Olivier Galland parue dans *L'express* du 10 juillet 2008

Un fossé culturel entre les jeunes et les institutions européennes

Olivier Galland est sociologue au CNRS°. Il a publié *Sociologie de la jeunesse*, chez Armand Colin. Il analyse le déficit de sentiment d'appartenance° européenne chez les jeunes Français.

Centre National de la Recherche Scientifique

belonging

Est-ce qu'un jeune Français aujourd'hui se sent européen?

Je ne crois pas qu'il se sente très européen. Il y a un repli général sur des identités particulières liées à des classes d'âge, doublé d'un repli localiste. Le local est une identité montante par rapport à une identité nationale ou supranationale. Pour les Français, on constate qu'il y a une baisse° du sentiment d'appartenance collective en général, qu'elle soit nationale ou européenne. En plus, il y a une méfiance° à l'égard° de l'Europe liée à la peur de la mondialisation°, y compris chez les jeunes.

decline

distrust, suspicion / towards / globalization

Seuls 54% des étudiants ont voté en faveur du oui lors du référendum en 2005°, ce n'est pas énorme pour une population étudiante.

Référendum sur le traité établissant une Constitution pour l'Europe

Les jeunes Français ont trop de craintes° sur l'avenir. Toutes les enquêtes° montrent que ce sont les Français parmi tous les Européens, qui sont les plus pessimistes, notamment à cause de l'emploi. Cette crainte est liée aux bouleversements de la société dans un contexte de mondialisation. L'Europe apparaît comme un vecteur de ce changement, et non pas comme une institution qui va les accompagner et les protéger.

fears
polls

Quel regard portez-vous sur la politique européenne en matière d'éducation et de formation° à la citoyenneté°?

training / citizenship

Je ne sais pas trop ce qu'est la politique européenne en matière de citoyenneté! On constate qu'il y a un fossé° culturel entre les jeunes et les institutions européennes. L'illustration la plus frappante a été le débat entre les jeunes et Jacques Chirac avant le référendum en France en 2005. Les jeunes n'accrochaient° pas du tout, ils parlaient, eux, de problèmes concrets. L'Europe est trop abstraite, pas assez connectée à leurs problèmes personnels.

gap
were not interested

Comment former les citoyens à l'Europe alors?

Il faut trouver des politiques et des outils° qui concernent directement et concrètement les jeunes. On a fait Erasmus, c'est très bien, mais il faut peut-être l'étendre° à d'autres jeunes. Il faudrait convaincre les jeunes que l'Union européenne n'est pas une menace pour l'emploi et la stabilité. C'est une Europe qui devrait apparaître davantage protectrice et favoriser la mobilité des jeunes entre les pays européens. Cela existe mais je ne suis pas sûr que les jeunes connaissent ces possibilités.

tools
make it available

Pourquoi selon vous?

Une des premières choses serait de parler aux jeunes, et je n'ai pas l'impression que l'Europe le fasse. Les politiques sont surtout sectorielles et structurelles. Il faut réfléchir à des mesures pour développer les échanges et les publiciser. Il y a un déficit de communication, car si ces mesures existent, elles sont très mal connues.

Il faudrait peut-être davantage encourager la mobilité dans les pays européens où l'emploi est plus ouvert, et prendre de vraies mesures publiques pour aider à cette mobilité. Mais il ne s'agit pas seulement d'un problème d'emploi, l'Europe, c'est découvrir d'autres cultures. Par exemple, les jeunes s'intéressent beaucoup à la musique: pourquoi ne pas

Le Parlement européen à Strasbourg

développer les échanges culturels? Il faut des mesures concrètes, qui parlent aux jeunes, pas des idées abstraites.

– Propos recueillis par Marcia Lacombe

1. Pourquoi les jeunes ne se sentent-ils pas très européens?
2. Pourquoi le référendum n'a-t-il pas été approuvé plus largement par les jeunes?
3. Les jeunes sont-ils bien formés aux politiques européennes?
4. Qu'est-ce qu'il propose pour que les jeunes se sentent davantage européens?

Article de Karine Lambin publié dans le *Monde* du 10 novembre 2008

Le programme Erasmus s'essouffle

Vingt ans après le lancement du programme Erasmus, le nombre d'étudiants européens qui partent à l'étranger stagne. Il y avait cent soixante mille étudiants Erasmus recensés en 2006-2007, soit seulement 3,2 % de plus que l'année précédente. D'après une étude de l'agence Campus France, ce sont les derniers pays entrés dans l'Union européenne (UE) qui permettent de relever les statistiques.

Selon la ministre de l'enseignement supérieur, Valérie Pécresse, sur les vingt-sept mille bourses Erasmus proposées aux étudiants français, quatre mille n'ont pas trouvé preneur en 2008. Par ailleurs, le nombre total d'étudiants français inscrits à l'étranger est passé de quatre-vingt-un mille à soixante et onze mille entre 2003 et 2006. La mobilité ne concerne qu'une minorité d'étudiants *"initiés et aisés°"*, reconnaît Mme Pécresse même.

well-off

Claire Guichet, présidente de la Fédération des associations générales étudiantes (FAGE), explique ce recul° par un manque de reconnaissance° de la mobilité – beaucoup d'établissements ne valident pas les examens passés à l'étranger – et la complexité du système d'aides financières existant.

drop

acknowledgement, taking into consideration

L'Union des étudiants d'Europe (ESU) souhaiterait la création d'un fonds européen pour la mobilité. Les montants° varient selon les pays et les régions et sont souvent maigres. La France présidant l'UE, la ministre de l'enseignement supérieur et de la

amounts

recherche recevra° les représentants des syndicats européens dans les prochaines semaines. — will see

Depuis son lancement en 1987, le programme Erasmus a permis à un million cinq cent soixante-dix mille Européens de participer à des échanges universitaires. L'objectif fixé par l'UE de trois millions d'échanges d'ici à 2012 paraît difficile à atteindre.

1. Quel est le problème d'Erasmus?
2. Quels sont les pays qui en ont beaucoup profité ces dernières années?
3. Comment expliquer que le nombre de participants stagne?

Article de Mathieu Oui extrait de *L'étudiant* – 2007

Erasmus le bien nommé fête ses 20 ans cette année. Et avec le LMD généralisé à l'ensemble des établissements européens, c'est une nouvelle étape° de la construction européenne qui a été franchie. S'inscrire dans une formation d'excellence hors de l'Hexagone° devient donc de plus en plus facile. Tour d'horizon.

étape: phase
Hexagone: nickname for France

Avis d'expert - Pascal Codron[1], responsable des relations internationales à la CGE° et directeur de l'ISA° de Lille

CGE / ISA: Confédération des Grandes Ecoles / Institut Supérieur d'Agriculture

Pourquoi faut-il acquérir une expérience internationale?

C'est vrai que ce conseil peut faire figure de tarte à la crème°. Mais c'est une réalité: pour être accréditées par la CTI (Commission des titres d'ingénieur), nos écoles doivent préparer les étudiants à décrocher 750 points au TOEIC (Test of English for International Communication). Au-delà de cet aspect, l'expatriation est nécessaire en raison de la mondialisation des échanges et des services. Les entreprises s'internationalisent et de plus en plus de sociétés sont multiculturelles. Les jeunes doivent être préparés à travailler avec des salariés de culture différente.

tarte à la crème: cliche

Face à l'essor° spectaculaire des marchés indien et chinois, l'Europe reste-t-elle un bon choix?

essor: rise, development

1 Pascal Codron est responsable des relations internationales à la CGE (Conférence des grandes écoles) et directeur de l'ISA (Institut supérieur d'agriculture) de Lille.

the food-processing industry / canned goods

Oui, car il y a encore beaucoup de choses à faire avec l'Europe centrale et orientale. Dans notre secteur de l'agroalimentaire°, par exemple, le groupe Bonduelle installe une usine de conserves° en Russie, et Auchan ouvre de nouveaux magasins en Ukraine. Il faut accompagner le développement des entreprises françaises en Europe de l'Est et en Russie: notre école vient ainsi de signer plusieurs conventions d'échanges avec l'Ukraine et la Roumanie. Ce qui n'empêche pas de s'intéresser à d'autres marchés émergents, comme le Sud-Est asiatique ou le Mercosur [Marché commun du cône Sud, rassemblant l'Argentine, le Brésil, le Paraguay, l'Uruguay, NDLR].

rankings

Quel crédit accorder aux palmarès° internationaux?

student who has passed the baccaulauréat / average profile / after

Il faut faire attention aux critères retenus. Pour un bachelier° français avec un dossier° moyen, quel est l'intérêt de savoir que telle université a eu cinq prix Nobel? Il préférera connaître le temps d'accès à l'emploi à l'issue° de telle université. Mieux vaut donc privilégier des palmarès qui évaluent la qualité pédagogique.

1. D'après Pascal Codron, pourquoi les jeunes ont-ils besoin d'une expérience à l'étranger?
2. Quels sont les pays d'Europe où les débouchés sont les plus attractifs?
3. Qu'est-ce qui est le plus important dans le choix de l'université d'accueil?

Autres films à voir

Autant le film de campus est un genre à lui tout seul aux Etats-Unis, autant il existe peu de films sur le monde universitaire en France. Les réalisateurs ne doivent pas être inspirés par les étudiants!

Le péril jeune (film de Cédric Klapisch, 1995)

1. Le film se passe dans un lycée en 1975. Quelles sont les grandes revendications du moment? Pour et contre quoi les jeunes se battent-ils? Que réclament les filles? Qu'est-ce qu'elles espèrent? Comment le travail est-il perçu par les garçons et par les filles?
2. Comparez les lycéens du *Péril jeune* aux étudiants de *L'auberge espagnole*. Lesquels sont les plus actifs et revendicatifs? Lesquels sont embourgeoisés? Sachant que les films sont du même réalisateur, que peut-on en déduire sur les années 70 et sur les années 2000?

Les poupées russes (comédie de Cédric Klapisch, 2005)

Ce film nous permet de retrouver les jeunes de *l'Auberge espagnole* 5 ans plus tard.

1. Que sont-ils devenus ? Ont-ils trouvé leur voie (pensez à leur vie professionnelle et à leur vie privée) ?
2. Qui a le plus changé ?
3. Etes-vous optimiste pour leur avenir ?

Les amitiés maléfiques (drame d'Emmanuel Bourdieu, 2006)

Eloi et Alexandre sont étudiants en littérature. Ils tombent sous la coupe d'André, un étudiant cynique et cruel, arrogant et manipulateur qui finit par dicter leurs choix.

1. Comparez les groupes dans *Les amitiés maléfiques* et dans *L'auberge espagnole*. Pourquoi les jeunes sont-ils très souvent en groupe et pas seuls?
2. Les personnages principaux, Xavier et Eloi, se cherchent. Qu'ont-ils en commun? Que réussissent-ils tous les deux?
3. Comparez les préoccupations des jeunes des deux films. Sont-ils surtout intéressés par le monde qui les entoure ou par leur propre personne?

Tanguy (comédie d'Etienne Chatiliez, 2001)

Tanguy, 28 ans, est surdiplômé mais il habite toujours chez ses parents qui ne peuvent plus le supporter!

1. Qu'est-ce que Tanguy et Xavier ont en commun ?
2. Comparez les relations parents-enfants dans les deux films.
3. Quelle impression des jeunes adultes ces deux films donnent-ils ?

Le monde du travail et de l'entreprise
Les 35 heures
Ressources humaines

Une manifestation.

Ressources humaines: Franck et son père à l'usine.

Le film

Franck, 22 ans, étudiant dans une grande école de commerce, rentre chez ses parents pour faire un stage au service des ressources humaines dans l'usine où son père travaille comme ouvrier depuis 30 ans. Sa mission est de mettre en place les difficiles négociations pour les 35 heures. Il va affronter les syndicats, les ouvriers, le patron et même son père, pourtant très fier de ce fils qui est sorti de sa condition d'ouvrier.

Le réalisateur

Laurent Cantet (né en 1961): Après des études de cinéma à l'IDHEC, Cantet débute sa carrière en réalisant un documentaire pour la télévision et deux très bons courts métrages. Le grand public le découvre en 2000 grâce à *Ressources humaines*, son premier long métrage. Il a ensuite réalisé *L'emploi du temps* (2001) et *Vers le sud* (2006), deux films marquants et appréciés. Depuis il a connu la consécration à Cannes en décrochant la palme d'or pour *Entre les murs* (2008).

Ses films sont tous des docu-fictions: ils sont fictionnels mais tous ont des aspects documentaires, qui permettent à Cantet d'être très proche des sujets de société qui lui tiennent à cœur, comme la place du travail dans la vie, la famille, la lutte des classes, les conflits sociaux, l'école. Cinéaste discret, sincère et nuancé, Cantet signe des films ancrés dans le réel qui sont l'authentique reflet de notre société.

Les acteurs

Jalil Lespert (né en 1976) a abandonné ses études de droit quand il a obtenu son premier rôle dans un long-métrage (*Nos vies heureuses*) en 1999. Il a ensuite retrouvé Laurent Cantet, avec qui il avait tourné un court-métrage en 1995, pour *Ressources humaines*, qui a lancé sa carrière et l'a fait connaître du public. Depuis, on a pu admirer son jeu subtil et nuancé dans *Sade* (2000), *Pas sur la bouche* (2003), *Le promeneur du Champ-de-Mars* (2005), *Le petit lieutenant* (2005) et *Le voyage en Arménie* (2006). En privilégiant les rôles de composition Jalil Lespert est devenu l'un des acteurs les plus en vue de sa génération avant de passer derrière la caméra en 2007 pour tourner *24 mesures*, son premier long métrage en tant que réalisateur.

Tous les autres acteurs sont des amateurs. Ils étaient presque tous chômeurs et ont été recrutés à l'ANPE (Agence Nationale Pour l'Emploi). Chacun a été choisi en fonction de l'activité professionnelle qu'il occupait avant d'être au chômage pour que les gestes et les attitudes soient authentiques. L'acteur qui joue le patron est en réalité le patron d'une petite entreprise de ferronnerie. Il a entendu parler du tournage et est venu par curiosité.

Pour les rôles de figuration, le réalisateur a pu compter sur les ouvriers de l'usine dans laquelle le film a été tourné. En effet ils étaient tellement intéressés par le tournage que certains ont pris des jours de vacances pour pouvoir être figurants dans la scène de la grève.

Laurent Cantet, dont les parents étaient enseignants, connaissait peu le monde de l'usine. Il comptait donc sur ses acteurs pour que le film soit le juste reflet de la vie en entreprise.

Buzz

- Sortie: 1999
- Durée: 1h40
- Genre: Drame psychologique
- Budget: 6 millions de francs (c'est très peu!)
- Arte, la chaîne de télévision franco-allemande, a coproduit le film et l'a diffusé à la télévision la veille de sa sortie en salle
- Public: Tous publics

Tournage

Le film a été tourné à Gaillon, en Normandie dans une véritable usine (de 200 salariés qui fabriquent des pièces pour Renault) qui est restée en activité pendant les 6 semaines de tournage.

Tout a été filmé en décors naturels. Le réalisateur n'a même pas eu recours à de la lumière artificielle dans les scènes à l'intérieur de l'usine.

Scénario

Le scénario avait été écrit dans les grandes lignes mais les dialogues ont été confiés aux acteurs du film. Ils se sont réunis dans des ateliers d'écriture et ont fait le travail eux-mêmes. Le réalisateur et le scénariste ont retravaillé les textes et les acteurs les ont appris. Laurent Cantet tenait à impliquer les acteurs pour que la langue, le vocabulaire, les expressions, soient justes.

Culture et vocabulaire

Aspects culturels

Sites web pour vos recherches

www.vie-publique.fr
www.legifrance.gouv.fr
www.insee.fr
www.education.gouv.fr

1. **Les 35 heures**
   a. Depuis quand les Français travaillent-ils 35 heures par semaine? Combien d'heures travaillaient-ils avant? Qui a fait passer cette loi?
   b. Les salariés, les patrons et les syndicats étaient-ils d'accord sur cette loi? Est-ce que tout le monde voulait travailler moins?
   c. Depuis la mise en application de la semaine à 35 heures, on entend souvent les Français parler de leurs "jours de RTT". Sachant que RTT veut dire Réduction du Temps de Travail, faites quelques recherches pour comprendre ce que sont les jours de RTT.
   d. Observez maintenant les tableaux suivants, résultats partiels d'un sondage Ifop effectué pour le *Figaro Magazine* en mai 2008.

Vous personnellement, si vous en aviez le choix, que préféreriez vous?	Ensemble des Français
Gagner plus d'argent mais avoir moins de temps libre	63%
Gagner moins d'argent pour avoir plus de temps libre	37%

Si votre employeur vous proposait de travailler pendant vos jours de RTT, en vous les payant 10% de plus, accepteriez-vous?	
TOTAL Oui	55%
Oui, certainement	21%
Oui, probablement	34%
TOTAL Non	45%
Non, probablement pas	26%
Non, certainement pas	19%

Question posée aux salariés passés aux 35 heures et bénéficiant de jours de RTT

Souhaitez-vous à l'avenir effectuer des heures supplémentaires dans votre entreprise ou votre administration?	Ensemble des salariés
TOTAL oui	82%
Oui, souvent	22%
Oui, de temps en temps	60%
Non, jamais	18%

Vous personnellement, diriez-vous que la mise en place des 35 heures dans votre entreprise vous a permis de...?	
Consacrer plus de temps à votre famille	75%
Consacrer plus de temps à vos loisirs	71%
Consommer davantage	32%

Question posée aux salariés passés aux 35 heures

e. Quels enseignements en tirez-vous? Quelle opinion les Français ont-ils des 35 heures? Quels changements aimeraient-ils apporter?

f. Quel est le grand aspect positif des 35 heures?

2. Travail et temps libre

Lisez l'article suivant, publié dans *L'Express* du 31 janvier 2002 et répondez aux questions.

"Le travail n'est plus un marqueur social"

L'avis de Xavier Charpentier, patron du planning stratégique chez Publicis

Le travail est désacralisé. Il ne définit plus l'homme en tant qu'individu social. Désormais, la manière dont chacun occupe son temps libre paraît plus déterminante: répondre à la traditionnelle question du lundi "Qu'est-ce que tu as fait ce week-end?" distingue autant que le métier. Celui qui aura passé son dimanche devant la télévision n'est pas le même que celui qui aura fait une randonnée en VTT avec ses enfants. Il s'agit d'un vrai changement de civilisation. Ce qui rend l'autre intéressant, selon un consensus tacite, c'est aussi - surtout? - ce qu'il fait en dehors de son travail. Certes, la notion de temps libre n'est pas nouvelle dans l'Histoire. Sous l'Ancien Régime, il y avait déjà beaucoup de jours chômés, qui correspondaient aux fêtes religieuses. Mais ce temps vacant était collectif et, en un sens, normé. Aujourd'hui, individualisé et utilisé librement, il devient un nouveau marqueur social. Ainsi, les 35 heures sont le symptôme d'une révolution des mentalités. Elles répondent à une nouvelle aspiration: avoir plus de temps libre pour mieux se définir. Et les politiques comme les publicitaires doivent prendre en compte cette nouvelle donne.

a. Qu'est-ce qui définit les gens aujourd'hui? Leur travail ou leurs loisirs?

b. Qu'est-ce qui différencie les jours chômés de l'Ancien Régime et ceux de notre époque?

c. Qu'est-ce que les 35 heures permettent donc aux gens de faire?

3. Les syndicats

a. A quoi servent les syndicats? Qu'est-ce qu'ils défendent? Quel est leur but? Depuis quand sont-ils autorisés en France?

L'exception syndicale française

Taux de syndicalisation dans les pays de l'Union européenne (vers 2003, en % des actifs)*

Belgique, Danemark, Finlande, Suède	80 à 90 %
Italie	70 à 80 %
Chypre, Malte	60 à 70 %
Luxembourg	50 à 60 %
Autriche, Slovénie	40 à 50 %
Irlande, Portugal, Hongrie	30 à 40 %
Allemagne, Royaume-Uni, Pays-Bas, Grèce, Slovaquie	20 à 30 %
Espagne, Pologne, Estonie, Lettonie	10 à 20 %
France	**- de 10 %**

* Chiffres moyens estimés à partir de sources diverses et des données EIRO concernant le nombre d'adhésions syndicales fournies par les grandes centrales (European Industrial Relations Observatory). Les données ne sont pas disponibles pour la Lituanie et la République tchèque.

Les taux de syndicalisation depuis 60 ans (France)

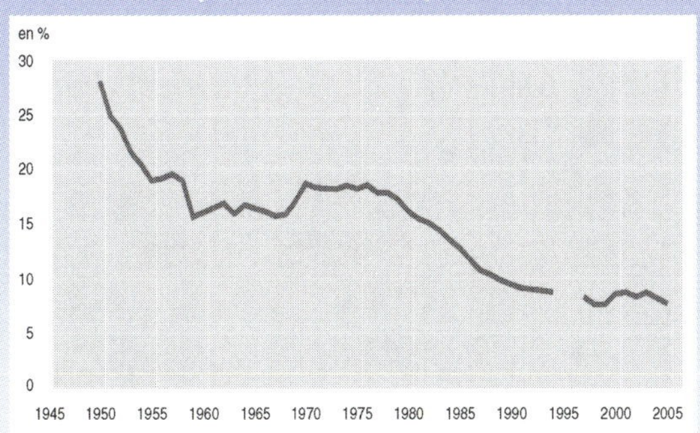

Champ : salariés (secteurs privé et public).
Sources : de 1949 à 1993 inclus, estimation à partir du nombre de cotisations syndicales (en déduisant les 20 % de cotisations correspondant aux salariés en retraite) ; de 1996 à 2004 inclus, estimation à partir de l'enquête permanente sur les conditions de vie des ménages de l'Insee.

Vrai ou faux?

- Le taux de syndicalisation a beaucoup baissé en 60 ans car la classe ouvrière a diminué.
- Beaucoup de Français pensent que les syndicats ont une attitude trop idéologique et qu'ils ne les représentent pas.
- Il y a plus de salariés syndiqués dans le secteur public que dans le secteur privé.

Les syndicats à la loupe

Il existe 5 grandes organisations syndicales en France:

- FO (Force Ouvrière)
- La CFDT (Confédération Française Démocratique du Travail)
- La CFTC (Confédération Française des Travailleurs Chrétiens)
- La CGT (Confédération Générale du Travail) – proche du Parti Communiste
- La CGC (Confédération Générale des Cadres)

Deux syndicats ont fait leur apparition ces dernières années: SUD (Solidaire Unitaire Démocratique) et l'UNSA (Union Nationale des Syndicats Autonomes).

b. Que se passe-t-il depuis 1949?

c. Qu'est-ce qui vous frappe dans le 1er tableau?

1906 - Grève pour les 8 heures

4. Le droit de grève

Depuis quand les Français ont-ils le droit de grève?

5. Le chômage

Observez bien les deux tableaux suivants, puis répondez aux questions.

Tableau de droite

a. Quelle tranche d'âge est la plus à risque pour le chômage?

b. Les diplômes font-ils une différence?

Tableau de gauche

c. Comparez le taux le plus élevé de chômage (49,2) et le plus bas (2,3). Quelle est la différence entre ces chômeurs?

d. Qu'est-ce qui a changé entre 1990 et 2005?

Taux de chômage selon le diplôme et la durée depuis la sortie du système éducatif (en %)

	1990	2005
Femmes		
1 à 4 ans après la fin des études		
Brevet et sans diplôme	42,1	49,2
CAP/BEP et équivalent	26,0	33,7
Bac et équivalent	16,3	19,5
Supérieur au baccalauréat	8,9	10,3
5 à 10 ans après la fin des études		
Brevet et sans diplôme	34,9	35,7
CAP/BEP et équivalent	16,0	21,1
Bac et équivalent	7,9	10,9
Supérieur au baccalauréat	4,2	6,9
Hommes		
1 à 4 ans après la fin des études		
Brevet et sans diplôme	26,8	44,4
CAP/BEP et équivalent	15,0	23,7
Bac et équivalent	12,0	15,1
Supérieur au baccalauréat	5,1	11,5
5 à 10 ans après la fin des études		
Brevet et sans diplôme	22,2	29,9
CAP/BEP et équivalent	7,7	13,3
Bac et équivalent	4,4	8,8
Supérieur au baccalauréat	2,3	6,1

Champ: France métropolitaine, actifs de 15 à 64 ans ayant fini leurs études depuis plus d'un an et hors contrat d'apprentissage. Source: INSEE, enquêtes Emploi.

Nombre de chômeurs et taux de chômage en 2005 (en %)

Hommes	9,0
Femmes	10,8
15-29 ans	17,3
30-49 ans	8,3
50 ans ou plus	6,7
Cadres et professions intellectuelles supérieures	4,9
Professions intermédiaires	5,5
Employés	10,3
Ouvriers	12,5

Source: INSEE, enquête sur l'emploi

6. **La classe ouvrière**

La classe ouvrière existe depuis la Révolution industrielle. Elle a longtemps lutté pour l'amélioration de ses conditions de travail et pour des salaires décents. De quoi souffre-t-elle aujourd'hui? Qu'est-ce qui est plus difficile qu'autrefois?

7. **Les grandes écoles**

En France il existe plusieurs types de formations après le baccalauréat, entre autres les universités et les grandes écoles. Dans le film, Franck fait une grande école de commerce. Qu'est-ce qu'une grande école? Quelle est la différence avec une université? Comment les étudiants sont-ils sélectionnés? Pouvez-vous donner des exemples de grandes écoles?

8. **Le fossé lié aux études**

Franck vient d'une famille ouvrière: son père et sa soeur travaillent à l'usine. Il a fait de grandes études de commerce et est donc promis à un avenir différent. Il sera cadre dans une entreprise, aura des responsabilités, prendra des décisions, gagnera de l'argent, et sera respecté. Pensez-vous qu'il soit facile pour un jeune comme Franck de changer radicalement de milieu social? A quelles difficultés va-t-il être confronté?

Principaux groupes français (2002)

- Total (énergie)
- Carrefour (commerce)
- Vivendi Universal (services)
- PSA Peugeot Citroën (automobile)
- EDF (énergie)
- France Télécom (télécommunications)
- Suez (services)
- Les Mousquetaires (services)
- Renault (automobile)
- Saint-Gobain (métaux et verre)
- Véolia Environnement (environnement)
- Groupe Auchan (commerce)
- Pinault – Printemps – Redoute (commerce)
- Arcelor (sidérurgie)
- Galec Leclerc (commerce)

Vocabulaire

Les études et le stage

une école de commerce: a business school
un stage: an internship
un(e) stagiaire: an intern
faire un stage: to do an internship
un prêt: a loan
faire des sacrifices: to make sacrifices
réussir à faire qqch: to succeed in doing sth
la formation: training
s'insérer dans: to fit into
un jeune loup: a go-getter
une classe sociale: a social class
l'ascension sociale: upward mobility
un fossé: a gap

Le travail

un CV = curriculum vitae: a resume
une offre d'emploi: a job offer
passer un entretien: to have an interview
engager = embaucher: to hire
un contrat de travail: an employment contract
travailler à plein temps: to work full time
travailler à temps partiel: to work part time
gagner sa vie: to earn a living
un salaire: a salary
licencier qq'un: to lay sb off
perdre son travail: to lose one's job
le chômage: unemployment
être au chômage: to be unemployed
une loi: a law
faire des heures supplémentaires: to work overtime
l'annualisation: calculation on a yearly basis
le trajet: the commute
les congés payés: paid vacation
prendre sa retraite: to retire

L'entreprise

Les lieux

une usine: a factory
une entreprise: a company
la cantine: the cafeteria

Les gens

le PDG: the CEO
le patron: the boss
le DRH (Directeur des ressources humaines): the HR director
un cadre: a manager
un col blanc: a white-collar worker
un ouvrier: a worker
un col bleu: a blue-collar worker
un contremaître: a foreman
une secrétaire: an administrative assistant
une équipe: a team
un fournisseur: a supplier

Les relations entre les gens

apprécier qq'un/qqch: to value s.o./sth
conseiller à qq'un de faire qqch: to advise s.o. to do sth
se méfier de qqch/qq'un: to be suspicious of sth/s.o.
craindre qqch/qq'un: to fear sth/s.o.
manipuler qq'un: to manipulate s.o.
avoir honte de qqch/qq'un: to be ashamed of sth/s.o.
exploser: to explode

Les activités

gérer: to manage
un objectif: a goal /an objective
une date limite: a deadline
être en réunion: to be in a meeting
un déjeuner d'affaires: a business lunch
un comité d'entreprise: employees' benefits council
un horaire: a schedule
vendre: to sell
un produit: a product
le marché: the market
les matières premières: raw materials
la publicité: advertising
un ordinateur: a computer
une restructuration: restructuring
le dégraissage (des effectifs): downsizing
la semaine des 35 heures: the 35-hour week

Les conflits sociaux

un syndicat: a (trade) union
un(e) délégué(e) syndical(e): a union representative
la classe ouvrière: the working class
une grève: a strike
un conflit: a conflict
faire grève: to go on strike
engager des négociations: to enter into negotiations
débattre de qqch: to discuss sth, to debate sth
être opposé(e) à qqch: to be opposed to sth
s'opposer à qq'un: to clash with s.o.
prendre parti pour: to take sides with
épouser une cause: to embrace a cause
se battre pour: to fight for
se révolter contre: to rise up against

Les personnages du film

Quelques adjectifs pour parler d'eux

Franck

fier (-ère): proud
ambitieux (-euse): ambitious
arriviste: careerist
arrogant(e): arrogant
tendu(e): tense
manipulé(e): manipulated
trahi(e): betrayed
amer (-ère): bitter
exclu(e): excluded

Son père

respectueux (-euse): respectful
modeste: self-effacing
effacé(e): unassuming
soumis(e): obedient, dutiful
digne: dignified
méfiant(e): distrustful, suspicious
stupéfait(e) = sidéré(e): stunned
poignant(e): deeply moving

Sa mère

compréhensif(-ve): understanding

Ses copains

envieux (-se) (de): envious (of)
jaloux(-se): jealous

Le patron

paternaliste: paternalistic

Madame Arnoux

intransigeant(e): uncompromising, intransigent
pugnace: combative

Parallèles avec les Etats-Unis et d'autres pays

1. Le temps de travail par semaine

Le tableau ci-dessous permet de comparer le temps de travail de quelques pays de l'OCDE. Il prend en compte deux éléments: la durée légale de travail par semaine, les congés payés et les jours fériés. Où la France se situe-t-elle? Etes-vous surpris par certains chiffres?

2. Les syndicats aux Etats-Unis

L'institut Gallop a fait le sondage suivant en 2008. Quelle est l'opinion des Américains sur les syndicats? Connaissez-vous des gens qui sont syndiqués? Dans quelle branche travaillent-ils? Pourquoi sont-ils syndiqués?

3. Le chômage

a. Où la France se situe-t-elle en 2005?

b. Quels sont les pays qui souffrent le moins du chômage?

c. Qu'est-ce qui a changé depuis 1980? Pour quel pays le chômage a-t-il le plus augmenté?

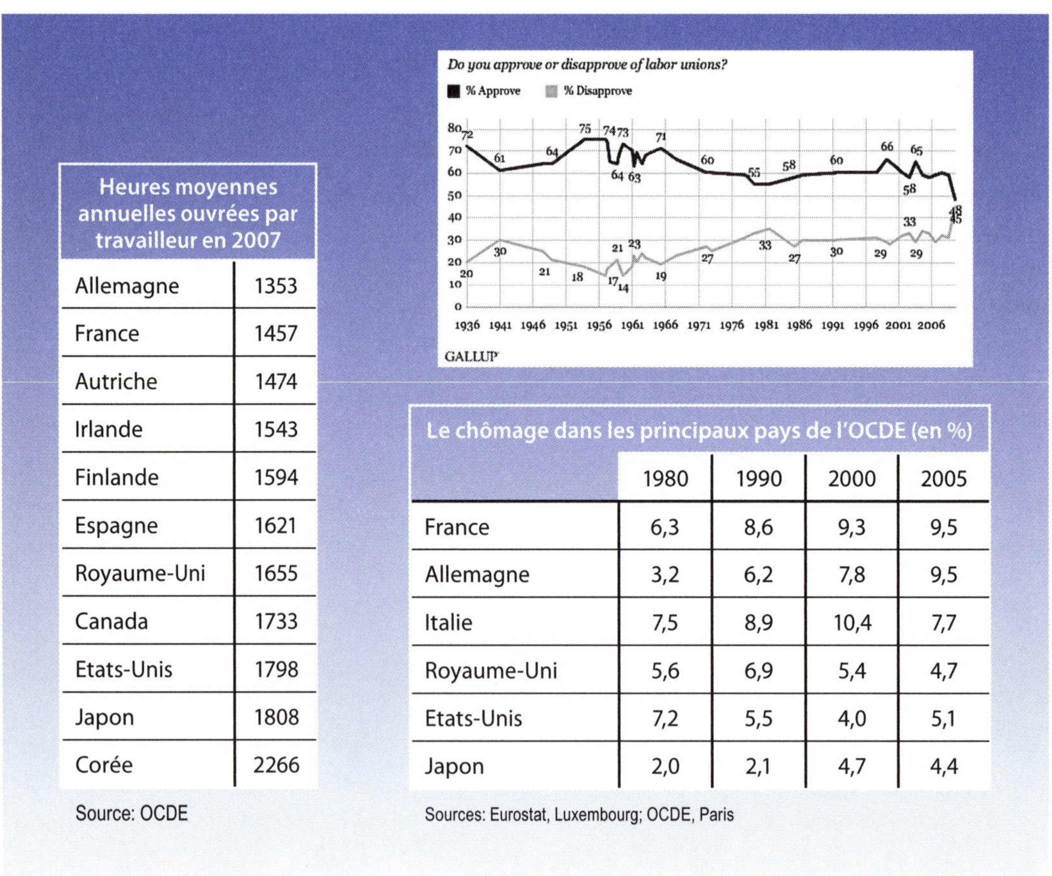

Heures moyennes annuelles ouvrées par travailleur en 2007	
Allemagne	1353
France	1457
Autriche	1474
Irlande	1543
Finlande	1594
Espagne	1621
Royaume-Uni	1655
Canada	1733
Etats-Unis	1798
Japon	1808
Corée	2266

Source: OCDE

Le chômage dans les principaux pays de l'OCDE (en %)

	1980	1990	2000	2005
France	6,3	8,6	9,3	9,5
Allemagne	3,2	6,2	7,8	9,5
Italie	7,5	8,9	10,4	7,7
Royaume-Uni	5,6	6,9	5,4	4,7
Etats-Unis	7,2	5,5	4,0	5,1
Japon	2,0	2,1	4,7	4,4

Sources: Eurostat, Luxembourg; OCDE, Paris

Le film

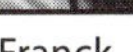
Franck

Son père

Sa mère

M. Rouet

Chambon, le DRH

Mme. Arnoux

Alain

Questions générales sur le film

Les parents

1. Comparez l'attitude du père et de la mère envers Franck. Quel rôle chacun a-t-il?
2. La chambre de Franck a été réaménagée pour que les enfants de sa sœur puissent y dormir. De quoi est-ce révélateur?

Le patron

3. Montrez comment le patron paterne Franck.

Le père

4. Le père de Franck a un travail difficile, répétitif et ennuyeux, et pourtant il y tient et ne cherche pas à en changer ou à demander quoi que ce soit. Pourquoi?

5. Jean-Claude s'est construit un atelier de menuiserie dans le garage. Il y travaille le bois et fait des meubles. Qu'est-ce que cet atelier représente pour lui?
6. Pourquoi Franck explose-t-il à la fin? Qu'est-ce qu'il reproche à son père? Que veut-il qu'il fasse? Pourquoi son père est-il sidéré?

Les lieux

7. Pensez aux portes, aux cloisons, aux vitres et aux stores que l'on voit dans le film. A quoi servent-ils?

La grève

8. Quels sont les arguments pour et contre la grève?

Franck

9. Le film peut être divisé en deux parties. Comment? Qu'est-ce qui est à la charnière?
10. Imaginez Franck dans 25 ans. Il a 47 ans, est chef d'entreprise, est marié, a des enfants lycéens ou étudiants, et ses parents sont toujours en vie. Quel genre de chef est-il? Qu'est-ce qu'il espère pour ses enfants? Qu'est-ce qu'il leur explique? Quelle relation a-t-il avec ses parents?

Les spectateurs

11. Qu'est-ce qui rend le film si poignant?
12. Etiez-vous mal-à-l'aise à certains moments du film? Aviez-vous l'impression d'être voyeur?

Questions sur les thèmes du film

1. **Les 35 heures:** Pourquoi la mise en place des 35 heures est-elle si difficile? Qu'est-ce que les employés redoutent? Ont-ils confiance en leur direction?
2. **L'entreprise:** Quelle impression de la vie en entreprise avez-vous grâce à ce film? Comment sont les relations entre les gens?
3. **Le monde ouvrier:** Quelles valeurs communes les ouvriers ont-ils?
4. **Les syndicats:** Comment percevez-vous les syndicats après avoir vu ce film? Quel est leur mode d'action et de communication? Sont-ils plutôt dans une logique de communication ou d'affrontement? Ont-ils tous la même attitude face à la direction?

5. **La grève:** Comment la grève est-elle organisée? Qui mène les employés à la grève? Est-ce qu'elle ne concerne que les employés de l'usine? Que font les familles?
6. **Le chômage:** Comment le thème du chômage est-il traité? Comment la direction et les employés considèrent-ils les lettres de licenciement?
7. **La place du travail dans la vie:** Quelle place le travail occupe-t-il dans la vie des employés de l'entreprise? Peut-on dire qu'ils sont définis par leur travail?

8. **Les classes sociales:** De quoi la discussion à la cantine (sur les sports d'hiver) est-elle révélatrice?
9. **Le fossé lié aux études:** Qu'est-ce que Franck comprend dans la voiture en allant au café avec ses camarades? Qu'est-ce qu'Alain, qui n'a pas de diplôme, fait comprendre à Franck? Où est-ce que Franck se sent bien? Où est sa place? Est-ce clair pour lui et pour nous?

10. **La relation père-fils:** Pourquoi y a-t-il une telle incompréhension entre Franck et son père? Qu'est-ce que chacun veut pour l'autre?
11. **La métamorphose de Franck:** Pendant son stage Franck n'accomplit presque rien de ce qu'il avait prévu mais il apprend beaucoup. Pensez-vous que cette expérience va le transformer en syndicaliste, en défenseur de la cause ouvrière, en organisateur de manifestations? Sera-t-il toujours proche des ouvriers, ou va-t-il utiliser son expérience pour être plus délicat dans son prochain poste et devenir le cadre parfait?

Etude complémentaire

Les limites de ce film

Ressources humaines est un film ancré dans la réalité qu'il dépeint de façon très crédible. Le réalisateur a néanmoins utilisé quelques raccourcis, ou tiré quelques ficelles pour faire avancer l'intrigue ou mettre ses personnages en valeur.

Ne pensez-vous pas…

1. que la complicité avec le patron est vraiment trop rapide?
2. que Franck prend trop de place dans l'entreprise avec son questionnaire et qu'il joue au chef?
3. que la façon dont il découvre le plan de licenciement est difficile à croire?

N'est-il pas étrange…

4. que Franck ne reçoive aucun coup de téléphone de ses amis de Paris? Qu'il ne semble avoir aucun lien avec sa vie d'étudiant pendant son stage?
5. que le film ne présente aucun autre jeune qui a réussi?

Concluons:

6. Cette histoire est-elle plausible à 100%? Est-on en droit de penser que la réussite spectaculaire de Franck est utopique?

Ressources humaines aborde de nombreux sujets mais le fait dans un cadre très précis. Essayons d'élargir notre réflexion en mettant nos personnages dans des situations différentes.

7. En quoi l'expérience de Franck aurait-elle été différente s'il avait effectué son stage avec les mêmes personnages mais dans une grande entreprise?
8. Et si c'était une petite entreprise dans laquelle il ne connaissait personne?
9. Imaginons maintenant que le père de Franck est cadre dans la petite usine du film. Qu'est-ce que cela changerait entre le père et le fils?
10. Que se serait-il passé si le père s'était rebellé à l'annonce de sa mise en pré-retraite?
11. Qu'est-ce que la direction aurait pu/dû faire pour faciliter le passage aux 35 heures? Pensez-vous que toutes les entreprises de France ont fonctionné comme celle du film?
12. Le film met en scène trois délégués syndicaux. Les deux hommes sont effacés alors que Mme Arnoux est agressive. La trouvez-vous caricaturale? Peut-on supposer que les syndicats fonctionnent différemment dans d'autres entreprises?

Une situation typiquement française?

1. Imaginez un jeune Américain qui vient de finir de brillantes études dans une grande université. Il arrive dans une petite entreprise pour faire un stage. A quelles difficultés va-t-il être confronté?
2. Franck a du mal à changer de classe sociale et à s'intégrer. Qu'en est-il aux Etats-Unis? Est-ce aussi difficile pour un enfant d'ouvriers de monter dans la société et de s'y sentir bien?
3. Certains aspects du film, comme le débat sur les 35 heures, sont très français, et pourtant le film a intéressé de nombreux spectateurs à l'étranger. Comment peut-on expliquer cela?
4. Et vous, savez-vous où se trouve votre place? Vous sentez-vous à l'aise? Pouvez-vous vous projeter dans l'avenir avec sérénité?

A vous de jouer!

1. **Jeu de rôles :** Imaginez que Franck ait annoncé à son père qu'il était licencié. Comment lui aurait-il présenté les faits ? Comment le père aurait-il réagi ? Ecrivez le dialogue.
2. **Débat :** Franck fait-il son devoir ? Réfléchissez à ce qu'il fait, à ce qu'il dit et décidez si ses actions sont justifiées.

L'Avis de la presse

Article de *L'Express* paru dans l'édition du 8 novembre 2004 – propos recueillis par Anne Vidalie

Faut-il se méfier des diplômes?

Les Français vouent un véritable culte° aux parchemins°. Estampillés par une grande école, de préférence. Sans eux, pas de travail, pas de carrière, dit-on. Sain réalisme ou myopie° dangereuse?

worship / (here) diplomas

short-sightedness

POUR
Catherine Euvrard, chasseuse de têtes° [1]
"L'expérience sur le terrain vaut bien tous les parchemins"

head hunter

Ce n'est pas la peau d'âne° qui fait l'homme - ou la femme. C'est, bien sûr, un gage d'intelligence, de rapidité, de puissance de travail. Autant d'aptitudes nécessaires, mais non suffisantes. Car tout ne s'apprend pas dans les livres. Un diplôme n'est pas synonyme de courage, de créativité, d'esprit d'ouverture, de capacité à diriger une équipe et à communiquer. Encore moins de ces qualités humaines qui font la différence entre deux êtres, diplômés ou pas. Or ces caractéristiques ne sont pas les plus répandues° parmi les 15 000 jeunes cadres dits "à haut potentiel" et cadres de niveau supérieur que j'ai rencontrés en dix-neuf ans de chasse de têtes! Pis°, ils manquent souvent de souplesse d'esprit°, voire tout simplement de bon sens. Peut-être parce que je suis autodidacte°, je suis convaincue qu'une longue et riche expérience sur le terrain vaut bien tous les parchemins. A cet égard, je me sens en phase avec la culture américaine. Là-bas, un jeune cadre brillant ne sera pas pénalisé pour n'être pas passé par une grande université. Ce qui compte, c'est ce qu'il a fait de sa vie, les risques qu'il a pris. J'ai un faible pour les écoles moins connues. Leurs diplômés sont souvent plus courageux que leurs pairs sortis d'HEC ou de Polytechnique. Et ils pensent avoir encore tout à prouver.

diploma

widespread

worse / flexibility

self-taught

Entrée de Polytechnique

Bien sûr, les patrons ont besoin de repères, et les diplômes en sont un. Leur penchant naturel est de piocher° dans l'annuaire° des

to pick / yearbook

1 Auteur d'*En avoir ou non... Secrets d'un chasseur de têtes* (Lattès).

anciens de leur école. C'est l' "effet moule", qui consiste à vouloir recruter un clone doté du même schéma de pensée, le réflexe qui fait préférer celui qui est formaté comme nous. Les chefs d'entreprise autodidactes n'échappent pas au culte très français du diplôme. Recruter des hommes et des femmes issus des meilleures écoles les rassure. C'est bon pour leur image et pour celle de l'entreprise, pensent-ils.

get off the beaten track

J'aimerais que les dirigeants aient moins de réticences à sortir des sentiers battus° en embauchant un homme ou une femme qui a fait ses preuves, avec ou sans diplôme. Lorsque je présente trois candidats pour un poste, deux d'entre eux collent parfaitement au profil requis. Le troisième est mon outsider, autodidacte ou diplômé d'une école moins prestigieuse. Dans 15 à 20% des cas, mes clients en recrutent deux. Dont l'outsider.

CONTRE
Christian Margaria, Président de la Conférence des grandes écoles
"Ils valident plus que la seule acquisition de connaissances"

management

wells

Arrêtons de raisonner comme si la formation des étudiants n'avait pas profondément évolué depuis quinze ou vingt ans! Désormais, les méthodes pédagogiques ne sont plus exclusivement axées sur l'acquisition de connaissances scientifiques et techniques. Elles sont conçues pour permettre aux futurs cadres et ingénieurs de développer les compétences recherchées par les entreprises. Ainsi, toutes les écoles d'ingénieurs offrent des formations à la gestion° d'entreprise. C'est obligatoire, au même titre que l'économie, la finance, le droit et deux langues étrangères. Par ailleurs, les programmes sont calibrés pour offrir le maximum d'opportunités aux élèves. Jamais les possibilités de personnaliser un cursus n'ont été si nombreuses! Dans la plupart des établissements, les garçons et les filles ont le choix entre un séjour long à l'étranger - six mois aux Etats-Unis, par exemple - et l'approfondissement d'une matière - comme une spécialisation en gestion des ressources humaines. Ils peuvent aussi, s'ils le souhaitent, travailler pendant un an entre la deuxième et la troisième année. Autre évolution: la valorisation de la vie associative, excellente façon de commencer à exercer des responsabilités opérationnelles. A Télécom INT, l'école d'ingénieurs que je dirige, des étudiants vont creuser des puits° au Sahel, construire des maisons communes au Nicaragua ou faire de la formation en milieu carcéral°. Voilà qui ouvre d'autres perspectives que de rester entre soi sur le campus! Résultat: les profils, à la sortie, se sont énormément diversifiés. Quoi de commun entre un étudiant qui a suivi le parcours classique de trois ans dans son école et celui qui est parti, avant sa dernière année, passer un an dans un groupe bancaire singapourien? Parallèlement à ces évolutions, les différentes filières ont varié leurs recrutements. A présent, les écoles de gestion vont chercher leurs étudiants dans les classes préparatoires° économiques et commerciales, littéraires, scientifiques et techniques ainsi qu'à l'université. L' "effet moule" a vécu. Les entreprises ont besoin de formations et de profils multiples. Et elles le savent.

prison

intensive one- or two-year classes preparing for the competitive entrance exam to a "grande école"

Certes, le bon sens ne s'enseigne pas, mais la formation, dans les écoles, fait une large place à la pratique à travers les stages en entreprise, les études de cas, les projets industriels et les travaux pratiques. Au bout du compte, c'est le candidat qui est jugé, sa carrure°, sa personnalité. Le diplôme est un sésame° qui sert à obtenir l'entretien.

stature, caliber / a key

1. Qu'est-ce que Catherine Euvrard privilégie? Qu'est-ce qu'elle recherche dans un candidat?
2. Qu'est-ce qu'elle reproche aux diplômés des grandes écoles?
3. Que penserait-elle de Franck à votre avis?
4. Pourquoi Christian Margaria n'est-il pas d'accord avec l'analyse de Catherine Euvrard? De quelle façon les grandes écoles ont-elles évolué? Qu'est-ce qu'elles proposent pour préparer au mieux leurs étudiants à la vie en entreprise?
5. Pourquoi la vie associative est-elle encouragée?
6. Que pensez-vous des formations décrites par Christian Margaria? Vous semblent-elles adaptées à la vie en entreprise? Ressemblent-elles à ce que vous faites dans votre université?

Article de *L'Express* paru dans l'édition du 10 octobre 2002

35 heures; Français qui rient, Français qui pleurent

Beaucoup de salariés rêveraient d'avoir une patronne comme Anne Le Menn, PDG de Buroscope. Pensez donc. La jeune femme, qui a lancé cette société rennaise° de bureautique° voilà dix-huit ans, a été une pionnière des 35 heures. Pourtant, rien ne l'y obligeait, elle qui n'employait que treize personnes en 1998. "Mon objectif n° 1, ma passion, c'est de créer des emplois, explique-t-elle. Je n'oublie pas que j'étais au chômage lorsque j'ai monté ma société. Aussi, je trouvais intéressante l'idée de recruter tout en réduisant le temps de travail". Ce ne sont pas ses 19 employés qui y trouveront à redire. Ils ont obtenu 23 jours de congés supplémentaires et, en prime, leurs rémunérations ont augmenté de 5% en 2000, puis de 3% l'année suivante. Des privilèges inouïs° dans l'univers des très petites entreprises, souvent avares en avantages sociaux.

from Rennes, a city in Brittany / office automation

incredible

Mieux: "Nous prenons du temps libre quand nous en avons envie et quand nous en avons besoin, notamment pendant les vacances scolaires", raconte Irma Roch, formatrice° "embauchée grâce à l'accord sur les 35 heures". "C'est possible parce que chacun de nous travaille en binôme°". Moyennant° le soutien de son alter ego, Marie-Claude Vrignaud, Irma a pu s'absenter une semaine, début septembre, pour accompagner sa fillette de 4 ans chaque matin à la maternelle°. Bilan? "On ne peut pas rêver mieux, s'enthousiasme Irma. Je fais des envieux autour de moi". Sa collègue Chantal Bocel aussi. Opératrice de PAO (publication assistée par ordinateur) chez Buroscope depuis trois ans, cette maman de deux bambins, épouse de maraîcher°, vit "dans un milieu, l'agriculture, qui ne comprend pas les 35 heures". "Les saisonniers qu'embauche mon mari n'en ont rien à faire de la RTT°, dit-elle. Ce qu'ils veulent, c'est travailler et gagner de l'argent". [...]

corporate trainer

in pairs / thanks to

preschool

farmer

= Réduction du temps de Travail

En portant la durée du travail sur la place publique, les lois Robien et Aubry n'ont pas seulement ouvert un débat technico-politico-économique. Elles ont aussi soulevé des questions quasi existentielles. Sur la valeur du travail. Le prix de l'effort. La reconnaissance sociale. L'équilibre entre vie personnelle et boulot°. [...]

work

Premier clivage°: la France des artisans, commerçants et travailleurs indépendants regarde avec curiosité, envie ou incompréhension, c'est selon, la France "RTTisée". "Les 35

split

heures ont révélé et accéléré la mutation radicale de la place du travail dans notre vie et dans notre organisation sociale, estime le sociologue Jean Viard, auteur du Sacre du temps libre (éd. de L'Aube). Si bien que tous ceux qui ne peuvent pas vivre en harmonie avec la nouvelle norme sociale, comme les médecins et les commerçants, ont le sentiment d'être exclus du temps collectif". Au fond, pourquoi trimer° comme une brute quand l'air du temps° est à l'épanouissement° personnel et à la vie-à-côté-du-boulot? "Les 35 heures sont une composante forte de la crise existentielle des médecins généralistes°, qui travaillent, eux, cinquante-quatre heures par semaine en moyenne, analyse Pierre Costes, président du syndicat MG France, qui exerce près de Valence. [...]

work like a dog / the mood

personal development

PCPs

Deuxième clivage, au sein° du salariat, celui-ci: les salariés des grandes entreprises et des PME° font pâlir de jalousie leurs pairs des "TPE", les très petites entreprises. Un peu plus qu'avant encore. "Les 35 heures ont accentué les inégalités existant en matière de conditions de travail entre grandes et petites structures", juge Pierre Boisard, directeur adjoint du Centre d'études de l'emploi. Sébastien peut en témoigner°. En changeant de métier et d'entreprise, il a changé de monde. Diplômé de l'Ecole hôtelière de Paris, il a lâché° la restauration au bout de cinq ans "après avoir tout fait, cuisinier, serveur, barman". Il en a eu assez des horaires de fou - de treize à quinze heures par jour [...] - et des clients irascibles. Envie, aussi, "de temps pour moi-même". Le jeune homme s'est pris de passion pour l'informatique°. Après quelques mois d'intérim, bingo. Il a été recruté par le service informatique d'une grande entreprise de communication. Et a découvert les 35 heures. Le choc. "Au début, j'hallucinais, se souvient-il. Je me disais: "C'est quoi, ces feignasses°?" Mais on prend vite le pli°. Je goûte à présent le charme des week-ends et des jours de RTT". [...]

within

= Petites et Moyennes Entreprises

testify

left

computer science

lazybones / you get used to it fast

Les gagnants? Les archiprivilégiés des grandes sociétés rompues° au dialogue social et à la négociation, qui ont décroché la timbale°: des jours de congé en plus - jusqu'à une vingtaine - quand ils veulent et comme ils veulent. Portrait-robot° du "RTTiste" heureux, selon David Askienazy, [...] expert des 35 heures au cabinet de conseil Bernard Brunhes: "C'est le cadre d'une entreprise parapublique, pas trop haut placé dans la hiérarchie, mais suffisamment autonome pour disposer comme il le souhaite de ses jours de repos supplémentaires". Comme Jean-Paul Bonhoure, responsable d'un syndic° de copropriété de câbles sous-marins chez France Télécom; trente ans de maison, et heureux. "En tant que cadre exécutif autonome, j'ai la chance d'avoir 20 "JTL", jours de temps libre, par an, que je peux même accoler°

accustomed to

hit the jackpot

profile

managing agency

add

aux vacances si les contraintes du service le permettent", raconte-t-il. [...] Il apprécie le "confort de vie" que lui offrent les 35 heures. Y renoncer moyennant° une hausse de salaire? "Sûrement pas. Même si on me payait double mes JTL". [...]

in exchange for

Souvent, le clivage entre les satisfaits et les déçus de la RTT traverse les entreprises. Toutes n'ont pas accordé [...] le même traitement à l'ensemble de leur personnel. "Le plus terrible, ce sont ces disparités internes, affirme Hervé Amoreau, consultant en stratégie et management chez KPMG. D'autant° qu'elles se superposent généralement à des différences de rémunération". Côté satisfaits, les cols blancs, les experts et les services administratifs, qui peuvent, sans trop de peine, prendre leurs précieux jours de RTT quand ils le désirent. Côté déçus, les cols bleus et les services opérationnels et commerciaux, soumis aux contraintes de la production ou aux desiderata° des clients. Pour eux, les RTT sont souvent imposées à coups de journées ou de demi-journées fixées par la direction, à moins qu'ils ne travaillent un peu moins chaque jour. [...]

especially since

wishes

Autres perdants° des 35 heures: ceux qui y ont bien droit en théorie, mais pas en pratique. [...] Dans le secteur hospitalier privé à but non lucratif°, passé aux 35 heures en 2000, la réduction du temps de travail relève de la douce utopie. "Mes 35 heures, je les ai terminées le mercredi soir, plaisante Thierry Harvey, gynécologue obstétricien, chef du service maternité de l'hôpital parisien des Diaconesses, habitué des semaines de 50 heures. On a obtenu 14 jours de congés supplémentaires, mais comment les prendre dans des disciplines comme la mienne, où l'on manque de personnel?" Heureusement qu'il vit "un vrai bonheur"au travail. [...]

losers

not-for-profit

Dernier clivage au pays de la RTT: celui de la feuille de paie°. Certains - ouvriers en tête - ont le sentiment d'avoir payé les 35 heures au prix fort. Comme beaucoup, Michel Ilic, monteur° chez Peugeot, à Mulhouse, faisait des heures supplémentaires pour arrondir° ses fins de mois. "A raison de deux samedis par mois, je gagnais environ 900 F net en plus, explique-t-il. Aujourd'hui, plus d'heures sup". [...]

paycheck

fitter

to supplement his income

Car le temps libre, c'est bien. A condition d'avoir de l'argent pour en profiter. La voilà, la plus cruelle des inégalités face aux 35 heures. "C'est quoi, la RTT, pour quelqu'un qui vit dans une HLM° pourrie°, sur un territoire tenu par une bande°?" s'interroge le sociologue Jean Viard. Pour Guy Groux, chercheur au Centre d'étude de la vie politique française, "il y a là de quoi soulever° des frustrations nouvelles entre catégories sociales". [...]

= Habitation à Loyer Modéré (subsidized housing) / in bad shape / a gang

to stir up

N'en déplaise° à leurs concepteurs, les 35 heures ne font décidément pas le bonheur de tous les Français.

whether their originators like it or not

1. En quoi Anne Le Menn est-elle atypique?
2. Les saisonniers veulent-ils travailler 35 heures? Que veulent-ils surtout?
3. Quel est le premier clivage dont parle le texte?
4. Quelles sont les conditions de travail dans les grandes entreprises et les PME, et dans les TPE?
5. Qui sont les privilégiés des 35 heures? Pourquoi Jean-Paul Bonhoure est-il content? Qu'est-ce qu'il apprécie surtout?
6. Quel clivage remarque-t-on souvent au sein des entreprises?
7. Pourquoi Thierry Harvey ne peut-il pas travailler 35 heures?
8. Quelle est la grande injustice de la RTT?

Interviews parues dans le *Figaro Magazine* du 24 mai 2008

Simon Thompson[1]: "Les 35 heures ont été une aubaine°!"

godsend

Vous êtes arrivés dans l'Hexagone° en 1999, un an après la loi sur les 35 heures...

France (this nickname comes from the country's shape)

Simon Thompson – C'est une pure coïncidence. Mais depuis, la France est devenue notre deuxième marché en Europe. Nous y enregistrons une croissance° à deux chiffres tous les ans.

growth

C'est le temps libre des Français qui dope° ainsi la vente de voyages en ligne?

boosts

Les 35 heures ont été une aubaine. Mais il y a aussi l'intérêt puissant des Français pour Internet. Outre les classiques – Rome, Venise, Prague, Barcelone –, les week-ends allongés se portent maintenant sur des destinations long-courrier comme New York. Nos clients repartent au bureau dès le matin de l'atterrissage°.

landing

Et les séjours en France?

Ils sont en pleine explosion, notamment pour ce qui concerne la remise en forme ou la thalasso° dans le cadre des RTT.

seawater therapy (common in France)

1 Vice-président Europe de Lastminute.com.

Patrick Légeron[1]: "Le stress a augmenté considérablement"

Nous sommes champions du temps de travail le plus court, et en même temps un des pays où le taux d'insatisfaction est un des plus élevés...

Patrick Légeron – Parce que, pour maintenir notre compétitivité, nous avons dû atteindre une des productivités horaires les plus élevées au monde. D'où° une augmentation considérable du stress malgré les 35 heures et notre record planétaire de 37 jours de congés annuels.

hence

Alléger° le temps de travail aurait donc eu tendance à accroître sa pénibilité°?

reducing
hardship

Les Finlandais, qui sont les champions de bien-être au travail, n'en reviennent° toujours pas. Comment la France a-t-elle pu se lancer dans ce chantier sans considérer le travail en termes d'épanouissement° personnel?

can't get over it
fulfillment

La frontière entre vie professionnelle et privée est devenue poreuse?

C'est l'autre paradoxe des 35 heures. On exige une disponibilité° maximale des salariés avec des horaires éprouvants°, tandis que l'utilisation des e-mails, portables, Blackberry et autres empiète° sur la vie personnelle.

availability
exhausting
encroach upon

---

1 Psychiatre et sociologue, directeur du cabinet Stimulus, co-auteur du rapport sur le stress au travail.

1. Pourquoi Simon Thompson est-il ravi de la mise en place des 35 heures? Qu'est-ce que la réduction du temps de travail permet aux Français de faire?
2. Quelles sont les destinations choisies par les Français pour leurs week-ends?
3. Comment Patrick Légeron explique-t-il le stress au travail?
4. Qu'est-ce qui manque pour que les Français se sentent mieux au travail?

Article de Florence Gatté paru dans *France-Amérique* le 25 juillet 2008

35 heures – le temps perdu des cadres

Dix ans après la loi Aubry sur les 35 heures, le gouvernement de Nicolas Sarkozy vient de faire ratifier une loi qui permet aux employeurs d'ignorer la durée du temps de travail - contre rémunération. Une mesure qui provoque la colère des cadres.

Dans la torpeur d'une douce soirée d'été, à l'avant-veille des vacances parlementaires, juste après le vote de la très médiatique réforme de la Constitution, le Sénat vient de ratifier une des lois les plus importantes du mandat de Nicolas Sarkozy. [...] Officiellement conçue pour "débloquer le contingent d'heures supplémentaires", dixit Xavier Bertrand, ministre du Travail et maître d'œuvre de la réforme, la nouvelle loi est vécue par la gauche et la plupart des syndicats comme une régression sociale sans précédent.

Dans les faits, la durée légale du travail est maintenue à 35 heures, mais la marge de manœuvre pour les entreprises est accrue, puisque ces dernières pourront négocier à leur guise° l'allongement de ce temps de travail - jusqu'à 48 heures par semaine ou 282 jours travaillés par an pour les cadres si un accord collectif conclu dans d'entreprise l'autorise. Le tout sans avoir à demander l'accord préalable de l'inspection du travail, comme c'était le cas auparavant. Pour les non-cadres, les heures supplémentaires – c'est-à-dire les heures travaillées au-delà de la 35e heure par semaine – seront majorées° de 25%, pour les cadres, les jours travaillés au-delà des 218 jours seront majorés de 10%. Sans accord ils ne pourront travailler plus de 235 jours. [...]

as they please

will be paid time and a quarter

Une vraie réforme libérale, qui laisse le champ libre à l'employeur et qui, selon la loi de l'offre et de la demande, peut être préjudiciable° à l'une ou l'autre des parties. Dans les petites et moyennes entreprises, les syndicats craignent un chantage° à l'emploi, tandis que les grandes entreprises hésiteront à faire appliquer cette mesure par crainte du conflit social. [...]

detrimental

blackmail

Une réforme qui laisse un goût amer° aux cadres, qui ont voté à 58% pour Nicolas Sarkozy lors des élections présidentielles. Aujourd'hui, ils vont passer de 218 jours travaillés par an – équivalents forfaitaires des 35 heures par semaine - à 235 à partir de la rentrée. Le calcul est simple: sur les 365 jours que compte une année, si on retire les samedi et dimanche (semaine de 5 jours) et les 5 semaines de congé payé, il reste 236 jours. Retirez le 1er

bitter

mai, et vous avez le nombre de jours travaillés. Ce qui signifie en théorie la fin des jours fériés et des jours de RTT, jours de repos accordés pour compenser les heures supplémentaires effectuées par les cadres. L'Union générale des ingénieurs, cadres et assimilés (UGICA) de la CFTC s'est indignée mercredi, résumant le point de vue des deux autres grands syndicats de cadres, la CFE-CGC et la CFDT Cadres: "Les cadres ne doivent pas se laisser berner°: ce texte est une régression sociale grave".

can't let themselves be had

Les cadres, seule catégorie sociale qui s'estimait bénéficiaire des 35 heures, risquent ainsi de perdre du temps libre, mis à profit le plus souvent pour la vie de famille et les escapades° au grand air. Les familles avec des jeunes enfants risquent ainsi de perdre du pouvoir d'achat°, la majoration de 10% n'étant certainement pas à la hauteur des frais de garde° pendant un jour férié, par exemple. Une catégorie qui ne court pas après les heures supplémentaires, et qui a plus besoin d'améliorer sa qualité de vie en réduisant le stress qu'en augmentant son salaire. "L'encadrement°, en général, ce sont de bons soldats, de bons officiers, mais quand on met trop la pression, ils risquent de déserter d'une manière ou d'une autre, et ce ne sera bon ni pour l'économie, ni pour nos entreprises", a mis en garde le président de la CFE-CGC Bernard van Craeynest.

long weekends away

purchasing power

day care expenses

management

Seule perspective réjouissante: avec seulement 3,8% de chômage, soit la moitié moins que le reste de la population, l'emploi des cadres est florissant, et les entreprises pourraient être tentées de les choyer° pour mieux les attirer – ou les retenir. Coïncidence: la banque britannique HSBC vient d'annoncer un accord limitant le travail de ses cadres à 211 jours par, soit moins que la législation actuelle et à venir. Peut-être le signe que certaines entreprises ont compris que travailler mieux, ça peut être aussi travailler moins.

to pamper

1. Quel est le grand changement que la loi a voté?
2. Pour qui cela est-il le plus positif? Les entreprises ou les salariés?
3. Pourquoi les cadres sont-ils amers?
4. Qu'est-ce qui peut donner espoir aux cadres?
5. Qu'est-ce que Franck penserait de cette loi?

Autres films à voir

Sauf le respect que je vous dois (drame de Godet, 2005)

François a une quarantaine d'années. Il a une femme, un fils et occupe un poste de cadre dans une entreprise. Son patron est tyrannique, ce qui va pousser Simon, un jeune collègue, au drame.

1. Comparez les patrons des deux films. Quelle image a-t-on d'eux ?
2. Comparez Simon et Franck. Tous deux ont du mal à trouver leur place. Pourquoi ? Qu'est-ce qui les empêche d'être à l'aise ?
3. Comparez le retournement de François à celui de Franck.
4. Comment la femme de François et les parents de Franck réagissent-ils ? Les deux hommes sont-ils soutenus par leurs proches ?

Le couperet (drame de Costa-Gavras, 2004)

Bruno Davert occupe un très bon poste dans une entreprise. Il mène une vie confortable avec sa femme et ses enfants, à l'abri de tout souci, jusqu'au jour où il est licencié à cause d'une délocalisation. Après deux années passées à chercher un nouvel emploi, il décide d'éliminer méthodiquement ses concurrents, en les tuant un par un.

1. Quel impact le chômage a-t-il sur Bruno et sa famille ?
2. Qu'est-ce qui pousse Bruno à agir ?
3. Quelle impression le film vous donne-t-il des entretiens d'embauche ?
4. De quel côté étiez-vous en tant que spectateur ? Aviez-vous envie que Bruno réussisse ses meurtres ? Aviez-vous peur qu'il se fasse arrêter par la police ?
5. Quel est le but de ce film ? Cherche-t-il à dénoncer quelque chose ? Qui / qu'est-ce qui est amoral ?

Chapitre 6

Le monde rural
Une hirondelle a fait le printemps

Paysage de Loire

Sandrine et ses chèvres dans *Une hirondelle a fait le printemps*

LE FILM

Sandrine a 30 ans et vit à Paris. Elle est informaticienne et gagne bien sa vie mais elle décide un jour de réaliser son rêve: vivre dans une ferme à la campagne. Elle suit une formation puis achète une ferme dans le Vercors. Le propriétaire, Adrien, part à la retraite mais veut vivre encore 18 mois dans sa maison. Une cohabitation difficile commence alors entre Sandrine qui transforme la ferme et Adrien qui l'observe de loin et refuse de la conseiller.

Le réalisateur

Christian Carion est né dans une famille d'agriculteurs. Ses parents avaient une ferme dans le Nord de la France. Il était intéressé par le cinéma mais savait que ses parents s'opposeraient à cette idée. Il a donc fait des études d'ingénieur agricole et a travaillé au Ministère de l'Agriculture. Son travail était de mettre en contact des agriculteurs qui voulaient vendre leur ferme pour partir à la retraite et des jeunes voulant s'installer. Il a largement puisé dans ses souvenirs pour le scénario d'*Une hirondelle a fait le printemps*.

Il a ensuite eu la chance de rencontrer Christophe Rossignon, un jeune producteur comme lui fils d'agriculteurs, du Nord et ingénieur. Carion a alors débuté dans le cinéma en tournant trois courts métrages produits par Rossignon. Ils ont ensuite décidé ensemble de réaliser et produire *Une hirondelle a fait le printemps*, film basé sur leurs souvenirs et leur expérience commune.

Depuis, Carion a réalisé *Joyeux Noël* (2005) et *Farewell* (2009).

Les acteurs

Mathilde Seigner est née en 1968 dans une famille d'acteurs. Elle n'a pas un physique de star, a le caractère bien trempé et dit (presque) tout ce qu'elle pense, ce qui a souvent incité les réalisateurs à lui donner des rôles hauts en couleurs. On retient notamment *Vénus beauté (institut)* (1999), *Harry,un ami qui vous veut du bien* (2000), *Mariages!* (2004), *Camping* (2006) et *Trésor* (2009). Elle a aussi été monitrice d'équitation (ce qui lui a servi pour le film) et aimerait un jour élever des chevaux.

Mathilde Seigner et Michel Serrault

Michel Serrault: Quand il est décédé en 2007 à l'âge de 79 ans, Michel Serrault avait joué dans 135 films et remporté trois César. Il avait joué dans tous les genres, de la comédie au drame, et alterné théâtre et cinéma. C'est d'ailleurs la création de *La cage aux folles* pour la scène qui a marqué un tournant dans sa carrière en 1973. Il a ensuite eu un succès retentissant avec le film du même nom en 1979. Plus tard il a eu des rôles marquants dans *Le fantôme du chapelier* (1982), *Mortelle randonnée* (1983), *Docteur Petiot* (1990), *Nelly et M. Arnaud* (1995), *Le bonheur est dans le pré* (1995), *Assassins* (1996), *Le papillon* (2002) et enfin *Antonio Vivaldi, un prince à Venise* en 2007. Cet acteur à forte personnalité a laissé un grand vide derrière lui.

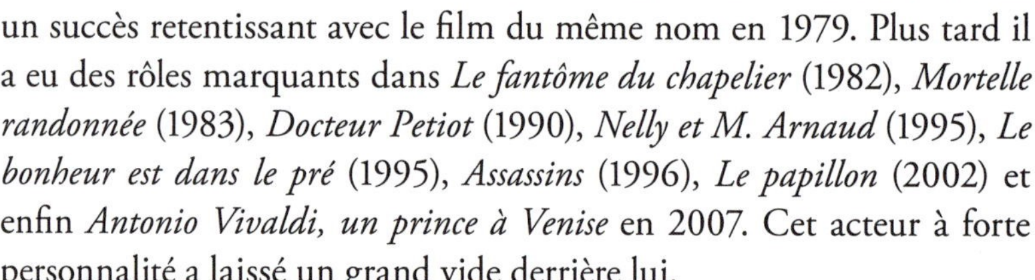

Buzz

- Sortie: 2001
- Durée: 1h43
- Titre aux Etats-Unis: *The Girl from Paris*
- Genre: Comédie dramatique
- Public: Tous publics

Tournage

Christian Carion a longtemps cherché avant de trouver cette ferme isolée, repérée par avion. Le tournage a eu lieu en deux fois: une partie en été et l'autre en hiver.

Note

Il y a trois scènes un peu difficiles à regarder dans le film: la saignée d'un cochon, la mise à bas d'une chèvre et des vaches à l'abattoir. Si vous êtes une âme sensible, fermez les yeux quelques instants, surtout pour le cochon!

Culture et vocabulaire

Aspects culturels

1. Où vit-on le mieux en France?

L' Express a publié une grande étude en juin 2008 sur les régions de France où l'on vit le mieux. De nombreux critères ont été pris en compte: l'emploi, le logement, l'éducation, la culture, la santé, la sécurité, le dynamisme économique, l'offre Internet, la météo et le cadre de vie notamment. Observez la carte suivante et répondez aux questions.

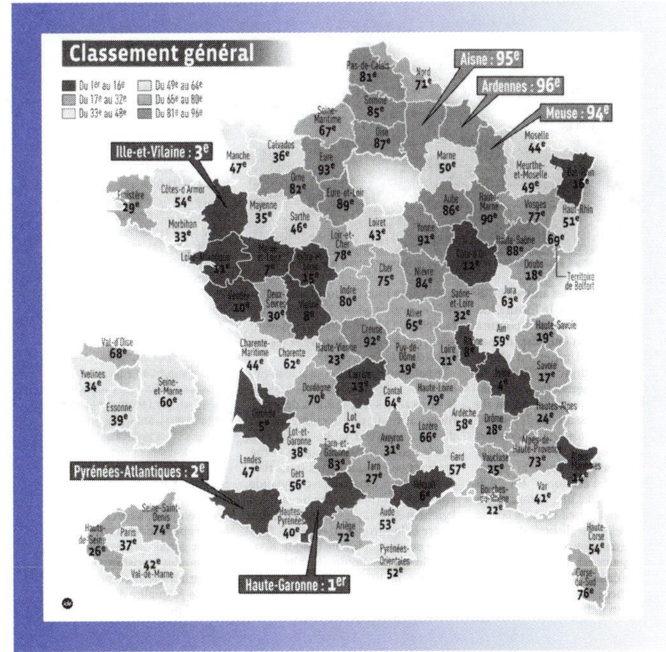

a. Quelles sont les régions les plus attractives?

b. Lesquelles attirent le moins?

c. Pouvez-vous trouver des explications à ce palmarès?

d. Le film se passe en Isère. Trouvez ce département sur la carte et notez son rang.

2. Taux de migration

Cette carte montre les migrations entre les régions. Quelles sont les régions que les Français quittent? Lesquelles accueillent le plus de nouveaux arrivants? Est-ce que cela corrobore la carte précédente?

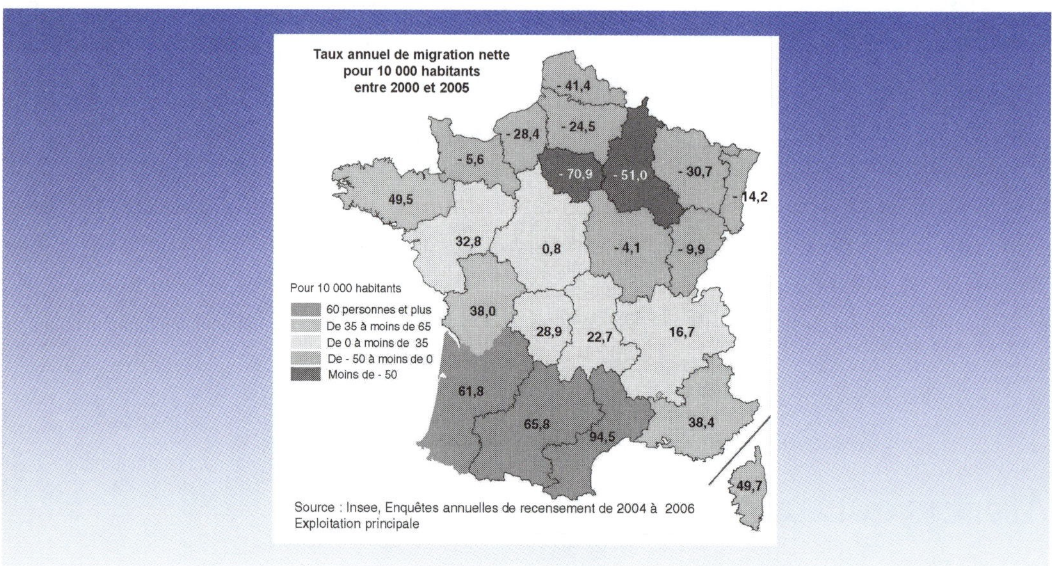

3. Le Vercors

a. Où le massif du Vercors se situe-t-il?

b. Cette photo a été prise dans le Vercors. Décrivez le paysage avec du vocabulaire précis, puis expliquez ce que vous ressentez. Est-ce un endroit où vous aimeriez aller pour passer des vacances ou pour vivre? Expliquez.

4. Etat matrimonial des femmes françaises

Le personnage principal du film est Sandrine, une femme de 30 ans célibataire et sans enfant. Etudiez le tableau suivant pour comprendre l'évolution du statut des femmes.

Etat matrimonial (Population 15 ans et +)				
Indicateur	Unité	1970	1980	2002
Célibataires femmes (25-49 ans)	%	10,4	12,2	31,1
Divorcées femmes (25-49 ans)	%	3,0	4,8	9,0
Mariages	milliers par an	394	334	280
Age moyen du premier mariage	(femmes)	22,4	23,0	28,1

Quels sont les grands changements que vous remarquez entre en 1970 et 2002? Comment peut-on expliquer ces évolutions?

5. Les agriculteurs et les éleveurs

Part des professions et catégories sociales dans la population active			
	1985 %	1995 %	2005 %
Agriculteurs	6,5	3,2	2,4
Artisans, commerçants, chefs d'entreprise	7,4	7,0	5,7
Cadres et professions intellectuelles supérieures	8,4	12,1	14,0
Professions intermédiaires, instituteurs, clergé, techniciens	18,8	20,0	22,2
Employés	26,1	29,0	29,3
Ouvriers	31,0	27,3	24,8

a. Dans quelle profession et catégorie sociale y avait-il le plus de Français en 1985? Et en 2005?

b. Quelle place les agriculteurs occupaient-ils en 1985? Et en 2005?

c. Quelle est la différence entre un agriculteur et un éleveur? Quel est le travail d'un éleveur?

6. Les néo-ruraux

Les néo-ruraux sont des personnes qui vivaient en ville ou en zone urbaine et qui ont décidé de vivre (et le plus souvent de travailler) à la campagne. C'est ce que fait Sandrine dans le film. Ce n'est pas un cas isolé, comme vous le verrez dans l'enquête suivante. Elle a été réalisée par l'IPSOS en 2003 auprès de 200 néo-ruraux.

L'installation des citadins à la campagne:
Opinions et attitudes des "néo-ruraux" selon leur expérience et leur vécu (extrait)

Profil des néo-ruraux

Dans le cadre de cette enquête sont considérés comme néo-ruraux les français de 15 ans et plus:

- Habitant actuellement une commune rurale de moins de 2.000 habitants
- Résidant dans cette commune depuis moins de 5 ans
- Ayant leur précédent domicile dans une commune de plus de 2.000 habitants et située à plus de 50 km de leur commune d'habitat actuelle.

Sur la base de cette définition, les néo-ruraux représentent 4,2% de la population française des plus de 15 ans soit 2 millions de personnes.

Par rapport à la population nationale, les néo-ruraux se distinguent par **leur jeunesse** (46% ont entre 25 et 34 ans alors que cette classe d'âge représente 19% de la population nationale) et **leur appartenance à des catégories socioprofessionnelles plus modestes** (46% avec chef de ménage employé ou ouvrier). Les hommes ont tendance à y être plus représentés. (55% contre 48% en France). Sur le plan de la formation ils suivent cependant la moyenne nationale.

Pour quelles raisons des citadins souhaitent-ils s'installer durablement à la campagne?

En dehors du bénéfice d'une meilleure qualité de vie (motivation prioritaire et évidente pour 95% des néo-ruraux et 97% des maires) plusieurs autres facteurs se combinent pour expliquer selon nos interviewés la décision de quitter la ville pour la campagne:

- prendre un nouveau départ (38%),
- retrouver ses racines (25%)
- volonté de vivre dans une région que l'on aime (24%)
- et même, pour 14%, participer au renouvellement et développement du milieu rural.

Pour quelles raisons certains renoncent-ils à ce projet?

La principale raison qui peut expliquer le renoncement segmente les néo-ruraux:

- Pour 34% elle repose essentiellement sur l'incapacité des citadins à pouvoir vivre à la campagne et s'y adapter (34%),
- Pour 32% il s'agit surtout d'un manque de volonté à franchir le pas

Quelles sont les attitudes des habitants de la commune vis à vis des citadins qui viennent s'y installer?

Les néo-ruraux, sur la base de leur vécu, estiment à 56% que les habitants de leur commune sont favorables au fait que des citadins viennent s'y installer, 30% pensent qu'ils sont plutôt neutres et seuls 13% déclarent qu'ils y sont plutôt opposés.

Situation aujourd'hui des néo ruraux interrogés?

Au regard de leur situation personnelle aujourd'hui, les néo-ruraux interrogés peuvent être répartis en 3 groupes:

- La majorité (64%) est constituée de personnes manifestement intégrées puisqu'elles déclarent vivre principalement à la campagne et participer activement à la vie de leur commune.
- Un quart (25.5%) peut être qualifié de Mixtes "Urbains/Ruraux": ils sont souvent en ville ou une grande partie de leur vie se déroule en ville même s'ils habitent à la campagne. (On est plus alors dans un choix de cadre d'habitat).
- Enfin 10.5% sont en attitude de repli: ils vivent à la campagne mais déclarent ne pas participer à la vie de leur commune.

a. Qu'est-ce qui différencie les néo-ruraux des ruraux?
b. Quels sont les deux facteurs qui poussent les citadins à choisir de vivre à la campagne?
c. Certains citadins ont l'espoir de partir mais ils ne le font pas. Pourquoi?
d. Les ruraux voient-ils d'un bon œil les néo-ruraux s'installer?
e. Les personnes interrogées ont-elles réussi leur pari? Sont-elles bien adaptées?

7. Les gîtes de France

Dans le film Sandrine ouvre un gîte de France. Qu'est-ce que c'est? A quoi cela sert-il? Qui séjourne dans un gîte? Y a-t-il beaucoup de gîtes en France?

8. Le tourisme vert

Que veut dire tourisme vert ou tourisme rural? L'article suivant a été écrit par SOURCE, un centre de ressources situé dans le Puy-de-Dôme (Massif Central) dont le but est de favoriser le développement du tourisme rural. Lisez-le et répondez aux questions.

Tourisme vert, tourisme à la campagne...?

Le tourisme rural désigne un tourisme local, voulu et maîtrisé par les gens du pays, un tourisme de rencontre et de partage, puisant ses arguments dans la richesse des terroirs et la convivialité des habitants.

Dans les faits, le tourisme rural ou tourisme vert est souvent défini par la négative: il concerne tout le territoire national hormis le littoral (tourisme bleu), les villes (tourisme urbain) et la montagne (tourisme blanc). Mais cette définition pose plusieurs sortes de problèmes:

- un vacancier interrogé sur le lieu de ses vacances dira qu'il est allé "à la mer" même s'il a séjourné dans l'arrière pays du littoral, car il raisonne en terme de destination et non d'espace. Ses réponses peuvent alors selon les cas figurer dans les rubriques "littoral" ou "campagne" des statistiques;
- de la même façon, l'espace montagnard est, par définition, rural et le tourisme de montagne, s'il est blanc l'hiver, est vert l'été (sans parler de la moyenne montagne dans laquelle le tourisme peut-être vert également en hiver);
- un certain nombre de séjours touristiques visent à la découverte simultanée de plusieurs espaces: le littoral et son arrière pays, un ou plusieurs centres urbains et le milieu rural environnant.

La diversité des termes usités ne facilite pas, dès lors, l'analyse des données chiffrées: on parle selon le cas de **tourisme rural** (en milieu rural), de **tourisme vert** par opposition aux destinations mer, montagne et ville, de **tourisme à la campagne** ou d'**agritourisme**: ce terme restrictif désigne les activités d'accueil, d'hébergement, de restauration et de loisirs dont le siège est une exploitation agricole (on parle aussi d'agrotourisme).

a. Quelles sont les spécificités du tourisme vert?
b. Peut-on faire du tourisme vert à la montagne ou à la mer?
c. Expliquez la différence entre tourisme rural et tourisme vert.

9. L'hirondelle et le printemps

Le titre du film, *Une hirondelle a fait le printemps*, est basé sur un proverbe: une hirondelle ne fait pas le printemps. Comment comprenez-vous ce proverbe?

VOCABULAIRE

L'agriculteur et le travail de la terre

un(e) agriculteur (-trice): a farmer
un(e) paysan(ne): a peasant / a farmer

> **ATTENTION!**
> Le mot "paysan" a parfois une connotation péjorative.

une exploitation: a farm
un tracteur: a tractor
un champ: a field
un travail pénible: hard work
cueillir des framboises: to pick raspberries

L'éleveur et les animaux

un(e) éleveur(-euse) de moutons: a sheep farmer
un troupeau (de moutons / de chèvres): a flock
une vache: a cow
un porc: a pig
une chèvre: a goat
un mouton: a sheep

> **ATTENTION!**
> une chèvre: a goat ≠ un chèvre: a goat cheese

un pré: a meadow
une étable: a (goat) shed
le lait: milk
le fromage de chèvre / le chèvre: goat cheese
le fromage de chèvre / le chèvre: goat cheese
le fromage de chèvre / le chèvre: goat cheese
mettre bas: to give birth
saigner un cochon: to slaughter a hog
la maladie de la vache folle: mad cow disease
un abattoir: a slaughterhouse

La vache folle

La crise de la vache folle a commencé en 1986 en Grande-Bretagne et a touché toute l'Europe dans les années 90. Cette maladie vient de certaines farines d'origine animale qui faisaient partie de l'alimentation des vaches. Quelques pays, dont la France, ont réagi en procédant à l'abattage systématique des troupeaux dans lesquels une vache était malade. Le but était de limiter la propagation de l'épidémie. Cette crise a eu pour conséquence une chute de la consommation de viande bovine et une prise de conscience des risques sanitaires liés à l'alimentation.

Les lieux / L'environnement

la montagne: the mountains
un alpage: high (mountain) pasture
une ferme: a farm
une cour de ferme: a farmyard
une grange: a barn
un gîte: a vacation rental (in a rural area)
une coupure d'électricité: a power cut, a blackout

isolé(e): isolated, remote
rural(e): rural, country
bucolique: bucolic, pastoral
âpre: harsh
le temps: 1. time; 2. weather
la météo: the weather forecast / the weather
un hiver rude: a harsh winter

Les gens

un(e) propriétaire: an owner, a landlord
un(e) informaticien(ne): a computer scientist
un(e) formateur (-trice) en informatique: an IT trainer
un(e) citadin(e): a city-dweller, a person from the city
un(e) voisin(e): a neighbor
un groupe scolaire: a school group
un(e) touriste: a tourist
un(e) cavalier (-ère): a horseback rider

Leurs qualités et leurs défauts

obstiné(e): stubborn
battant(e) : pugnacious
courageux (-euse): brave
volontaire: self-willed
indépendant(e): independent
veuf (-ve): widowed
bourru(e): gruff
accueillant(e): welcoming
méfiant(e): distrustful, suspicious
bougon(ne): grumpy
renfrogné(e): sulky, dour
hostile: hostile, unfriendly
solitaire: solitary, lonely

Leurs activités

faire un stage: to do an internship
prendre des risques: to take risks
avoir des atouts: to have the right qualities (to succeed)
avoir des revenus: to have income
rembourser un emprunt: to pay back a loan
s'endurcir: to harden one's heart
l'équitation: horseback riding
monter à cheval: to ride a horse
faire du parapente: to go paragliding
tomber en panne: to break down
faire face à qqch: to face sth
être attaché(e) à qqch: to be attached to sth
se décourager: to get discouraged, to lose heart
réaliser son rêve: to fulfil a dream
prendre sa retraite: to retire

Leurs relations

se méfier de qq'un: to be suspicious of s.o.
avoir des griefs contre qq'un: to hold sth against s.o.
apprivoiser qq'un: to tame s.o.
transmettre qqch à qq'un*: to pass sth on to s.o.

Parallèles avec les Etats-Unis et d'autres pays

1. Où vit-on le mieux?

En utilisant les mêmes critères que *L'Express* (l'emploi, le logement, l'éducation, la culture, la santé, la sécurité, le dynamisme économique, l'offre Internet, la météo et le cadre de vie), pourriez-vous dessiner une carte des Etats-Unis qui montre dans quelles régions on vit le mieux à votre avis?

Trouvez une carte (sur Internet) et coloriez en bleu les états où, à votre avis, il fait très bon vivre, en rouge ceux qui vous semblent les moins attractifs et en jaune ceux qui sont entre les deux. Si vous n'avez aucune opinion sur certains états, laissez-les blancs. Pour chaque choix que vous faites, vous devez être capable d'expliquer votre point de vue et de l'expliquer à la classe, qui aura peut-être une opinion différente!

Si vous connaissez mieux un autre pays, vous pouvez étudier celui-là en expliquant vos choix à la classe.

2. Taux de migration

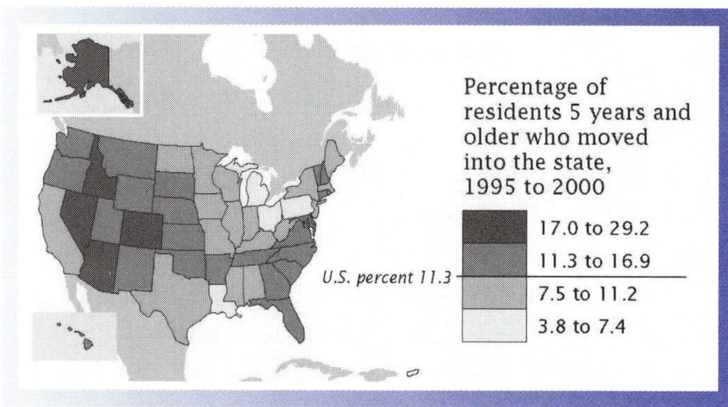

Observez la carte ci-contre. Quels états ont attiré le plus de personnes entre 1995 et 2000? A votre avis, comment peut-on expliquer ce phénomène?

3. Etat matrimonial des femmes

Vous savez maintenant qu'un tiers des femmes françaises sont célibataires et qu'elles se marient de plus en plus tard. Qu'en est-il aux Etats-Unis? Remarquez-vous le même phénomène? Comment peut-on l'expliquer?

4. Lieux de vacances aux Etats-Unis et tourisme vert

Les Français ont une passion commune: les vacances! Les salariés ont en moyenne 39 jours de congés payés par an (en incluant les RTT). C'est un record absolu et cela fait pâlir d'envie les Américains qui disposent de 12 jours en moyenne. Cela donne l'occasion de partir en vacances, parfois plusieurs fois dans l'année.

Evolution de la répartition de séjours personnels selon le type de destination (en %)

	1995	2005
Mer	25,3	33,9
Montagne	15,0	13,7
Campagne	37,4	35,4
Lac	4,1	5,0
Ville	32,1	31,5

Le total est supérieur à 100, plusieurs espaces pouvant être fréquentés au cours d'un même séjour.

Source: Direction du tourisme/Sofres

a. Quelles sont les destinations préférées des Français?

b. Quelle évolution remarquez-vous entre 1995 et 2005?

c. Quelle est la situation aux Etats-Unis? Où les Américains aiment-ils partir en vacances? Où alliez-vous avec votre famille?

d. Comment peut-on expliquer les différences de destinations entre la France et les Etats-Unis?

e. Quel type d'hébergement les Américains choisissent-ils souvent pour leurs vacances? Y a-t-il un équivalent aux gîtes ruraux?

f. Si vous venez d'un autre pays, expliquez les habitudes de vacances dans votre pays.

Le film

Sandrine

Adrien

Jean

Gérard

Questions générales sur le film

Les débuts de l'aventure

1. Qu'est-ce qui pousse Sandrine à partir et à changer de vie? Pourquoi sa mère ne comprend-elle pas?
2. Quels atouts a-t-elle?
3. A quelles difficultés Sandrine doit-elle faire face?

Adrien

4. Pourquoi Sandrine n'a-t-elle pas d'électricité? Quel est le but de cette coupure?
5. Quel impact la maladie de la vache folle a-t-il eu sur Adrien et sur sa femme?

Sandrine et Adrien

6. Sandrine et Adrien font le même métier et vivent au même endroit. Qu'est-ce qui les oppose cependant?
7. Pensez-vous que la relation entre Adrien et Sandrine est proche de celle d'un père et de sa fille?

Les autres

8. Qu'est-ce que les gens du village pensent de Sandrine? La connaissent-ils? Ont-ils plus de griefs contre elle ou contre Adrien? Est-ce que tous les paysans ont la même vision de leur travail?

9. Quel rôle Jean (l'ami d'Adrien) a-t-il dans le film?
10. Le personnage de Gérard (l'ancien ami de Sandrine) est-il important pour l'histoire?

Sandrine

11. Qu'est-ce que Sandrine a encore à apprendre?
12. Imaginez Sandrine dans un an, après un autre hiver. Voudra-t-elle rester? Gagnera-t-elle correctement sa vie? Adrien sera-t-il toujours là? Ensuite imaginez-la dans 10 ans. Elle est toujours à la ferme mais Adrien est mort. Comment vit-elle? A-t-elle diversifié ses activités? Est-elle seule?

Réalisation et direction d'acteurs

13. Il y a deux thèmes récurrents dans ce film: l'abandon et la transmission. Comment sont-ils traités? Qui abandonne ou se sent abandonné? Qui transmet quoi?
14. Trouvez-vous les acteurs, qui sont principalement citadins, crédibles dans leur rôle d'agriculteurs?

L'actrice est une vraie fermière!

Quand Mathilde Seigner aide sa chèvre à mettre bas, elle ne joue pas la comédie, elle le fait vraiment! Un vétérinaire était sur place mais c'est l'actrice qui a fait le travail. La chèvre a accouché d'un chevreau vivant qui a vite été remplacé par un chevreau mort.

15. Comment expliquez-vous le titre? Est-ce juste basé sur un proverbe ou peut-on y voir un second degré? L'hirondelle est-elle juste un oiseau?
16. Pensez-vous que ce film a des aspects documentaires?

Questions sur les thèmes du film

1. Comprenez-vous pourquoi l'Isère est un département qui attire les Français? Souvenez-vous qu'il est 4e au classement général des départements où il fait bon vivre. Cela vous surprend-il? N'oubliez pas que le département ne se limite pas au plateau du Vercors.

2. Pensez-vous que le film brosse un portrait juste de la vie en milieu rural isolé?
3. Sandrine et Adrien sont les personnages principaux. Peut-on dire que la nature et la météo forment, ensemble, un 3e personnage principal?
4. Tout le monde, à l'exception de Sandrine, semble penser qu'il est impossible pour une femme seule de s'occuper d'une ferme et d'être aussi isolée. Qu'en pensez-vous?

5. Sandrine est une néo-rurale. Relisez l'enquête de l'IPSOS (pp. 141-42) et répondez aux questions 1, 3 et 4 comme si vous étiez Sandrine.
6. Pensez-vous que le gîte de Sandrine a de l'avenir ? Qui va-t-il attirer?
7. Le film cherche-t-il à faire passer un message? Est-ce un encouragement au retour à la terre? La ville peut-elle apporter quelque chose à la campagne?

Etude complémentaire

Les limites de ce film

1. Peut-on reprocher au film d'être une publicité pour les alpages du Vercors?
2. Le film éclipse certains aspects de la vie de Sandrine:
   a. A-t-elle une voiture? Est-il possible de vivre dans cette ferme sans voiture?
   b. Quitte-t-elle parfois la ferme? Fait-elle des courses au supermarché?
   c. Que fait-elle du lait de ses chèvres? Le transporte-t-elle quelque part? Quelqu'un vient-il le chercher?
   d. Quand et comment fait-elle ses fromages?
3. L'histoire est-elle plausible? Certains aspects semblent étranges:
   a. Pourquoi sa mère ne vient-elle jamais la voir?
   b. Reçoit-elle des nouvelles de ses amis? Pourquoi est-ce que personne ne lui téléphone? Pourquoi n'a-t-elle jamais de visiteurs à part Gérard?
   c. Est-il possible pour une personne seule de s'occuper d'un troupeau, de faire du fromage, de le vendre, d'entretenir la ferme, de recevoir des groupes scolaires et de s'occuper du gîte?

4. Les éleveurs se plaignent souvent de leurs revenus, qu'ils soient dans la filière lait ou la filière viande. Sandrine semble-t-elle souffrir financièrement? Quels sont ses revenus? Comment rembourse-t-elle ses emprunts?
5. Imaginons maintenant d'autres cas de figure. En quoi l'histoire serait-elle différente si…
   a. Sandrine venait d'une famille d'éleveurs et qu'elle était de la région?
   b. Elle était agricultrice, pas éleveuse?
   c. Elle était dans une plaine au climat moins rude?
   d. La ferme était proche du village?
   e. Sandrine vivait avec un homme qui partageait sa passion?

Une situation typiquement française?

Cette histoire est-elle typiquement française? Pourrait-elle se passer dans un autre pays? Imaginez une jeune femme d'une grande ville américaine qui décide de tout quitter pour élever des chèvres dans une ferme isolée du Vermont.

1. A quelles difficultés ferait-elle face? Seraient-elles les mêmes que celle de Sandrine?
2. Comment serait-elle reçue par les gens de la région?
3. De quoi vivrait-elle? Est-ce que ce serait facile financièrement?
4. Pourrait-elle ouvrir un bed & breakfast?

A vous de jouer!

1. **Jeu de rôles :** Sandrine a besoin d'aide. Elle décide donc d'embaucher un(e) stagiaire. Cette personne est très enthousiaste mais se fatigue et se décourage après quelques semaines passées à la ferme. Un soir, le/la stagiaire annonce à Sandrine qu'il/elle a décidé d'abandonner, de quitter la ferme et le métier. Comment Sandrine va-t-elle réagir ? Imaginez le dialogue entre les deux.
2. **Débat :** La vie à la campagne est plus agréable que la vie en ville. Etes-vous d'accord ? Réfléchissez aux avantages et aux inconvénients et expliquez votre point de vue.

La parole à...

Nicolas Peccoz, éleveur de moutons dans le Vercors

Depuis combien de temps êtes-vous installé?

Je suis installé depuis le 1er janvier 2005.

Vos parents étaient-ils éleveurs ou agriculteurs?

Ma mère est bibliothécaire municipale et mon père est éleveur ovin transhumant en Savoie et hivernant dans le Gard.

Etes-vous de la région? Sinon, comment avez-vous été accueilli par les gens du village? Et pourquoi avez-vous choisi cette région?

Je ne suis pas de la région, je suis originaire du Gard.

Accueil par les gens du village : plutôt méfiant vis-à-vis de moi peut-être en raison de mon jeune âge, ma coupe de cheveux ou le passif relationnel° qu'ils avaient avec mon prédécesseur. Je me suis aussi installé hors cadre familial. Avec le temps, les relations ont petit à petit évolué positivement. Quelques soucis de voisinage (avec un autre agriculteur) subsistent.

difficult relationship

J'ai choisi cette région parce que j'avais fait mon stage de BTS° ACSE dans Les Baronnies et le système m'avait convenu (zone de demie-montagne avec transhumance°, système extensif). Ensuite, une opportunité d'installation en GAEC s'est présentée à moi. Suite au stage de préinstallation, ce projet n'a pas abouti, mais il m'a mis en contact avec un agriculteur qui partait en retraite et cherchait un successeur.

Brevet de Technicien Supérieur

seasonal migration

Pourquoi avez-vous choisi ce métier? Avez-vous suivi une formation spécifique?

Je fais ce métier par passion. Formation : Bac S et BTS ACSE + Certificat de Spécialisation Production Ovine.

Quelles difficultés rencontrez-vous? Qu'est-ce qui est difficile dans votre travail?

Je travaille seul donc certaines tâches sont plus difficiles à réaliser et je ne peux compter que sur moi. Je n'ai ni vacances ni week-end. Les 4 mois d'alpage sont difficiles à gérer sur le plan familial.

Quels sont les meilleurs moments?

Tous les aspects du métier me passionnent: la transhumance, l'agnelage°, la vente des agneaux et les retours positifs du consommateur.

lambing

Envisagez-vous de faire ce métier toute votre vie?

OUI, absolument!

Pouvez-vous décrire votre travail à chaque saison?

Automne (15/10-15/12):

- Pour l'élevage : mise à la reproduction des brebis sur les prés de l'exploitation
- Pour les terres : labours° et semis° des céréales

ploughing / sowing

Hiver (15/12-15/03):

- Gardiennage des brebis dans les collines puis entrée en bergerie fin janvier pour préparer l'agnelage.
- Pour les terres : simple entretien

Printemps (16/03-15/06):

- Agnelage des brebis, grosse pointe de travail puis mise à l'herbe des troupeaux (brebis + agneaux).
- Pour les terres, à partir du 01/05 : fauche du foin° destiné aux brebis.

hay

Eté (15/06-14/10):

- Alpage : montée du berger (moi) et des brebis et agneaux en Savoie.

Que pensez-vous de l'attitude de l'Etat envers les éleveurs et les agriculteurs? Etes-vous satisfait ou non? Pourquoi?

Je suis ambivalent. L'Etat se focalise sur les politiques de soutien aux agriculteurs. Travailler autrement et s'orienter vers d'autres systèmes, d'autres filières serait peut-être plus judicieux. Notre système de production (de manière globale) est peut-être révolu ou obsolète.

Vivez-vous seulement de l'élevage ou avez-vous une autre activité à côté?

fodder / wife, partner

Je vis uniquement de l'élevage (+ production de céréales et fourrages° pour le troupeau). Ma conjointe° travaille à l'extérieur à plein temps (elle est fonctionnaire, comme moi!).

Avez-vous vu le film "Une hirondelle a fait le printemps"? Si oui, qu'en pensez-vous? Est-ce une bonne description du travail des éleveurs?

average

J'ai vu ce film mais il ne m'a pas spécialement marqué. C'est peut être une version idyllique du retour à la terre que le Français lambda° veut voir. La réalité du métier est tout autre.

Comment voyez-vous l'avenir de la profession? Etes-vous optimiste?

Je suis plutôt d'une nature optimiste. Je reste persuadé qu'en travaillant bien on peut y arriver et vivre de son métier. Néanmoins les contraintes administratives sont de plus en plus lourdes et on joue sur des marges de plus en plus serrées. Il faut changer de mode de production et trouver des filières pour créer de la valeur ajoutée tout en contrôlant au mieux ses charges. En conclusion : Mangeons du mouton !

L'avis de la presse

Article du *Monde* paru dans l'édition du 3 septembre 2008

Au printemps, ses chèvres étaient tuées. Désormais, il reçoit des menaces de mort. Les difficultés de Jean-Hugues Bourgeois à s'installer en Auvergne illustrent l'âpreté de la bataille pour la terre

"La Boge aux paysans. Va-t'en!"

coffin / feels sick / die / ditch / cops / takes it badly

La missive en forme de cercueil° avait été déposée sur le siège du tracteur garé dans la cour. En découvrant le pli anonyme au petit matin du 22 août, Jean-Hugues Bourgeois a un haut-le-coeur°. "Tu pars ou ils crèvent°", le menace-t-on d'une écriture tremblée. "On jettera ta fille dans un fossé° après avoir fait d'elle une femme (...). Pas un mot aux flics° ou ta mère y passe." Une fois encore, il accuse le coup°. "Six mois que cela dure! Je commence à être usé."

Pourtant, Jean-Hugues Bourgeois affirme qu'il ne partira pas. Il n'abandonnera pas sa ferme, il ne vendra ni ses chèvres ni ses brebis, il ne renoncera pas à son rêve d'une agriculture "écologique et socialement responsable". Pour conjurer le cauchemar° qui hante ses nuits, celui d'une petite fille que des inconnus retirent d'un coffre de voiture, il a décidé de briser le silence du monde paysan. De tout dire du harcèlement° dont il est victime, de ne rien cacher de cette âpre lutte pour la terre qui tient en haleine° le petit village de Teilhet, tout juste 300 habitants, au coeur des Combrailles, un territoire à cheval sur le Puy-de-Dôme, l'Allier et la Creuse.

nightmare

harassing

keeps in suspense

Région Auvergne. Les Combrailles se trouvent au nord de l'Auvergne.

Avril 2008 s'annonce comme le plus beau des printemps. Les chevrettes achetées deux ans auparavant sont "en lait" et le début de la production de fromages est programmé pour le mois de mai. Mais, dans la nuit du 31 mars au 1er avril, tous les espoirs de Jean-Hugues Bourgeois s'effondrent. En rentrant d'un dîner, il découvre dix de ses quinze chèvres tuées. "Massacrées", dit-il. Un travail de professionnel, selon le vétérinaire: un coup de pistolet d'abattage placé au millimètre près. Sur un mur de la chèvrerie, on a écrit "La Boge aux paysans. Va-t'en." Tout est dit.

La Boge est ce lieu-dit° où Jean-Hugues Bourgeois doit acquérir des parcelles°. Une quarantaine d'hectares au total que Michel Message, l'agriculteur qui doit partir à la retraite à la fin de l'année, lui a promis. Une promesse de paysan, solide comme le roc. A première vue, tout oppose les deux hommes.

hamlet

plots (of land)

A 29 ans, Jean-Hugues Bourgeois est une pièce rapportée°. Boucles d'oreilles et tatouages: son look de gosse de "la pire des cités° de Gap", là où il est né, dans les Hautes-Alpes, détonne dans le paysage si sage des Combrailles. Mais pas question pour lui de se laisser ranger dans la catégorie des néoruraux. "Je n'ai pas les cheveux longs et je ne joue pas de la guitare", plaisante-t-il en esquissant un sourire amer.

a square peg

project

A 60 ans, Michel Message est, lui, un Auvergnat pur jus, enraciné dans cette moyenne montagne des Combrailles où la vie reste rude. Il cultive pourtant un jardin secret. L'attention à la souffrance des autres. Il y a deux ans, il avait entrepris de régler° les problèmes de réfugiés kosovars°, ce qui l'avait conduit à prendre langue° avec un juriste° de la Cimade°. Qui n'était autre que Jean-Hugues Bourgeois. C'est qu'en dehors de l'élevage, ce dernier a des convictions bien trempées. Militant de l'association d'aide aux

to solve

from Kosovo

get in touch with / legal expert / organization that helps illegal immigrant workers étrangers, il en est devenu un conseiller juridique reconnu. Entre ces deux-là, il y a bien autre chose que de simples histoires agricoles. "D'autres agriculteurs m'ont demandé mes terres, explique Michel Message, mais ils n'en ont pas besoin. C'est juste pour empêcher un autre de les avoir."

Pour Jean-Hugues Bourgeois, le mobile° de ses ennuis serait parfaitement clair. Un atavisme paysan incontrôlé pour la propriété terrienne. "Plus que ma personne, c'est la convoitise° pour des terrains qui est la cause de tout cela." C'est ce que semble avouer l'inscription sur la chèvrerie. C'est ce que chuchote la rumeur locale en susurrant des noms. C'est aussi l'hypothèse qui est faite à haute voix. "Certains ne comprennent pas que quelqu'un d'extérieur puisse disposer d'une terre qu'ils estiment leur revenir° de droit", analyse Dominique Souilhat, le président de la communauté de communes de Menat, dont fait partie Teilhet.

motive / greed / theirs by right

Avec la disparition des chèvres, c'est tout un projet qui s'écroule°. "J'étais ruiné, explique Jean-Hugues Bourgeois. J'ai eu l'impression qu'on ne me laissait pas d'autre choix que d'aller me pendre° dans ma grange." Pour acheter son troupeau, construire sa chèvrerie et aménager sa fromagerie, il avait investi tout son héritage: 75000 euros. Trop peu pour financer la reprise de l'exploitation de Michel Message et constituer un troupeau de brebis. Le salut° doit venir de la "dotation jeune agriculteur", la DJA, une subvention° versée par l'Etat pour accompagner l'installation. Monter le dossier° à rebours° du modèle économique dominant a été dur. "Comme je m'installe en dehors d'un cadre familial, il a fallu que je me justifie dix fois plus que les autres. Il a aussi fallu que je me batte pied à pied pour faire accepter mon choix de pratiquer l'élevage de chèvres et de brebis en bio°, avec un système de vente directe de ma production."

falls apart / to hang myself / *here*: help / subsidy / application / counter to the general trend / organic

Mais, sans chèvres, plus de production fromagère et plus de revenus. Et faute de viabilité économique, le dossier DJA s'effondre° et avec lui, la possibilité de reprendre l'exploitation de Michel Message. Il ne reste plus à Jean-Hugues Bourgeois qu'à s'en aller. A laisser la Boge aux paysans. La tuerie des chèvres a atteint son but.

collapses

La chambre d'agriculture lui propose quand même une porte de sortie°: le dossier DJA tient, à condition de réunir 15000 euros sous trois semaines, l'équivalent d'une année de revenu. "Il croyait que ce n'était pas possible", raconte son ami Roland Goigoux, un universitaire clermontois°. Entre ces deux-là aussi, la rencontre était improbable. C'est encore la Cimade qui les a rapprochés.

one last chance / from the city of Clermont-Ferrand

Jean-Hugues Bourgeois a permis à Roland Goigoux de régulariser la situation de son "filleul" congolais sans papiers. "Il était normal de faire jouer la solidarité en sens inverse. Les réseaux°

networks

de la Cimade, de la Ligue des droits de l'homme et de RESF° ont été mobilisés", explique Roland Goigoux. Ce qui a permis de réunir les 15000 euros en un rien de temps. "Beaucoup de personnes qui ont des racines paysannes ont été indignées°. Elles envoyaient des chèques et lui, en remerciement, envoyait des photos de ses chèvres."

Réseau Education Sans Frontières

outraged

Le dossier DJA a abouti en juin: 31050 euros de dotation et la possibilité d'emprunter 120000 euros à un taux bonifié de 1 %.

Ce pied de nez° a sans doute paru insupportable° à certains. Pendant l'été, les actes de malveillance° se sont multipliés. Fer à béton dans les pâturages, brebis envoyées sur les routes, rat crevé dans la boîte à gants de la voiture, incendie d'un petit bâtiment agricole. Jusqu'à cette lettre du 22 août. Elle vise aussi le "traître Message" qui "sera exécuté" s'il persiste à vouloir vendre à Bourgeois.

slap in the face / intolerable

malevolence

"Les gens d'ici ne peuvent plus se contenter de dire qu'ils veulent que des jeunes s'installent", s'insurge Jean-Hugues Bourgeois. "Il faut qu'ils prennent parti°", ajoute-t-il dans une forme d'appel à l'aide. Après des semaines de silence, le maire de Teilhet a fini par sortir de sa réserve. "Ce qui arrive est inacceptable", condamne Bernard Duverger. Mais tout aussi inacceptable à ses yeux est la rumeur qui désigne les familles que la convoitise pour les terres de la Boge aurait fait déraper°. Dans la chaleur de cette fin d'été, certains pressentent que l'orage va éclater. Et qu'il sera violent. D'autant°, comme le disent les gendarmes°, que "l'étau se resserre°".

takes sides

go wrong

so much so

policemen / the noose is tightening

1. Qu'est-ce que Jean-Hugues Bourgeois cherche à faire?
2. A-t-il été élevé dans une ferme ou en milieu rural?
3. Quelles menaces a-t-il reçues? De quelles destructions a-t-il été victime?
4. Comment M. Bourgeois et M. Message se sont-ils rencontrés?
5. Pourquoi M. Bourgeois pense-t-il que les responsables de ces exactions sont des paysans de la région?
6. Pourquoi a-t-il été difficile pour M. Bourgeois d'obtenir la subvention de l'état?
7. Quelle est l'attitude du maire?

Lien avec le film:

8. Après avoir lu cet article, que pensez-vous de l'accueil réservé à Sandrine?
9. Quelle est la plus grosse difficulté à laquelle M. Bourgeois et Sandrine doivent faire face? Est-ce la même?
10. A votre avis, quelles sont les chances de succès de chacun?

Suite de l'histoire

Le 2 décembre 2008 Jean-Hugues Bourgeois a annoncé qu'il avait pris la décision de quitter la région. Il a déclaré qu'il était "fatigué, écoeuré", et qu'il allait tenter de repartir à zéro dans "une ferme ailleurs". Son départ n'interrompra pas l'enquête menée par le procureur de la République de Riom.

Articles de *Village Magazine*

Village Magazine est publié tous les deux mois. Il s'adresse à ceux qui vivent à la campagne ou qui ont le projet de s'y installer.

A. "Du maquillage au maraîchage bio", article de Stéphane Perraud du 1er mars 2008

Après avoir débuté une carrière de maquilleuse° de théâtre, Chrystèle est revenue à ses amours d'enfance: l'agriculture. À 30 ans, elle s'est lancée en bio° dans le Val de Saône.

Chrystèle Margon n'est pas une agricultrice comme les autres. Elle accueille le visiteur avec des bottes en caoutchouc°, mais des yeux clairs maquillés. Elle hésite un peu avant d'accorder cet entretien. Pas de temps à perdre. Il y a les poireaux° à trier, les fenouils° à cueillir et les betteraves° à cuire pour le marché du lendemain. Elle travaille dix heures par jour en hiver et quinze en été. Mais elle aime ça. Elle a toujours aimé ça. Sa grand-mère, qui possédait une ferme dans le Val de Saône, a essayé de la dissuader° de faire ce métier - trop dur, trop ingrat – en l'envoyant très jeune travailler chez des paysans. Et ça a marché, du moins au début.

Après son bac, Chrystèle suit une formation pour devenir maquilleuse de théâtre. Pendant quatre ans, elle sillonne° le sud de la France derrière les comédiens. De belles années, de belles rencontres, un bon revenu. Mais à 26 ans, après la naissance de son fils, elle arrête cette vie de bohème et se retrouve au chômage. Quelques années passent et après lecture d'un ouvrage° sur l'agriculture biologique, elle décide de franchir le pas°.

Se former, étape indispensable

Novice, elle trouve une formation° dans un CFPPA près de Lyon, financée par le Cnasea. "Au début, on ne voulait pas me prendre, se souvient-elle. Physiquement, je n'avais pas le profil! Mais j'ai défendu mon dossier. J'ai suivi huit mois de cours et décroché° des stages chez des producteurs bio. Ensuite, quand j'ai voulu me lancer à mon compte°, j'ai eu du mal à trouver une

make-up artist
organic
rubber boots
leeks
fennel / beets
discourage her
travels the length and breadth
a book
to dive in
a training course
found
to set up my business

exploitation avec des terres saines°. Le foncier° est rare et cher dans la région." En 2001, elle croise finalement un agriculteur installé à Jassans Riottier dans l'Ain qui veut partager son exploitation en Groupement agricole d'exploitation en commun (Gaec). Elle s'endette sur 12 ans et rachète la moitié des parts de la ferme pour 42 000 €. Cette association lui permet d'acquérir rapidement de l'expérience. Comme elle ne lésine° pas sur les heures, elle se dégage assez vite un salaire décent, qui reste évidemment inférieur à celui de maquilleuse. Indépendante dans l'âme, elle casse le Gaec en 2006 et réinvestit 16 000 € en reprise de matériel et rachat° de passif° du compte. "J'ai un prêt à rembourser, mais j'ai confiance, la demande de produits bio est importante. J'écoule ma production sur les marchés en vente directe trois fois par semaine. Pour ne pas perdre de temps, je ne livre° pas les magasins et les restaurants. Ceux qui sont intéressés viennent acheter sur mon étal°. Je pratique des tarifs plutôt élevés, quitte parfois à faire des cadeaux à des clients en difficulté." Aujourd'hui, Chrystèle règne sur deux hectares de légumes variés et a embauché° un salarié.

clean (as in: unharmed by pesticides) / land

she's not afraid of work

buying out / liabilities

deliver

market stall

hired

1. Pourquoi Chrystèle a-t-elle changé de vie?
2. Qu'est-ce qu'elle a trouvé difficile au début?
3. Pourquoi était-il intéressant pour elle de rejoindre un GAEC?
4. Quelle est sa situation actuelle? A-t-elle réussi?
5. Comparez l'expérience de Chrystèle à celle de Sandrine dans le film. Qu'ont-elles en commun? Qu'est-ce qui est différent?

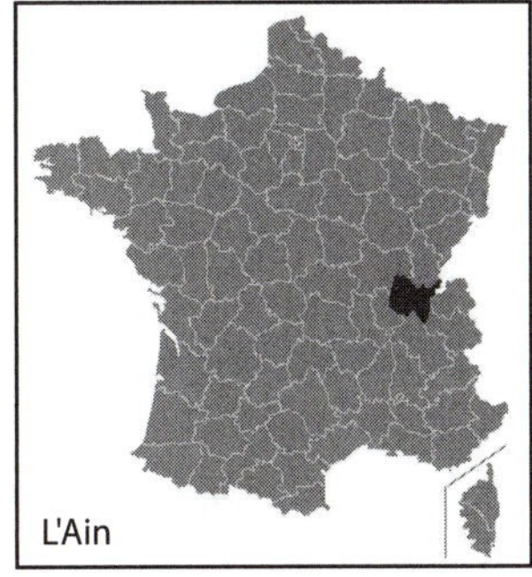

B. "Une librairie avec supplément d'âme!", article d'Emmanuelle Mayer du 1er janvier 2008

Ancien chargé de mission° au ministère de l'Environnement puis dans le secteur associatif, Lionel Rousset, 42 ans, a ouvert une librairie salon de thé en 2003 à Meymac (Corrèze). Aujourd'hui, Vivre d'art comble° aussi bien les amateurs de jus bio que les assoiffés de culture ou les lecteurs du dimanche.

representative
satisfies

C'est jour de marché à Meymac (3 000 hab.). La librairie est située en contrebas, sur la place de l'abbatiale°. À l'intérieur, entre musique classique et vieilles pierres, l'atmosphère feutrée° cède° au brouhaha° du marché. Des dames se sont retrouvées pour boire le thé. Un client farfouille° dans les rayons. Le choix est vaste: littérature française, littérature étrangère, tant chinoise qu'américaine, polar°, littérature jeunesse, beaux livres d'art et de poésie. "Je ne suis pas aux offices, donc je choisis ce que je veux. J'ai fait quelques compromis, mais globalement je propose des livres que je trouve intéressants. Et la qualité est payante", constate Lionel Rousset. Il a récemment accueilli un poète dont il avait dévoré l'œuvre. "En général, la poésie ne fait pas déplacer les foules. Et bien 35 personnes sont venues et j'ai été en rupture de stock!" Qu'il neige ou qu'il vente, les clients sont au rendez-vous: en cinq ans d'existence, Lionel n'a pas fait une seule journée blanche! L'hiver, une vingtaine d'ouvrages sont vendus chaque jour, mais l'été, grâce aux touristes, le libraire vend entre 100 et 200 bouquins° à la journée. "Les vacanciers aiment ce lieu, un peu urbain tout en étant rural", estime cet ancien parisien. Certains, de Lyon ou de Bordeaux, font une commande par courriel° avant leur séjour et viennent récupérer 20 livres d'un coup. D'autres font un crochet° depuis l'autoroute exprès° pour venir. Parmi les clients citadins, certains rêvent de faire la même chose que lui. "Mais on ne peut pas copier-coller un lieu comme ça ailleurs. Il faut faire attention aux idées trop précises. Mieux vaut d'abord trouver un bâtiment et un territoire", conseille ce créateur aux porteurs de projets.

abbey
quiet
gives in to / hubbub
rummages about
thriller

La Corrèze

books
by email
go out of their way / specially

Rencontres tous azimuts

La Haute-Corrèze, Lionel l'a d'abord choisie à cause de ses souvenirs de vacances dans une maison de famille des Monédières. Avec Claire-Aline, sa compagne°, ils avaient déjà quitté Paris pour Avignon puis les Alpes-de-Haute-Provence. Mais pas question pour lui de créer son commerce là-bas. "J'ai une image assez négative du Sud. En 2000 ici, le parc naturel régional Millevaches en Limousin

life partner

était en train d'être créé. J'avais le sentiment que la région était en devenir, que c'était le moment d'y monter quelque chose." Au début, par crainte de ne pas être capable de s'improviser libraire généraliste, Lionel visait les livres d'art, couplés à des expositions. Sur les conseils de Claire-Aline, institutrice°, il a ouvert son projet à la littérature jeunesse et aux polars. Et pendant un an et demi, il a passé son temps à présenter son idée aux acteurs° du territoire: "Je suis allé rencontrer la boutique de gestion°, le syndicat° mixte, la chambre de Commerce, la Région, les élus locaux... Certains étaient dubitatifs, me disant "ici, on ne lit pas" mais la plupart étaient contents. Ces rencontres m'ont permis d'évaluer mon projet." Et quand Vivre d'Art ouvre enfin, trois ans après l'arrivée de la famille — ils ont trois petits garçons —, tout le monde les connaît déjà!

primary school teacher

people in charge

management / association

Librairie avec terrasse

"Très vite, j'ai compris que les livres d'art, ça coûte cher et ça ne remplit pas les étagères. Quand on s'installe à la campagne, dans une région peu peuplée, il faut au contraire être généraliste!" Les 70 m2, assez vides au début, sont maintenant largement remplis avec environ 5 000 volumes. Mais point de piles entassées, "le lieu doit être beau! D'ailleurs, j'étais très exigeant° sur les travaux." Quand ils ont acheté l'ensemble en 2000 (appartement + commerce, environ 65 000 euros pour 300 m2), les pierres, le parquet et l'imposante cheminée étaient recouverts! Les travaux ont duré deux ans et demi, mais le résultat est là. Autre atout découvert a posteriori: la possibilité de faire une terrasse sur la rue mitoyenne°, très peu passante. De quoi siroter son thé au soleil! Lionel propose aussi des gâteaux faits maison. "L'été, ce n'est pas toujours facile. Parfois au même moment, je dois préparer trois thés différents, un chocolat, répondre à un client sur un livre et faire un paquet cadeau!", raconte-t-il.

demanding

common, shared

Un lieu vivant

Le salon de thé rapporte° peu, mais aux yeux de Lionel, cette touche de convivialité est essentielle. En outre, les commerces de proximité°, s'ils veulent survivre face aux grandes surfaces, doivent proposer ce supplément d'âme. Rendre cette librairie vivante est aussi la vocation de l'association Les Mill'vents qui organise tout au long de l'année lectures, conférences, rencontres, apéro-contes° et spectacles° pour enfants. "J'accueille aussi les écoles et collèges, pour essayer de leur donner le goût de lire." Bref, loin d'être un lieu élitiste, Vivre d'Art est un espace qui favorise le lien social. Lionel travaille ainsi activement avec des partenaires locaux:

pays

local

cocktail/storytime (An odd notion for an American audience! Probably a moment when parents have a drink while their children listen to stories) / shows

La Chélidoine, petit théâtre installé à la campagne, Pays'age, association culturelle locale et surtout le Centre d'art contemporain de Meymac. "Curieusement, je n'avais pas mesuré l'impact positif de la présence de ce Centre pour la librairie. J'ai réalisé après-coup que c'était un atout, car il attire beaucoup de monde de l'extérieur. Nous travaillons énormément ensemble. Si le centre devait fermer, je crois que je partirais." Mais ce serait avec difficulté car la petite famille apprécie chaque jour sa qualité de vie. Certes, ce n'est pas facile tout le temps d'exister face au fatalisme et à l'incompréhension des natifs qui ne mesurent pas l'intérêt de s'installer ici alors qu'ils ont vu leurs enfants partir en ville. Mais les avantages sont à leurs yeux plus importants: élever leurs enfants "à l'écart des violences", vivre et travailler au village et, surtout, se sentir entouré. "Ici, on connaît tout le monde. On s'entraide, par exemple pour garder les enfants. Il y a une solidarité que l'on n'a pas quand on est anonyme, c'est une vraie richesse", s'enthousiasme Claire-Aline.

Pourquoi ça a marché?

a package

- Lionel avait des indemnités° de chômage grâce auxquelles il a pu prendre le temps de rencontrer les acteurs locaux
- La vente de leur ancienne maison a permis d'acheter et de financer les travaux du bâtiment
- Claire-Aline avait un salaire régulier d'institutrice, ce qui était rassurant en cas d'échec du projet de Lionel
- Meymac, ville patrimoniale avec son Centre d'art contemporain, attire des amateurs d'art
- Lionel a su tisser des partenariats avec les autres structures culturelles du territoire
- Le salon de thé ouvre le lieu a des personnes qui ne seraient peut-être pas venues dans une librairie.

1. D'où venaient Lionel et Claire-Aline et quelles activités professionnelles avaient-ils avant de s'installer à Meymac?
2. Pourquoi Lionel a-t-il choisi Meymac?
3. Que fait-il pour que sa librairie soit vivante?
4. Expliquez ce que veut dire la journaliste quand elle écrit que la librairie "favorise le lien social".

5. Pourquoi Lionel et Claire-Aline se plaisent-ils à Meymac? Est-ce que tout le monde les comprend?

AUTRES FILMS À VOIR

Profil paysans (documentaire en 2 parties de Raymond Depardon – 1. L'approche, 2001; 2. Le quotidien, 2005) **et *La vie moderne*** (documentaire de Raymond Depardon, 2008)

Quelles difficultés les paysans des films rencontrent-ils? Quels sont leurs revenus? Vivent-ils confortablement? Ont-ils une vie de famille épanouie? Pourquoi est-ce difficile de trouver des jeunes pour reprendre les exploitations? Quelles sont leurs joies? De quoi sont-ils fiers?

Quels parallèles pouvez-vous faire avec la vie de Sandrine? Pensez aux difficultés rencontrées mais aussi aux réussites, aux moments heureux. Comparez les régions présentées: le Vercors pour Sandrine, et plusieurs départements (Lozère, Ardèche et Haute-Loire) dans les documentaires de Depardon. Qu'est-ce qui vous frappe? Comparez aussi les deux jeunes couples du film (Amandine et Michel, et Claudia et Nicolas) à Sandrine. Quels points communs voyez-vous?

Farrebique* et *Biquefarre (documentaires de Georges Rouquier, 1946 et 1984)

Qu'est-ce que ces deux documentaires nous apprennent sur l'évolution de la condition paysanne? Qu'est-ce que les agriculteurs de ces deux films ont en commun avec Sandrine? Pensez à la personnalité de Sandrine, à ses idées et à son attitude. Comment peut-on expliquer qu'elle soit si différente des agriculteurs de *Farrebique* et *Biquefarre*?

Jean de Florette (drame de Claude Berri, 1986)

A quelle époque et dans quelle région les films se passent-ils? Qu'est-ce que Jean et Sandrine ont en commun? Comment sont-ils accueillis? Peut-on dire que les mentalités ont beaucoup évolué entre 1920 et 2000? Qu'est-ce qui a changé? Qui, ou qu'est-ce qui aurait pu aider Jean et Sandrine à réussir?

C'est quoi la vie? (de François Dupeyron, 1999)

Qu'est-ce qui pousse le père de Nicolas au désespoir? Pourquoi Nicolas décide-t-il de rester travailler la terre? Pourquoi déménage-t-il? Qu'est-ce que son grand-père sait apprécier? Comment le savoir est-il transmis? Comparez Maria (l'amie de Nicolas) et Sandrine. Viennent-elles de la campagne? Quelles idées ont-elles?

Et pour vous amuser:

Le bonheur est dans le pré (comédie d'Etienne Chatiliez, 1995)
Je vous trouve très beau (comédie d'Isabelle Mergault, 2006)

Le police, la criminalité et le monde de la rue

Le petit lieutenant

Fourgon de police près de la cathédrale Notre-Dame à Paris

Les policiers du *Petit lieutenant*

Le film

A sa sortie de l'Ecole de Police Antoine est affecté dans une division de la Police Judiciaire d'un commissariat parisien. Il est choisi par le Commandant Caroline Vaudieu, qui reprend le travail après un congé accordé pour des problèmes personnels. Une relation affective va se nouer entre les deux policiers qui enquêtent ensemble sur le meurtre de plusieurs SDF.

Le réalisateur

Xavier Beauvois

Xavier Beauvois, né en 1967, quitte le Nord de la France pour entrer dans le monde du cinéma à 17 ans, grâce au critique et cinéaste Jean Douchet. Il travaille d'abord comme assistant réalisateur puis tourne son premier long-métrage en 1992, *Nord*, sur la désintégration d'une famille. Il signe ensuite un drame dans l'air du temps, *N'oublie pas que tu vas mourir* (sur un étudiant qui apprend qu'il est séropositif), pour lequel il reçoit le prix du Jury au festival de Cannes. Beauvois poursuit dans le drame social avec *Selon Matthieu* (l'entreprise) en 2001, puis *Le petit lieutenant* (la police) en 2005, et enfin *Des hommes et des dieux* (un monastère en Algérie) en 2010. Il mène une carrière d'acteur en parallèle mais il est plus connu pour ses films fouillés, précis, presque documentaires.

Les acteurs

Nathalie Baye, née en 1948, a vite arrêté l'école pour suivre des cours de danse puis de théâtre. En 1972 elle a la chance de rencontrer Truffaut qui lance sa carrière. Elle travaille ensuite avec de grands réalisateurs (Pialat, Godard, Tavernier), est magistrale dans *Le retour de Martin Guerre* et obtient le César de la meilleure actrice en 1982 pour son rôle dans *La balance*. Son succès s'émousse ensuite (malgré une belle performance dans *Un week-end sur deux* en 1990) jusqu'en 1999 où elle revient en très grande forme dans *Vénus beauté institut*. En 2002 elle joue la mère de Di Caprio dans *Arrête-moi si tu peux*, puis une femme politique pour Chabrol (*La fleur du mal*). A l'approche de la soixantaine elle accepte des rôles forts pour se diversifier: Jeanne dans *Une vie à t'attendre* (2004), le Commandant Vaudieu dans *Le petit lieutenant* (2005), et enfin Judith dans *Cliente* (2008). Nathalie Baye, appréciée du public, sollicitée par les réalisateurs, est revenue au devant de la scène en prenant des risques qui lui ont donné l'occasion de démontrer l'étendue de son talent.

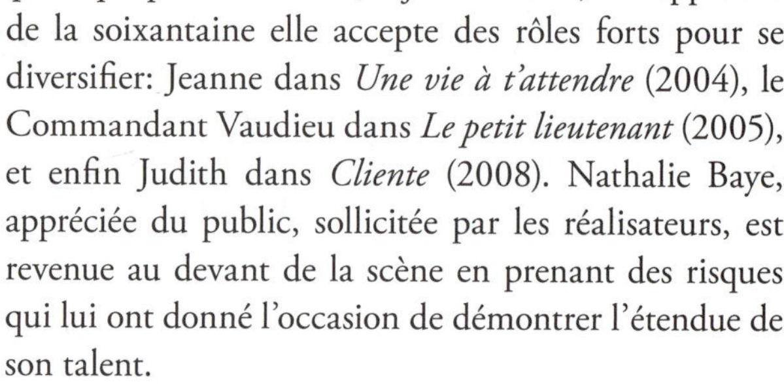

Roschdy Zem, Jalil Lespert et Nathalie Baye.

Jalil Lespert (né en 1976) a abandonné ses études de droit quand il a obtenu son premier rôle dans un long-métrage (*Nos vies heureuses*) en 1999. Il a ensuite retrouvé Laurent Cantet, avec qui il avait tourné un court-métrage en 1995, pour *Ressources humaines*, qui a lancé sa carrière et l'a fait connaître du public. Depuis, on a pu admirer son jeu subtil et nuancé dans *Sade* (2000), *Pas sur la bouche* (2003), *Le promeneur du Champ-de-Mars* (2005), *Le petit lieutenant* (2005) et *Le voyage en Arménie* (2006). En privilégiant les rôles de composition Jalil Lespert est devenu l'un des acteurs les plus en vue de sa génération avant de passer derrière la caméra en 2007 pour tourner *24 mesures*, son premier long métrage en tant que réalisateur.

On peut établir un parallèle étonnant entre les rôles tenus par Lespert dans *Ressources humaines* et dans *Le petit lieutenant*. En effet dans les deux cas il joue un novice qui démarre juste sa vie professionnelle. Il découvre son nouveau milieu avec enthousiasme et naïveté et le spectateur le suit dans ses premiers pas.

Roschdy Zem est né en France en 1965 de parents marocains. Il a plusieurs expériences professionnelles (dont des petits rôles) avant que sa carrière au cinéma ne démarre réellement en 1995 avec *N'oublie pas que tu vas mourir* (première rencontre avec Xavier Beauvois) et *En avoir* *ou pas*. Il joue alors dans des films très variés: des films d'auteur (*Ceux qui m'aiment prendront le train* en 1998), des films psychologiques (*Betty Fisher et autres histoires*, 2001), des drames (*Le petit lieutenant*, 1995) et des comédies grand public (*Ma petite entreprise*, 1999, *Chouchou*, 2003). 2006 est l'année de la consécration: il obtient le Prix (collectif) d'interprétation masculine à Cannes pour *Indigènes* et il tourne *Mauvaise foi*, son premier film en tant que réalisateur. Depuis, il enchaîne les tournages, notamment *La fille de Monaco* en 2008 et *Commis d'office* en 2009.

Des amateurs

Xavier Beauvois a aussi eu recours à des acteurs non-professionnels qu'il a trouvés dans des commissariats et dans des centres d'alcooliques anonymes. Ainsi les policiers de la brigade des stupéfiants, le traducteur, les SDF et la famille qui assiste au baptême orthodoxe jouent leur propre rôle.

Buzz

- Sortie: 2005
- Durée: 1h50
- Genre: Policier, drame
- Public: PG-13

Scénario

Xavier Beauvois ne connaissait absolument rien au monde de la police. Il a donc passé de nombreuses heures à observer la vie d'un commissariat et à suivre des policiers dans leur travail. Il a d'ailleurs écrit le scénario avec l'aide d'un policier.

Rôles

Au départ, le Commandant Vaudieu était un homme et Nathalie Baye devait jouer le rôle du procureur. Comme l'acteur pressenti pour le rôle de Vaudieu (Jacques Dutronc) tardait à donner sa réponse, Xavier Beauvois a décidé d'engager Nathalie Baye à sa place. Il n'a rien changé au personnage, sauf la toute dernière scène.

Tournage

Les bureaux que l'on voit dans le film sont une reconstitution exacte de ceux utilisés par la 2e division de police judiciaire.

Culture et vocabulaire

Aspects culturels

1. Police nationale et gendarmerie

a. Quelle est la différence entre la police et la gendarmerie?

b. A quoi sert la police judiciaire (la PJ)? Quel est son rôle?

Note historique

La création de la police date de la Déclaration des droits de l'homme et du citoyen de 1789: Art. 12: " La garantie des droits de l'homme et du citoyen nécessite une force publique: cette force est donc instituée pour l'avantage de tous, et non pour l'utilité particulière de ceux auxquels elle est confiée."

Un site pour vos recherches

www.interieur.gov.fr

36, quai des Orfèvres.
Police judiciaire de la préfecture de police de Paris

c. De quoi s'occupe particulièrement la brigade criminelle ("la Crim'")? Quelle différence y a-t-il entre la Crim' et le group crim' de la PJ?

2. Mafia russe

La mafia russe opère dans de nombreux pays depuis les années 90. Elle présente des points communs avec d'autres mafias mais elle a aussi des caractéristiques qui lui sont propres. Lisez l'article suivant, tiré de *Magazine Marianne* (17 juin 2002).

La stratégie de l'araignée contre la mafia russe

Depuis une décennie, on avait beaucoup entendu parler de la mafia russe, tentaculaire, sanguinaire et implacable, mais on n'en voyait, en Europe, que la partie immergée: des Russes, certes trop riches pour être honnêtes, mais apparemment trop habiles pour être arrêtés. Un vaste coup de filet policier international, baptisé opération "Toile d'araignée", montre que les choses commencent à changer. Un réseau de blanchiment, constitué de sociétés écrans et de comptes bancaires dans le monde entier, a été démantelé. Au total, selon la police, plus de 150 personnes ont été interpellées, dont 50 en Italie et 14 en France. Le noyau du groupe serait formé d'ingénieurs quadragénaires moscovites, amis d'enfance et amateurs de luxe. Des perquisitions en Italie, en France, en Allemagne, en Suisse, aux Etats-Unis, au Canada et à Monaco ont permis de saisir des biens d'une valeur de 3 millions d'euros, nombre de documents prometteurs et de l'argent -plusieurs millions d'euros-provenant du trafic de drogue, d'armes et d'êtres humains. Amassé en Russie, il était expédié aux Etats-Unis, *via* plusieurs paradis fiscaux, avant de revenir en Europe pour être investi dans des sociétés, apparemment honnêtes, d'import-export, d'ameublement, d'habillement, de cosmétique ou de machines pour le travail du bois. Une mécanique qui aurait pu être imparable sans le train de vie très extravagant des mafieux, trahis par leurs résidences luxueuses et leurs rutilantes Porsche, Mercedes et Ferrari...

a. Pour quelle raison ces Russes ont-ils été interpelés?
b. Qui sont les membres du réseau?
c. Comment opèrent-ils?
d. Qu'est-ce qui les a trahis?

3. Les SDF (Sans Domicile Fixe)

Dans le film les policiers sont aidés par un SDF polonais. Pour mieux comprendre la situation des SDF, lisez les deux articles suivants et répondez aux questions.

Un SDF retrouvé mort à Paris

L'homme, âgé de 69 ans, a été découvert par une équipe du Samu Social dans le XXe arrondissement.

Un sans-domicile fixe de 69 ans a été retrouvé mort dans la nuit de vendredi à samedi à Paris, dans le XXe arrondissement, par une équipe du Samu social, a-t-on appris de source policière.

L'homme était allongé sur un matelas, emmitouflé dans une couverture, sous un porche d'un immeuble de la rue des Marronites. La veille, le Samu social avait voulu le prendre en charge, mais le sexagénaire, dont l'état de santé était fragile, avait refusé, selon la même source.

Une enquête a été ouverte et une autopsie du corps, qui ne portait pas de traces suspectes, devait être pratiquée pour déterminer la cause du décès.

Selon le dernier bilan établi par le collectif Les Morts de la Rue, 369 SDF sont morts dans la rue en 2008. Le 9 janvier, le collectif avait déjà recensé six décès depuis le début de l'année.

— *Libération*, 17 janvier 2009

Qui sont les Sans Domicile Fixe?

A-t-on une idée du profil des SDF en France?

Comme nous l'avons vu dans une précédente chronique, on ne connaît que les sans-domicile qui ont fréquenté un centre d'hébergement ou un service de distribution de repas.

Les principales caractéristiques de cette population sont:

- une surreprésentation masculine,
- une proportion d'étrangers élevée,
- un âge moyen relativement jeune.

De quels revenus disposent-ils?

- 60% des sans-domicile reçoivent au moins une prestation sociale: allocation chômage, revenu minimum d'insertion ou aide pour adulte handicapé.
- Près d'un quart ne perçoit ni revenu du travail, ni prestation sociale.
- Environ un sur dix n'a aucune source de revenu et ne vit que de dons monétaires hors mendicité.

Tous ne bénéficient donc pas du RMI?

Non, seulement 23% des sans-domicile perçoivent le RMI.

Cette faible proportion s'explique en partie par les conditions de ressources: 13% des sans-domicile vivent des revenus de leur travail ou de celui de leur conjoint, 6% perçoivent l'allocation adulte handicapé.

Mais les consitions d'accès au RMI limitent aussi fortement le nombre de bénéficiaires parmi les SDF. En effet, le droit au RMI n'est ouvert qu'à partir de 25 ans, sauf si le demandeur a la charge d'un ou plusieurs enfants. Par ailleurs, l'accès au RMI n'est ouvert aux étrangers qu'après trois ans de séjour, en situation régulière, en France.

Ont-ils d'autres difficultés financières?

Oui, pour 43% des sans-domicile, l'endettement s'ajoute à la faiblesse des revenus. Un endetté sur deux doit plus de 1200 euros et un sur quatre plus de 3800 euros.

A l'inverse, 30% des sans-domicile attendent des remboursements, soit de la part d'amis, soit de membres de leur famille, soit d'un employeur ou d'une administration.

— *Insee Première*, numéro 893, avril 2003

a. De quoi l'homme de 69 ans a-t-il pu mourir à votre avis?

b. Notez 3 informations de l'enquête qui vous semblent importantes pour décrire les SDF.

4. Organisations humanitaires

Les policiers et le SDF tentent de retrouver la trace de deux Russes et les cherchent à la soupe populaire près du cimetière du Père Lachaise.

a. Que veut dire "soupe populaire"? Qui va à la soupe populaire?

b. De nombreuses organisations humanitaires font de leur mieux pour aider les personnes en détresse. Faites quelques recherches sur les organisations suivantes pour comprendre leurs missions:

- Le SAMU social
- Les Restos du Cœur
- Le Secours Populaire
- Le Secours Catholique

Sites web pour vos recherches

www.samusocial-75.fr

www.restosducoeur.org

www.secourspopulaire.fr

www.secours-catholique.org

5. Le Havre

Le petit lieutenant du film quitte la ville du Havre pour s'installer à Paris. Faites quelques recherches sur le Havre. Où cette ville se trouve-t-elle? A-t-elle, comme la plupart des villes françaises, de nombreux bâtiments anciens? Pour quelles activités la ville du Havre est-elle connue?

6. Les lieux du crime et de l'enquête

Les personnages du film évoluent autour du 10e arrondissement de Paris. Les policiers travaillent pour la 2e Division de Police Judiciaire, au nord-est sur la 2e carte. Le canal Saint-Martin, dans lequel un cadavre est repêché, se trouve dans le 10e.

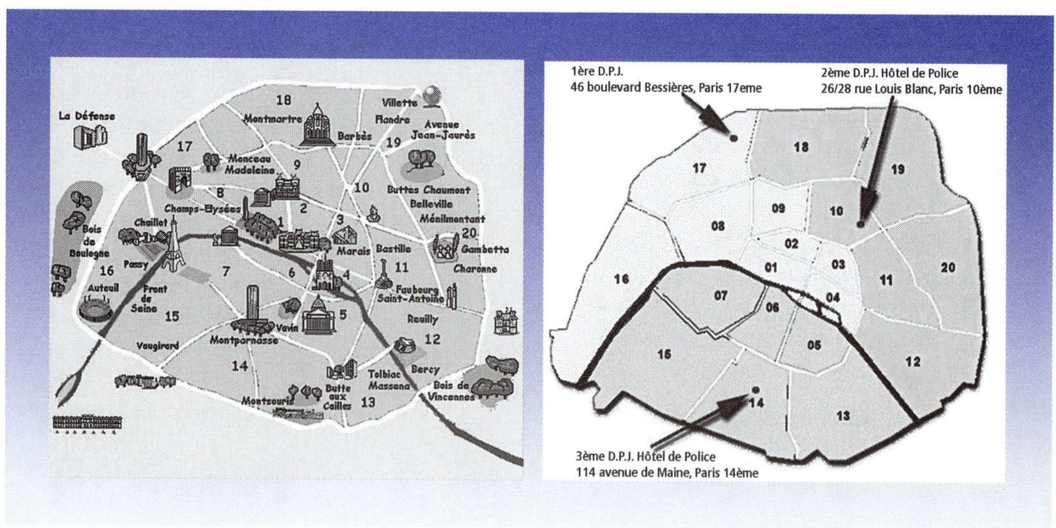

Vocabulaire

La police

entrer dans la police: to join the police
un policier: a police officer
un flic: a cop
un commandant: a major
la police judiciaire (la PJ): Criminal Investigation Dept.
un groupe crim': homicide bureau, crime unit
un commissariat: a police station
la préfecture: police headquarters
une enquête: an investigation
un enquêteur: a detective
enquêter sur un meurtre: to investigate a murder
un cadavre: a corpse
être sur le terrain: to go into the field
faire un appel à témoins: to call for witnesses
un gilet pare-balles: a bullet-proof vest
un brassard: an armband
un pistolet: a gun
une planque: a stake out
une filature: tailing
une perquisition: a house search
une saisie: confiscation
procéder à une arrestation: to make an arrest
des menottes: handcuffs
un fourgon de police: a police wagon
un interrogatoire: questioning
une garde à vue: police custody
un indic: an informer

La criminalité

une infraction: an offence
un délit: misdemeanor
un délinquant: an offender
un malfrat: a gangster, a crook
un malfaiteur: a criminal
un meurtre: a murder
un homicide: manslaughter / murder
avec préméditation: premeditated
un meurtrier: a murderer
un prévenu: a defendant
un coupable: a guilty party
un repris de justice: an ex-convict
le grand banditisme: organized crime
mafieux (-euse): Mafia-like
un réseau: a network
un trafic: trafficking
un braquage: a holdup
un couteau: a knife
une arme blanche: a knife

Les SDF et l'humanitaire

un(e) sans-abri: a homeless person
être à la rue: to live on the street
un foyer: a shelter
un hébergement d'urgence: emergency shelter
pauvre: poor
démuni(e): destitute
nécessiteux (-se): needy
faire la manche: to beg (for money)
la précarité: living on the edge (financially)
la soupe populaire: a soup kitchen
un(e) bénévole: a volunteer
une ONG: an NGO

PARALLÈLES AVEC LES ETATS-UNIS ET D'AUTRES PAYS

1. Imaginez les premiers pas d'un jeune lieutenant de police aux Etats-Unis. A quoi s'attend-il? Quelles vont être les réalités du métier?
2. La législation sur les armes à feu n'est pas la même dans les deux pays. Quelles répercussions cela a-t-il sur le travail de la police?
3. Meurtres par pays (données de la CIA, année la plus récente disponible pour chaque pays): Observez le premier tableau pour avoir une meilleure idée de la répartition du crime dans le monde.
4. A Paris et dans les villes en général il est fréquent de croiser des SDF. Voici quelques données sur la situation aux Etats-Unis (2e tableau):

Rang	Pays	Nombre de meurtres pour 1000 habitants
1	Colombie	0,618
2	Afrique du Sud	0,496
3	Jamaïque	0,324
4	Venezuela	0,316
5	Russie	0,201
6	Mexique	0,130
20	Pologne	0,056
24	Etats-Unis	0,042
26	Inde	0,034
30	Finlande	0,028
38	Corée du sud	0,020
40	France	0,017
44	Canada	0,015
46	Royaume-Uni	0,014
47	Italie	0,013
49	Allemagne	0,011
55	Irlande	0,009
60	Japon	0,005

SOURCE: Seventh United Nations Survey of Crime Trends and Operations of Criminal Justice Systems, covering the period 1998 - 2000 (United Nations Office on Drugs and Crime, Centre for International Crime Prevention) via NationMaster

- 40% des SDF sont des familles avec enfants
- 49% sont des Noirs (qui ne représentent que 11% de la population totale)
- 22% sont atteints de maladie mentale, ou sont handicapés
- 30% ont des problèmes de drogue et/ou d'alcool
- 46% ont des affections chroniques comme l'hypertension, le diabète ou le cancer
- 55% n'ont pas de couverture sociale (comparé à 16% de la population totale)
- 23% sont des vétérans (comparé à 13% de la population totale)
- 25% ont souffert de violence physique ou sexuelle dans leur enfance
- 27% étaient en foyer dans leur enfance
- 54% ont été en prison dans le passé
- 38% n'ont pas leur diplôme de fin d'études secondaires
- 44% ont travaillé dans la semaine précédant l'enquête
- 13% ont un emploi stable
- 71% vivent en centre-ville

Source: National Coalition for the Homeless, août 2007

Le film

Commandant Vaudieu

Antoine Derouère

Solo

Mallet

Morbé

Kominsky (le Polonais qui aide la police)

Clermont (le procureur)

Piotr

Pavel

Questions générales sur le film

Antoine

1. Qu'est-ce qui, en début de film, montre qu'Antoine est jeune?
2. Est-il important pour le film qu'Antoine soit marié?
3. Qu'est-ce qui pousse Antoine à prendre la décision insensée d'aller seul dans la chambre de Pavel?

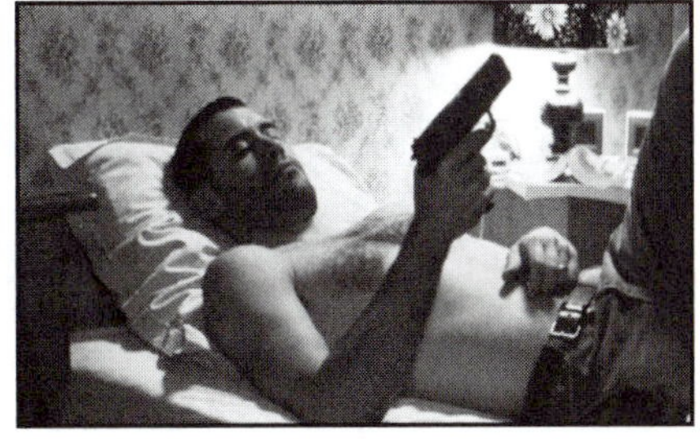

Les Russes

4. Que sait-on sur Piotr et Pavel? Qu'ont-ils fait dans le passé? Pourquoi sont-ils recherchés par la PJ?

Vaudieu

5. Quel drame le Commandant Vaudieu a-t-elle vécu?
6. Vaudieu n'a pas bu une goutte depuis 2 ans. A quel moment rechute-t-elle?
7. Vaudieu se pose des questions sur son retour à la PJ. Pourquoi a-t-elle des doutes?
8. Qui tire sur Pavel? Pourquoi est-ce important?
9. Qu'est-ce que le visage de Vaudieu évoque dans la dernière scène?

Les collègues

10. Solo explique que ses premiers pas dans la police ont été difficiles. Pourquoi?

11. Plusieurs scènes ont lieu dans des bars. Pourquoi les bars sont-ils importants dans le film?

Choix du réalisateur

12. Vous avez sans doute remarqué qu'il n'y a pas de musique dans ce film. C'est tout à fait inhabituel. A votre avis, pourquoi le réalisateur a-t-il fait ce choix?

Questions sur les thèmes du film

1. Quelle vision de la police ce film donne-t-il?
   a. Pensez à leur travail au quotidien. Que font-ils exactement?
   b. Décrivez les policiers. Sont-ils tous pareils?
   c. C'est un métier dur. Comment tiennent-ils?
2. Qu'est-ce qui donne l'impression que le film est en partie un documentaire?
3. Comment l'alcoolisme est-il traité?
4. Finalement, quel est le thème de ce film? Est-ce juste un film policier?
5. Au début du film Vaudieu prend Antoine sous son aile et commence sa formation. Elle est dans le métier depuis des années et va lui en apprendre les rouages. Est-ce une relation à sens unique?

Etude complémentaire

Les limites de ce film

1. Est-il vraiment envisageable que le petit lieutenant ait été assez naïf pour monter tout seul, et que son collègue soit insouciant au point d'aller boire une bière au bar?

2. Le commandant Vaudieu est une victime. Elle a perdu son fils, elle vit seule et doit se battre contre son problème d'alcoolisme. Le fait qu'Antoine ait le même âge que son fils, s'il avait vécu, renforce le drame. Ne trouvez-vous pas que le réalisateur tire trop de ficelles pour rendre le personnage de Vaudieu dramatique?

3. La relation entre Antoine et sa femme semble impossible puisqu'elle souhaite rester au Havre alors qu'il veut faire carrière à Paris. Pourquoi le réalisateur a-t-il choisi de ne pas faire venir la femme d'Antoine?

4. Pensez-vous que certains policiers du film sont stéréotypés?
5. Que pensez-vous du fait que les "méchants" sont étrangers, pas français? Pourquoi avoir choisi des Russes? Est-ce réducteur? Est-ce le reflet d'une époque et d'une réalité?
6. Avez-vous le sentiment que le réalisateur est du côté de la police?
7. Imaginez un commissariat dans une ville plus calme (un meurtre par an au Havre). Quelle est leur routine? Qu'est-ce que cela change que le film se passe à Paris?
8. Imaginez un service différent, comme la brigade des stupéfiants. En quoi le travail est-il différent?

Une situation typiquement française?

Le petit lieutenant se passe à Paris. Imaginons maintenant que le film se passe dans une grande ville américaine. L'histoire serait-elle la même? Qu'est-ce qui serait différent? Similaire?

A vous de jouer!

1. **Jeu de rôles :** Le petit lieutenant survit à sa rencontre avec le Russe. Il explique à Vaudieu ce qui s'est passé. Que raconte-t-il ? Quelles questions Vaudieu pose-t-elle ? Que veut-elle savoir ?
2. **Débat :** Les policiers sont des êtres sensibles et justes qui font un travail noble pour aider la société. Qu'en pensez-vous ? Etes-vous d'accord ? Expliquez clairement votre point de vue sur la question.

La parole au…

Commandant Henry Moreau, chef de cabinet du directeur de la police judiciaire

A savoir: Quelques minutes avant cet entretien, M. Moreau a été averti qu'un braquage° de banque venait d'avoir lieu et qu'un des malfaiteurs avait tiré sur un policier. Il l'avait blessé à la jambe. Pendant l'entretien M. Moreau a reçu plusieurs coups de téléphone de journalistes venant aux nouvelles.

holdup

Qu'est-ce qui vous a donné envie de faire carrière dans la police?

Je rêvais du métier pour l'action et l'imaginaire qui vont avec. J'avais aussi envie de servir la société et d'être du bon côté.

Quelle formation avez-vous suivie?

Diplôme d'Etudes Supérieures Spécialisées / law

J'ai un DESS° de droit° (5 ans d'études) puis j'ai passé, et réussi, le concours d'inspecteur. J'ai donc ensuite fait l'Ecole de Police pendant un an.

Parlez-moi en quelques mots de votre expérience professionnelle jusqu'à maintenant.

J'ai d'abord été affecté dans un commissariat de quartier, puis j'ai intégré la 5ᵉ division de police judiciaire. J'ai ensuite travaillé 11 ans à la brigade criminelle.

Quelles sont vos responsabilités aujourd'hui? Pouvez-vous me décrire une journée typique? Que faites-vous? Avec qui travaillez-vous? Où allez-vous?

Quand j'étais à la Crim' je faisais des enquêtes criminelles et j'étais spécialisé dans le terrorisme. Certaines journées étaient calmes. D'autres étaient plus mouvementées. Je me déplaçais pour faire des constatations sur place et pour entendre les témoins.
Je suis désormais chef de cabinet du directeur de la PJ. J'ai donc des responsabilités internes à la PJ (organisation, préparation de réunions et de notes) et je suis chargé des relations avec le public, notamment avec les journalistes.

Dans "Le petit lieutenant" il est beaucoup question de la mafia russe. Avez-vous affaire à eux aussi?

La mafia russe est parfois associée au blanchiment d'argent sur la Côte d'Azur. A Paris on a peu affaire à eux.

Quels sont les risques associés à votre fonction?

arrest for questioning

Il y a les risques évidents, liés à la sécurité de la personne lors des interpellations°. Il faut aussi savoir garder ses distances avec tout le monde.

Parlez-vous de votre travail à la maison? Votre famille doit-elle s'inquiéter pour votre sécurité?

Quand j'étais à la Crim' je protégeais ma famille en préservant ma femme et mes enfants des dangers auxquels nous pouvions être confrontés sur le terrain. Aujourd'hui mes enfants savent que je suis policier et ils en sont fiers.

Que trouvez-vous gratifiant?

A la Crim' nous bénéficions d'une très bonne image de marque°. J'aime le fait que l'on côtoie tout le monde, du clochard° au ministre. Cela reste néanmoins un métier dur. Nous sommes parfois dans des situations violentes pour lesquelles dans certains cas la police propose un soutien psychologique. Il faut savoir s'amuser pour décompresser.

public image

tramp

A votre avis, quelle image le public a-t-il de la police en général et de la PJ en particulier?

En général le public a une bonne image de la police et j'ai ressenti un attrait particulier pour la PJ. En fait je crois que la PJ jouit d'une bonne cote de popularité auprès du public car les films en donnent la plupart du temps une bonne image.

Vous voyez-vous exercer ce métier jusqu'à la retraite, ou envisagez-vous une reconversion?

J'aime mon travail, je n'ai pas l'intention de faire autre chose.

Pouvez-vous me parler d'une ou deux grosses affaires particulièrement intéressantes sur lesquelles vous avez travaillé?

Quelques affaires intéressantes sur lesquelles j'ai travaillé sont les attentats° de Saint-Michel, la tuerie de Nanterre (8 conseillers municipaux tués pendant une réunion) et l'enquête sur Guy Georges, meurtrier en série.

bombings

Parlons maintenant des films suivants: "Le petit lieutenant" (de Beauvois), "Quai des orfèvres" (de Clouzot), "36, quai des orfèvres" (de Marchal) et "Police" (de Pialat). Que pensez-vous de ces films? Sont-ils proches du travail que vous faites? "Le petit lieutenant" et "36, quai des orfèvres" sont récents mais montrent deux aspects très différents de la vie de la police. Sont-ils authentiques tous les deux?

La plupart des réalisateurs ont des scénaristes issus de la police. Tous ces films sont donc proches de la réalité et décrivent le quotidien de façon authentique. *Le petit lieutenant* colle à notre quotidien, *Quai des orfèvres* (de Clouzot) est le seul qui a été filmé dans les locaux de la PJ, *36, quai des orfèvres* montre bien l'attaque d'un fourgon et l'ambiance lors des interrogatoires est bien rendue dans *Police*. Ceci dit, cela reste de la fiction. Dans un film il faut de l'action, du suspense, des poursuites et des montées d'adrénaline.

Merci Commandant Moreau!

L'AVIS DE LA PRESSE

Article de *Banc public* paru en novembre 2004 (n° 134)

La mafia russe dans le monde

laundering

Les activités mondiales de blanchissage° de l'argent, de Chypre aux Iles Caïman et des Vanuatu dans le Pacifique au Venezuela, ne sont que quelques-uns des tentacules étendus par les réseaux russes de crime organisé dans le monde entier. 200 grandes organisations travailleraient au niveau mondial et formeraient des alliances avec leurs homologues criminels dans 50 pays (dont 26 villes des U.S.A.)"[...]

[... Description de la situation en Amérique Latine, aux USA et en Israël]

Europe

real estate
the French Riviera / many
without knowing
from Moscow
prostitutes

Sous le règne de Jean-Pierre Chevènement au Ministère de l'Intérieur (avant 2002), les investissements en France directement liés à la mafia étaient de l'ordre de 40 milliards d'euros, principalement concentrés dans l'immobilier° de luxe, notamment sur la Côte d'Azur°. Mais nombre° d'entreprises françaises travailleraient - souvent à leur insu° - avec des hommes d'affaires liés ou appartenant à la mafia moscovite°.

gangs
Mafia "godfathers"
spared

25 000 péripatéticiennes° originaires des pays de l'Est, exercent sur le sol allemand. Le marché financier allemand [assurerait] le blanchiment de l'argent sale en provenance des mafias des pays d'Europe orientale. Selon une estimation d'Interpol, 1,3 milliards de dollars seraient blanchis chaque année en Allemagne, et de 20 à 30% du crédit annuel de l'Etat fédéral proviendrait du crime organisé. Très vite, après la chute du Mur, l'Allemagne s'est retrouvée en première ligne, avec l'arrivée de 200 à 300 bandes° rivales en provenance des pays de l'ex-bloc soviétique. Il y aurait actuellement 15 parrains° sévissant dans son pays: trafic de voitures volées, criminalité économique, drogue. La police de Berlin recensait 350 firmes, tenues par des Russes ou assimilés dans la capitale allemande, qu'elle estime pour le moins douteuses. L'Autriche n'est pas épargnée° par l'argent sale. Une grande société russe de Moscou, dont le siège se trouve à Vienne et qui emploie 8 000 personnes, serait en fait une pure entreprise de la mafia. Exerçant dans les secteurs de la banque, du pétrole, de l'énergie

et des télécommunications, cette entreprise compte deux filiales, à Düsseldorf et à Berlin.

En Espagne, Marbella joue un peu le rôle qu'avait auparavant Yalta, station balnéaire° pour criminels slaves enrichis. A Moscou, des agents spécialisés facilitent les démarches° aux Russes qui veulent acquérir des propriétés en Espagne. La bande mafieuse de Morozov, ancien député enrichi dans le trafic de la vodka , a sorti du pays quelque 25 millions de dollars, principalement recyclés dans l'immobilier en Espagne. A Marbella, les "narcoroubles" convertis en dollars ont pris la relève° des capitaux britanniques et arabes. Grâce à eux, les résidences de vacances et les hôtels sont en plein boum. Les passagers des vols directs d'Aeroflot - cinq liaisons par semaine en haute saison entre Malaga et Moscou - n'arrivent pas les mains vides. Parfois, encombrés° de vulgaires sacs en plastique bourrés° de dollars, ils présentent aux douaniers espagnols un certificat (de complaisance°) délivré par l'administration russe, qui les autorise à sortir des capitaux. D'autres, plus discrets, choisissent de créer en toute légalité une société anonyme dans le havre° fiscal de Gibraltar, afin d'acheter, dans un second temps, des biens immobiliers sur la Péninsule au nom de cette société écran°.

seaside resort
steps, paperwork
have replaced
burdened with
packed with
phoney
haven
screen

[... Description de la situation en Belgique]

~ Frank Furet

1. De quelle façon la mafia russe blanchit-elle son argent?
2. Quelle est la particularité de l'Allemagne?
3. Que font les Russes en Espagne?

Article du *Figaro* (15 octobre 2007)

Près de 12 000 Polonais se sont installés à Paris depuis deux ans

Dans son église de la rue Saint-Honoré que l'archevêque° de Paris a donnée à la communauté polonaise en 1842, Mgr Stanislas Jez tient à mettre les points sur les *i*: les Polonais sont parfaitement intégrés à la société française. Depuis plusieurs générations. *"Même parfois trop et mon souci est plutôt de leur rappeler leur double culture"*, plaisante-t-il dans un roulement de *r* qui, malgré un excellent français, trahit ses origines. *"Je ne veux pas que les*

archbishop

the front
undeclared
ads
nanny / (furniture) mover
building sites
crammed / attic room
a block
paid the price for it
to hire

problèmes liés à une immigration très récente soient l'arbre qui cache la forêt", poursuit-il.

Pourtant, dans ce très chic quartier parisien, on voit tous les jours sur le parvis° de l'église ou dans les bureaux d'aide sociale de la mission catholique polonaise de Paris de nouveaux venus en quête d'un travail en France. Problèmes de logement, de travail au noir°, de langue..., la mission polonaise est souvent le dernier recours. *"L'année dernière, nous avons dû débourser quelque 32 000 euros pour permettre le retour d'un certain nombre d'entre eux"*, confie Mgr Jez. Le prélat estime que sur quelque 11 000 à 12 000 personnes arrivées à Paris au cours des deux dernières années, entre 40 % et 50 % travaillent au noir. *"Les Polonais sont très catholiques,* explique-t-il, *avec 110 000 pratiquants qui fréquentent nos églises en Île-de-France*[1]*, nous avons une vision assez précise."*

Les petites annonces° qui fleurissent à tous les coins de rues parisiennes, proposant un peintre, une nounou° ou un déménageur° polonais, illustrent ce phénomène. Malgorzata a rejoint son petit ami à Paris fin 2005. Après quelques mois de français intensif, cette diplômée de commerce court les baby-sittings, tandis que Tadeuz, formé à l'hôtellerie, enchaîne les chantiers° comme peintre, au noir. Entassés° dans une petite chambre de bonne°, parfaitement intégrés, ils n'envisagent pas de retourner en Pologne. Sauf pour les vacances...

"Certains secteurs leur sont en pratique encore en partie fermés, reconnaît un fonctionnaire du ministère du Travail, *et la taxe de 900 euros que doit payer l'employeur est un frein°."* Bolek en a fait les frais°. Ce Français, qui a quitté la Pologne au début des années 1980, dirige une entreprise de maçonnerie. *"Pour embaucher° légalement, il faut être motivé. Il faut remplir des tas de papiers et payer une taxe de près de 1 000 euros"*, raconte-t-il. Son dernier recrutement s'est en outre très mal terminé. *"J'ai payé,* se souvient-il, *et lorsque tout a été en règle, l'ouvrier n'a plus voulu venir. Il a préféré travailler au noir pour un salaire 30 % plus élevé."* Bolek assure qu'on ne l'y reprendra plus. *"J'ai alerté la préfecture de ces dérives,* raconte Mgr Jez, *mais personne ne m'a écouté. Je suis sûr que ce système coûte cher à la France car il a beaucoup d'effets pervers et incite à la fraude."*

"Grande exclusion"

people who own apartments and rent them illegally / shared rental apartments

Les marchands de sommeil° en profitent. Les Polonais sont partis à l'assaut des chambres de bonnes et colocations° parisiennes. Des réseaux s'organisent, à l'instar de ce petit appartement de la

1 The Ile-de-France is the region that includes Paris and the bordering departments.

rue de la Jonquière, dans le XVIIe arrondissement de la capitale, qui sert de point de chute°. *"Ils vivent en moyenne à trois ou quatre personnes,* raconte une voisine. *Tous les trois ou quatre mois, ça change. Ils viennent pour travailler dans des chantiers puis repartent dans leur pays. La plupart ne parlent que quelques mots de français."*

a place to stay

Ceux qui ont moins de chance se retrouvent à la rue. En décembre 2006, la Direction des affaires sanitaires a effectué une discrète enquête sur les *"populations polonaises en situation de grande exclusion vivant à Paris". "Avec l'affaire des Don Quichotte° et l'émergence de la question des SDF de Paris, nous n'avons pas voulu rendre cette étude publique",* confie un fonctionnaire. Mais les Polonais représentent une part très importante des quelque 40 % de sans-domicile étrangers qui vivent dans les rues parisiennes. L'enquête, réalisée pendant les quinze premiers jours de décembre, évalue entre *"200 et 300 personnes le nombre de Polonais"* dans les rues de la capitale. En coopération avec des associations caritatives, les enquêteurs de la Ddass° ont effectué un sondage "qualitatif" sur un échantillon de cinquante SDF polonais: 94 % sont des hommes d'une quarantaine d'années qui viennent de l'est de la Pologne *(la région la plus pauvre, NDLR°).* Leur date d'arrivée en France est difficile à évaluer. La durée moyenne de présence est de sept ans. Le plus ancien vit ici depuis 1981, mais cinq sont là depuis quelques mois seulement.

organization that helps the homeless

Direction départementale d'action sanitaire et sociale

note de la rédaction

La plupart disent être arrivés après l'intégration de la Pologne dans l'Union. Lorsqu'ils étaient en Pologne, près de 80 % travaillaient dans le bâtiment. Aujourd'hui, encore 84 % sont employés de *"façon intermittente ou non sur les chantiers et dans diverses entreprises appartenant au milieu polonais".* Ceux qui ont basculé dans la marginalisation *"ne travaillent plus car leur santé liée à une alcoolisation massive ne le permet plus"*... La préfecture de Paris réfléchirait à des mécanismes d'aide au retour.

L'arrivée dans l'Union de la Bulgarie et de la Roumanie, avec des populations plus pauvres, devrait inciter les pouvoirs publics à mieux préparer ces arrivées. Sauf à assister à l'émergence d'une clochardisation° des Européens de l'Est et à la multiplication des bidonvilles° aux portes des grandes villes françaises.

becoming homeless

shantytowns

— Marie-Christine Tabet

1. Comment Mgr Jez décrit-il la communauté polonaise dans son ensemble?
2. Quels sont les problèmes dont il est témoin?
3. En quoi Malgorzata et Tadeuz sont-ils typiques?

4. Dans quel domaine la plupart des hommes polonais travaillent-ils?
5. Qu'est-ce que Bolek explique?
6. Qu'est-ce que l'enquête sur les SDF polonais a révélé?
7. Qu'est-ce qui risque de se passer dans les années qui viennent?

Autres films à voir

La police inspire les réalisateurs de séries pour la télévision. Il existe aussi de nombreux longs-métrages dont les trois films suivants, qui se distinguent par leur authenticité.

Quai des orfèvres (film policier d'Henri-Georges Clouzot, 1946)

Jenny Lamour est chanteuse de music-hall et ambitieuse. Son mari, pianiste, la surveille. Ils se retrouvent tous deux impliqués dans un crime qu'ils n'ont pas commis. Un grand classique avec Louis Jouvet et Bernard Blier.

1. Comparez les crimes des deux films. Est-ce du grand banditisme?
2. Les deux policiers principaux, Antoine et Vaudieu, semblent avoir beaucoup de pouvoir mais tous deux ont une faille. Laquelle? Pourquoi est-il important que leur vie personnelle ne soit pas parfaite?
3. Dans les deux films l'intrigue policière est au premier rang mais elle cache autre chose. De quoi chaque réalisateur veut-il parler?
4. Quelle vision de la police chaque film donne-t-il?

Police (film policier de Maurice Pialat, 1985)

L'inspecteur Mangin (Gérard Depardieu) enquête sur une affaire de drogue. Il arrête des truands et tombe amoureux de Noria (Sophie Marceau), la compagne de l'un d'eux.

1. Quelles méthodes la police utilise-t-elle pour faire parler les malfaiteurs?
2. Comment la femme commissaire stagiaire est-elle traitée par ses collègues? Comparez-la au Commandant Vaudieu.
3. Comparez la vision de la police que ce film donne à celle que l'on a dans *Le petit lieutenant*.

36, quai des Orfèvres (film policier d'Oliver Marchal, 2004)

Léo Vrinks, patron de la BRI (Brigade de recherche et d'intervention), et Denis Klein, patron de la BRB (Brigade de répression du banditisme) devraient travailler ensemble pour arrêter un gang très violent. Au lieu de cela ils sont en concurrence avec l'espoir d'obtenir le poste de leur patron.

Olivier Marchal est un ancien policier, reconverti cinéaste. Son scénario est basé sur des faits réels qu'il a vécus personnellement.

1. Comparez le travail des policiers du *Petit lieutenant* à celui des policiers du *36, quai des Orfèvres*.
2. Quelle impression générale de la police avez-vous dans le film de Marchal?
3. Comparez les couples des deux films: Antoine et sa femme, Vrinks et sa femme, Klein et sa femme. Quel impact le métier de policier a-t-il sur les familles?

Sur les SDF:

Hiver 54, abbé Pierre (film historique de Denis Amar, 1989)

Hiver 1954: un froid polaire s'abat sur la France pendant des semaines. L'abbé Pierre aide autant que possible ceux qui sont à la rue. Un jour, il profite de ses relations avec la presse et la radio pour faire appel à la générosité des Français. Un beau film, toujours d'actualité.

De quelle façon la situation des SDF a-t-elle changé, ou pas, depuis 1954? Pensez notamment:

- à l'attitude des responsables politiques
- aux bénévoles qui tentent de faire changer le statu quo
- à la générosité des Français

La culture
Le goût des autres

Musée du Louvre

Le goût des autres

Le film

Castella est chef d'entreprise. Il ne s'intéresse pas à la culture et n'y connaît rien. Un jour, il va au théâtre par obligation et ressort subjugué. La pièce et l'actrice principale, qu'il connaît vaguement, ont fait forte impression. Il va alors essayer de s'intégrer dans ce nouveau milieu mais il va se heurter à une barrière qu'il ne soupçonne pas: celle des références culturelles et du bon goût. Il n'aurait jamais pu imaginer qu'une soirée au théâtre change à ce point le cours de sa vie.

La réalisatrice

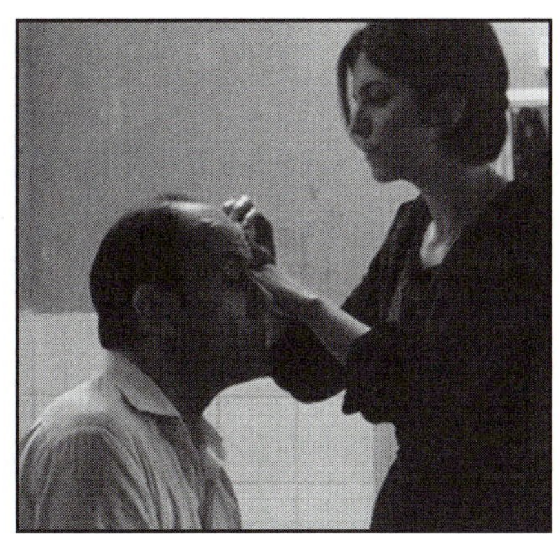
Jean-Pierre Bacri et Agnès Jaoui

Agnès Jaoui (née en 1964) a une excellente formation. Elève brillante, elle fait des études de lettres et le Conservatoire avant de suivre des cours d'art dramatique. Elle a joué dans quelques films et pièces de théâtre avant de rencontrer Jean-Pierre Bacri en 1987. Il devient son compagnon dans la vie et dans l'écriture de scénarios. En 1993 ils connaissent leur premier succès scénaristique avec *Cuisine et dépendances*, puis la notoriété en 1996 avec *Un air de famille*. Le style "Jabac" (Jaoui-Bacri), critique et drôle, s'affirme. Ils collaborent avec le grand réalisateur Alain Resnais en lui écrivant deux succès: *Smoking / No smoking* en 1993 puis *On* *connaît la chanson* en 1997. L'année 2000 est un tournant puisqu'elle se lance, seule, dans la réalisation du *Goût des autres*, après en avoir écrit le scénario avec Bacri. Le succès et les prix remportés lui permettent d'enchaîner avec *Comme une image* en 2004 et *Parlez-moi de la pluie* en 2008.

Jaoui a joué dans presque tous les films qu'elle a écrits et dans quelques autres mais elle est davantage connue et appréciée pour son travail de création. Elle a aussi la réputation d'être entière et très franche. Elle déteste les cliques, fréquentes dans le métier, et se bat ouvertement pour les droits des intermittents du spectacle. Son coup d'éclat à la remise des César en 2004 (elle a violemment apostrophé le Ministre de la culture) est resté dans les mémoires.

Les acteurs

Jean-Pierre Bacri (né en 1951): Parallèlement à son travail de scénariste, Bacri fait une belle carrière d'acteur. Il se distingue dès 1985 avec une nomination au César du meilleur acteur dans un second rôle pour *Subway*. Il devient vraiment populaire dans les années 90, et joue avec Jaoui dans tous les films qu'il écrit (sauf *Smoking / No smoking*). Il a aussi de beaux rôles dans *Les sentiments* (2003), *Selon Charlie* (2006) et *Adieu Gary* (2009). Bacri s'est créé une solide réputation de scénariste intelligent et d'acteur pour des personnages souvent bougons mais gentils.

Jean-Pierre Bacri et Anne Alvaro

Anne Alvaro (née en 1951) joue avant tout au théâtre. Elle a commencé sa carrière sur les planches après avoir fait le Conservatoire. Elle fait une belle carrière en travaillant avec de grands metteurs en scène mais les cinéphiles ne la découvrent qu'en 2000 dans *Le goût des autres*. Elle y joue d'ailleurs une actrice de théâtre. Depuis, elle a tourné quelques films (dont *Les bureaux de Dieu* en 2008) mais elle privilégie toujours le théâtre.

Alain Chabat (né en 1958) a commencé sa carrière à la radio avant de rejoindre Canal +. En 1993 il co-écrit et interprète une comédie, *La cité de la peur*. C'est un grand succès qui lance sa carrière. Il est à la fois acteur (*Gazon maudit*, 1994, *Le goût des autres*, 2000, *Chouchou*, 2003, *Prête-moi ta main*, 2006). Scénariste et réalisateur (*Didier*, 1996, *Astérix et Obélix: mission Cléopâtre*, 2002, *RRRrrrr!!!*, 2004) et il a même créé sa maison de production. C'est un acteur sympathique qui bénéficie d'une belle cote de popularité.

Gérard Lanvin et Alain Chabat

Gérard Lanvin (né en 1950) compte sur son physique viril et ténébreux pour lancer sa carrière. On lui confie plusieurs petits rôles jusqu'à *Une étrange affaire*, film pour lequel il reçoit le Prix Jean Gabin en 1981. Il joue aussi dans des films policiers mais c'est la comédie qui lui réussit le mieux: *Marche à l'ombre* (1984) est un gros succès. Il préfère tourner moins mais avec de grands réalisateurs qui lui donnent de beaux rôles dans *Le fils préféré* (1995), *Mon homme* (1996) et *Le goût des autres* (2000). Il a bénéficié de l'énorme succès de la comédie populaire *Camping* en 2006 et il a retrouvé un rôle d'action dans *Mesrine, l'ennemi public n°1* en 2008.

Buzz

- Sortie: 2000
- Durée: 1h52
- Titre aux Etats-Unis: *The Taste of Others*
- Genre: Comédie dramatique
- Public: Tous publics en France / R aux Etats-Unis (allusions à la drogue)

Récompenses

Le goût des autres a remporté de nombreux prix. Il a été nommé à l'Oscar du meilleur film étranger et il a remporté 4 César: meilleur film, meilleur second rôle masculin (Gérard Lanvin), meilleur second rôle féminin (Anne Alvaro), meilleur scénario.

Culture et vocabulaire

Aspects culturels

Que veut dire "culture"?

Le mot "culture" est une notion vague. Qu'est-ce qui est culturel? Qui est cultivé? Sur quels critères se base-t-on pour en juger? Doit-on se limiter à la musique classique, aux grands auteurs en littérature et au cinéma, aux artistes reconnus et aux monuments historiques glorieux? Peut-on considérer qu'un concert de musique pop ou rock est culturel, tout comme un best-seller contemporain, un film grand public, un artiste jeune et innovant ou la visite d'une usine? Le terme a-t-il le même sens pour tous? Ou est-il compris différemment selon l'âge, la nationalité, la classe sociale, les habitudes et tout simplement les goûts de chacun? Les documents qui suivent n'ont pas l'ambition d'évoquer toute la culture, mais plutôt certains aspects, du prix Goncourt au spectacle de rue.

1. Les pratiques culturelles des Français

Dépenses culturelles et de loisirs des ménages (2004, en euros, par an et par ménage)	
Appareils son et image	231
Presse	229
Activités de télévision	213
Spectacles	154
Livres	125
Vidéos	122
Disques	62
Cinéma	43
Musées, monuments historiques, bibliothèques	20
Instruments de musique	16

Pratiques culturelles Sur 100 Français de 15 ans et plus, au cours des douze derniers mois	
ont lu au moins un livre – un livre par mois ou plus – moins d'un livre par mois	58 16 42
ont lu au moins un quotidien national ont lu au moins un quotidien régional ont lu au moins un magazine ou revue d'information générale	21 79 46
écouté des disques	75
écouté la radio	87
regardé la télévision	99
sont allés au cinéma	47
ont visité un musée ou une exposition	39
sont allés au théâtre ou café-théâtre	16
sont allés au concert ou spectacle musical	31

a. Dans quels domaines les Français dépensent-ils le plus?

b. Que pensez-vous des résultats de l'enquête sur les pratiques culturelles? Etes-vous surpris? Souvenez-vous que tous les âges et toutes les catégories socio-professionnelles sont représentés.

2. La littérature

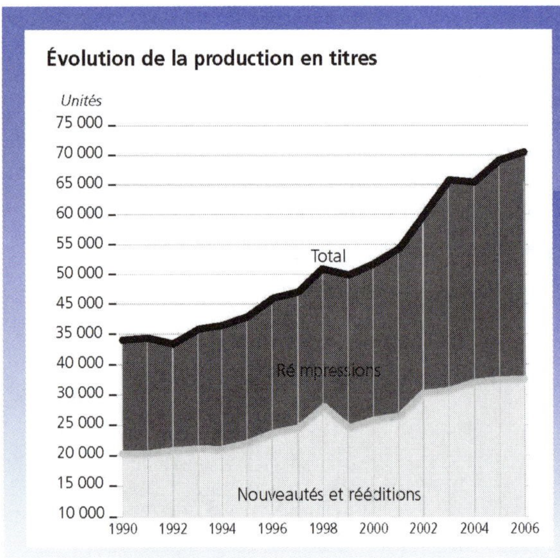

a. Que nous apprend le 1er document?

b. Dans quelles catégories produit-on le plus de livres?

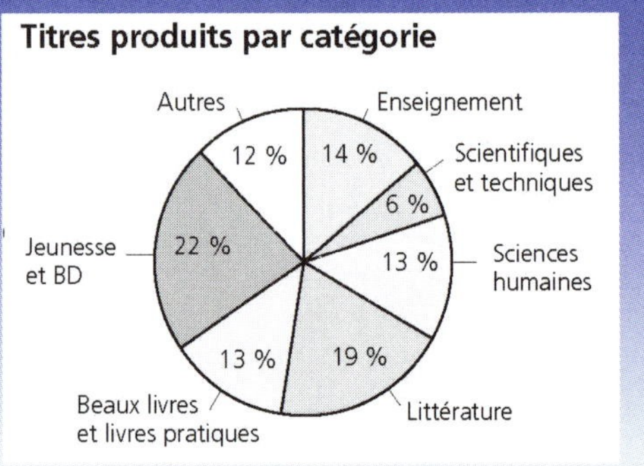

Le Salon du livre

Chaque année plusieurs salons sont organisés dans différentes régions de France. Le Salon du Livre de Paris attire de très nombreux auteurs, éditeurs et des milliers de visiteurs. Faites quelques recherches (www.salondulivreparis.com) pour pouvoir répondre aux questions suivantes:

a. Depuis quand ce salon existe-t-il?
b. A qui s'adresse-t-il?
c. Que peut-on voir et faire au Salon du livre?

Le Festival international de la bande dessinée d'Angoulême

a. Depuis quand ce festival existe-t-il?
b. A quoi sert ce festival?

Les prix littéraires

En France les prix littéraires sont une véritable institution. Il en existe des dizaines, mais les plus convoités sont le Goncourt, le Femina, le Renaudot et l'Interallié. Faites des recherches sur chacun pour comprendre ce qui les distingue des autres.

www.academie-goncourt.fr
www.renaudot.com
www.prix-litteraires.net

3. Le théâtre

La Comédie-française

a. Depuis quand ce théâtre existe-t-il? Comment a-t-il été fondé?
b. A quel grand auteur est-il associé?
c. Dans quelle situation particulière les comédiens de ce théâtre sont-ils?
d. De quoi le répertoire se compose-t-il?

Comédie-française

www.comedie-francaise.fr

Festivals d'Avignon et d'Anjou

www.festival-avignon.com
www.festivaldanjou.com

Il existe deux grands festivals de théâtre en France: le festival d'Avignon et le festival d'Anjou. Faites des recherches sur chacun et comparez-les.

	Avignon	Anjou
En quelle année et par qui ont-ils été créés?		
Quelle personnalité a marqué chaque festival?		
Combien de temps dure chaque festival?		
Comment peut-on décrire leur programmation?		
Combien de spectateurs viennent chaque année?		

L'exception culturelle

La France a une politique particulière en ce qui concerne la culture. Depuis 1959 et la création d'un Ministère de la Culture, l'Etat est activement impliqué dans les créations, les manifestations culturelles, les productions. Son but est d'encourager et de soutenir les acteurs de la culture. Il est impliqué dans tous les domaines, et notamment le cinéma. Un exemple: pour chaque billet acheté, une somme est versée sur un compte géré par le CNC (Centre National de la Cinématographie), afin d'aider à la production de films français.

Cette exception culturelle est controversée. En effet certains critiquent son coût (l'Etat dépense une fortune), d'autres pensent qu'il est impossible de protéger la culture, d'autres affirment enfin que les politiques culturelles sont mal adaptées. Le débat reste ouvert.

4. Le cinéma

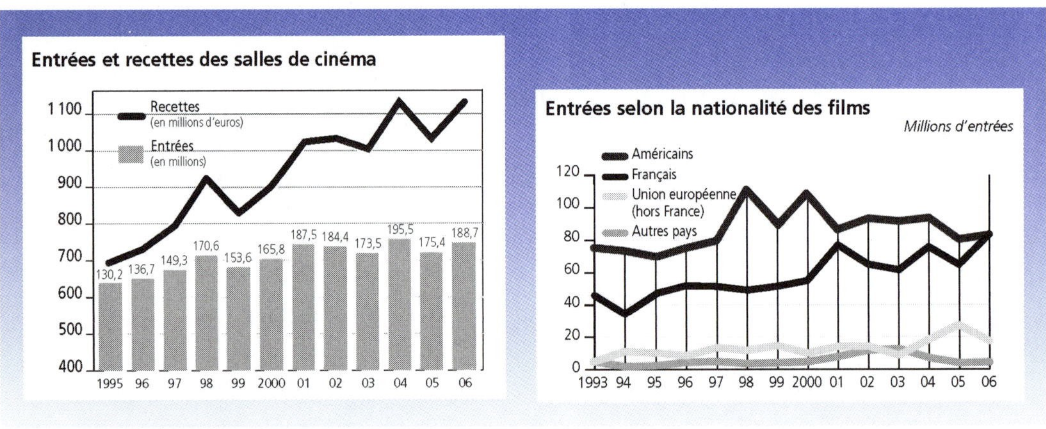

a. Que nous apprend le premier document?

b. Les chiffres ont-ils augmenté au même rythme? Comment peut-on expliquer ce décalage?

c. De quelle(s) nationalité(s) sont les films que les Français vont voir? Quelle est la tendance?

Le festival de Cannes

www.festival-cannes.com/fr.html

Qui sommes-nous?

Le Festival de Cannes est la plus importante manifestation cinématographique dans le monde, avec plus de 4 000 journalistes parmi les 30 000 accrédités représentant l'ensemble des professions du cinéma.

Le Festival de Cannes reflète la double nature du cinéma, art et industrie, en favorisant les révélations cinématographiques comme les rencontres professionnelles. S'il évoque principalement la surprise d'une Sélection et l'attente du Palmarès, le Festival de Cannes est aussi le rendez-vous privilégié de tous les professionnels de cinéma fréquentant son Marché du film.

Le Festival développe par ailleurs des actions pour soutenir la création cinématographique dans le monde. 20 ans après avoir créé la Caméra d'Or, prix récompensant le meilleur premier film toutes sélections confondues, le Festival fonde en 1998 la Cinéfondation, pour accompagner de jeunes cinéastes à diverses étapes de leur parcours de création, du projet à la réalisation de leur film.

Le rôle du Festival de Cannes s'est ainsi enrichi au fil des années et au rythme de l'évolution du cinéma: sélectionner et promouvoir des films et des artistes, accueillir des professionnels, mettre en œuvre de nouvelles dynamiques pour soutenir la création: en un mot, servir le cinéma dans toutes ses dimensions.

http://www.festival-cannes.com/fr/about/whoWeAre.html

a. A quoi sert le Festival de Cannes?

b. Que fait le Festival pour encourager la production de films?

La fête du cinéma

a. Depuis quand cette fête existe-t-elle?

b. Pourquoi existe-t-elle? Quel est son but?

c. Comment fonctionne-t-elle?

www.feteducinema.com

5. La musique

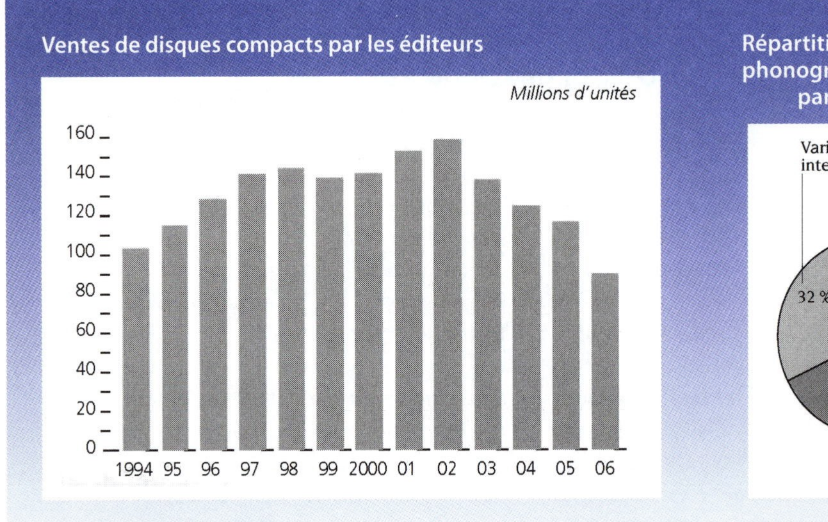

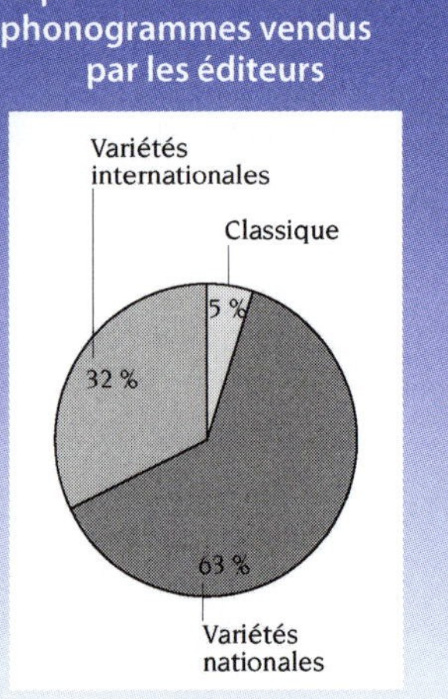

a. Que remarquez-vous sur les ventes de CD? Comment peut-on expliquer cette tendance?

b. Qu'est-ce que les Français écoutent principalement? Etes-vous étonnés?

www.fetedelamusique.culture.fr

La fête de la musique

a. Quand et par qui la fête de la musique a-t-elle été créée en France?

b. A quelle date a-t-elle lieu chaque année?

c. Quel est le but de cette fête?

d. A quoi peut-on assister pendant la fête?

e. Est-ce que certains genres sont préférés à d'autres?

e. Est-ce un événement exclusivement français?

Comparaisons internationales (2006) Fréquentation des musées (en nombre de visiteurs/an)	
Musée du Louvre, Paris	8 243 000
British Museum, Londres	4 838 000
National Gallery, Londres	4 562 000
Musée du Vatican, Rome	4 267 000
Metropolitan Museum, NYC	4 110 000
Château de Versailles, Versailles	3 054 000
Musée d'Orsay, Paris	3 009 000
Centre Pompidou, Paris	2 743 000
Museum of Modern Art, NYC	2 298 000
Musée Guggenheim, Bilbao	1 009 000

Source: Capital.fr

6. L'art (musées, expositions)

a. Que vous apprend ce document? Etes-vous surpris par ces chiffres?

Sur 100 personnes de 15 ans et plus, ont visité au cours des 12 derniers mois un musée ou une exposition	Aucune fois	Une ou deux fois	Plus de deux fois
Total	**61**	**22**	**18**
Agriculteurs exploitants	66	25	9
Artisans, commerçants, chefs d'entreprise	60	23	16
Cadres et professions intellectuelles supérieures	34	25	40
Professions intermédiaires	48	2	26
Employés	62	24	14
Ouvriers (y compris agricoles)	75	18	7
Retraités	66	18	16
Autres inactifs	59	22	18

France métropolitaine. Source: INSEE/DEPS

Genre de musées visités (2003)	
Sur 100 personnes qui ont visité un musée au cours des 12 deniers mois	
Musée de peinture, sculpture de l'Antiquité au début du xxe siècle	63
Musée d'art moderne ou contemporain	33
Musée de préhistoire ou d'histoire	36
Musée des sciences et techniques, d'histoire naturelle	24
Musée d'arts et traditions populaires, écomusée	31
Musée spécialisé (automobile, mode...)	13
Autre musée	11

Plusieurs réponses possibles. Source: INSEE/DEPS

Public du musée du Louvre	
2006	%
Par origine géographique	
France	33
Étranger	67
Par sexe	
Hommes	47
Femmes	53
Primo-visiteurs	**58**
Moins de 26 ans	**38**

Source: Musée de Louvre/DEPS

b. Quel lien peut-on faire entre la catégorie socio-professionnelle et la visite de musée ou d'exposition?

c. Quel type de musée est le plus visité? Et vous, que préférez-vous visiter? Pourquoi?

d. D'où viennent les visiteurs du Louvre?

e. A votre avis, qu'est-ce qu'un "primo-visiteur"?

7. Le patrimoine (châteaux, monuments, églises, artisanat, etc.)

La tour Eiffel est le monument le plus visité: 6,7 millions d'entrées.

Les 7 monuments gérés pas le CMN les plus visités	*Total des entrées*
Arc de triomphe de l'Étoile	1 171 000
Abbaye du Mont-Saint-Michel	1 124 000
Sainte-Chapelle	699 000
Château du Haut-Kœnigsbourg	481 000
Cité de Carcassonne	380 000
Panthéon	365 000
Conciergerie	295 000

A savoir: La tour Eiffel n'est pas gérée par le CMN.

Choisissez un des monuments de la liste et faites des recherches que vous présenterez à la classe.

Principal types	
Habitations	33 %
Édifices religieux	30 %
Architecture militaire	6 %
Jardins	6 %
Génie civil	5 %
Architecture funéraire et commémorative	5 %
Architecture agricole	4 %

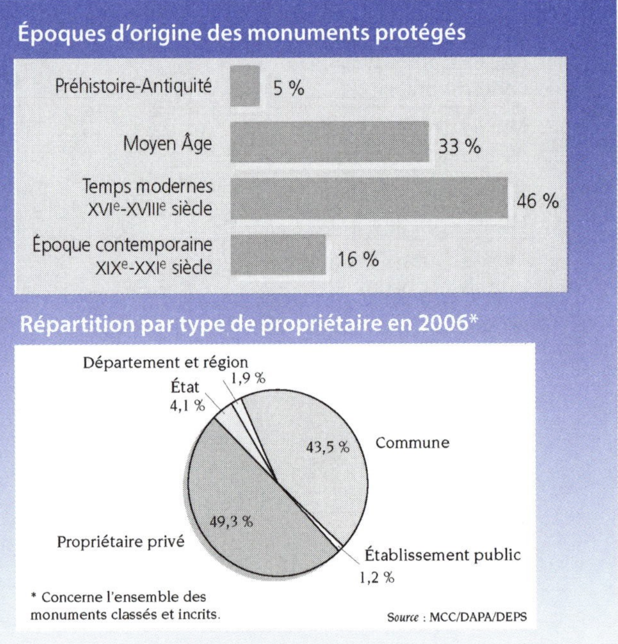

a. Les monuments classés sont principalement des habitations et des édifices religieux. Donnez des exemples d'habitations et d'édifices religieux.

b. De quelle époque datent la plupart des monuments?

c. A qui appartiennent-ils en général?

Vocabulaire

La littérature

un auteur: an author, a writer
un écrivain: a writer
un(e) romancier (-ère): a novelist
un poète: a poet
un roman: a novel
une nouvelle: a short story
de la poésie: poetry
une bande dessinée: a comic book
publier: to publish
un éditeur: a publisher
un prix: a (literary) prize
obtenir / recevoir un prix: to get a prize
un auteur à succès: a popular writer
une nouveauté: a new release
un best-seller / un succès de librairie: a best-seller

Le théâtre et le cinéma

une salle: a theater, an auditorium
une pièce: a play
une comédie: a comedy
une tragédie: a tragedy
un rôle: a part
un personnage: a character
un costume: a costume
un accessoire: a prop
un décor: a set
une troupe: a company
un metteur en scène: a (stage) director
le répertoire: the repertoire, repertory
subventionné(e): subsidized
une répétition: a rehearsal
une représentation: a performance
un billet: a ticket
une place: a seat
un critique: a critic
un intermittent du spectacle: s.o. working in the performing arts
le 7e art: the cinema
un long-métrage: a feature film
un court-métrage: a short film
un succès: a hit
un(e) réalisateur (trice): a director, a film-maker
une séance: a showing

La musique

une audition: an audition
un(e) musicien(ne): a musician
un compositeur: a composer
un(e) chanteur (-euse): a singer
un(e) accompagnateur (-trice): an accompanist
un récital: a recital
un concert: a concert
une tournée: a tour
une école de musique: a music school
télécharger: to download
un CD: a CD

L'art et le patrimoine

un musée: a museum
une exposition: an exhibition
la peinture: painting
la sculpture: sculpture
un tableau: a painting
un chef-d'œuvre: a masterpiece
le patrimoine: heritage
un château: a castle
une cathédrale: a cathedral
une église: a church
un écomusée: a heritage center

Les personnages

un chef d'entreprise: a general manager / CEO
une décoratrice: an interior designer
un chauffeur: a chauffeur
un garde du corps: a bodyguard
une serveuse: a waitress
un directeur général: a CEO
un théâtreux: a thespian
un beauf: an archetypal lower-middle-class Frenchman
une intello: an intellectual
naïf(-ve): gullible
maladroite: clumsy
rustre: boorish, uncouth
rigide: rigid, strict
égoïste: selfish

Goûts, opinions et jugements

avoir un préjugé contre: to be prejudiced against
une idée reçue: a commonplace idea
avoir bon/mauvais goût: to have good/bad taste
snob: snobbish
exclusif (-ve): elitist
obtus: obtuse
sectaire: sectarian
pédant(e): pedantic
arrogant(e): arrogant
condescendant(e): condescending, patronizing
une coterie: a clique
avoir l'esprit de chapelle: to have a parochial attitude
toiser: to look s.o. up and down
mépriser: to look down on s.o., to despise s.o.

Parallèles avec les Etats-Unis et d'autres pays

Enquête sur les pratiques culturelles des Américains

Pour mieux connaître les pratiques culturelles des Américains (ou d'une autre nationalité si vous le souhaitez), vous allez procéder à une enquête. Vous poserez les questions suivantes (en les traduisant au besoin) à des gens de tous âges. Pour que vos résultats soient représentatifs de la population vous devrez aller plus loin que vos amis et les voisins de vos parents! Pour chaque tranche d'âge vous noterez combien de personnes vous avez interrogées, et quel pourcentage a répondu "oui". Vous communiquerez vos résultats à la classe.

Dans les 12 derniers mois, avez-vous…					
	Age				
	15-22	23-35	36-50	51-70	71+
lu au moins un livre par mois?					
été au moins une fois dans une bibliothèque?					
lu un quotidien national?					
lu un quotidien régional?					
été au cinéma?					
assisté à un concert ou un spectacle musical?					
assisté à une pièce de théâtre jouée par des professionnels?					
visité un musée ou une exposition?					
visité un parc national?					

Le film

Jean-Jacques Castella

Angélique Castella

Clara

Bruno (le chauffeur)

Franck (le garde du corps)

Manie (la serveuse)

Antoine

Béatrice (la sœur de Castella)

Weber (le Directeur Général de Castella)

Questions générales sur le film

Le couple Castella

1. Faites le portrait du couple Castella. Qu'ont-ils en commun? Qu'est-ce que chacun aime? Avez-vous une opinion généralement positive ou négative d'eux?

La relation Castella-Clara

2. Comment peut-on expliquer que Clara ne fait aucune impression sur Castella pendant le cours d'anglais, alors qu'elle le fascine au théâtre?
3. Clara évolue beaucoup au cours du film. Comparez-la au début et à la fin.
4. Quel impact Castella et Clara ont-ils l'un sur l'autre ?

Les personnages et la culture

5. Comment Castella évolue-t-il? Quels sont les éléments qui montrent qu'il s'ouvre à la culture?
6. Grâce à qui s'intéresse-t-il à la culture? Est-ce lié à une seule personne?
7. Pourquoi se rase-t-il la moustache?
8. Qui méprise qui ?

Les personnages secondaires

9. Analysez le binôme chauffeur-garde du corps. Ont-ils la même vision de la vie que Castella?
10. A quoi sert le personnage de Manie?

Les hommes et les femmes

11. Les hommes du film se sentent-ils bien? Sont-ils satisfaits de leur vie?
12. Comparez les trois femmes du film: Clara, Manie et Angélique. Comment chacune vit-elle? Qu'est-ce qui manque à chacune?

Les spectateurs

13. De quel côté se sent-on en tant que spectateur?
14. Pourquoi les spectateurs rient-ils? Qu'est-ce qui nous fait rire?

Les choix de la réalisatrice

15. Comment expliquez-vous le titre?
16. Ce film est résolument optimiste. Pourquoi?

Questions sur les thèmes du film

1. **Film critique:** Qu'est-ce que le film critique?
2. **Culture et intelligence:** Quelle différence le film fait-il entre intelligence et culture?
3. **Culture et élite:** La culture est-elle réservée à l'élite ?
4. **Brassage social:** Autrefois il était très difficile de se mêler à des gens d'un autre milieu. Aujourd'hui c'est plus fréquent, grâce à l'école en particulier. Cependant est-ce que les gens se mélangent et se connaissent vraiment ou est-ce qu'ils se côtoient seulement?

> **Parallèle avec *Ressources humaines***
>
> Imaginez Franck stagiaire dans l'entreprise de Castella. Le stage se passerait-il mieux? S'entendrait-il bien avec Castella? Qu'est-ce qui serait différent?

5. **Intermittents du spectacle**: Agnès Jaoui s'est engagée auprès des intermittents du spectacle pour la défense de leurs droits. Qu'est-ce qui, dans le film, montre qu'elle s'inquiétait de leur sort à l'époque?
6. **Dictature du goût**: Qui sont les dictateurs du goût?
7. **Télévision et reconnaissance**: Le père de Castella n'apparaît qu'une fois mais il fait une remarque intéressante. Il se demande si une actrice qu'on n'a jamais vue à la télévision est vraiment une actrice. Qu'est-ce que cela implique sur le rôle de la télévision?

Etude complémentaire

Les limites de ce film

1. Castella ne vous semble-t-il pas un peu trop bête et inculte? Est-il possible d'avoir une telle révélation quand on n'a aucune base? Cette transformation radicale est-elle possible pour lui?
2. Peut-on considérer que le film est non seulement optimiste, mais aussi assez consensuel pour ne pas secouer les spectateurs?
3. Comment se fait-il qu'aucun personnage ne soit une personne de couleur? Est-ce du racisme de la part des auteurs?

Une situation typiquement française?

Réfléchissez au monde de la culture aux Etats-Unis ou dans un autre pays que vous connaissez bien, puis répondez aux questions.

1. Les acteurs sont-ils aussi méprisants envers les gens qui ne sont pas de leur milieu?

2. Le personnage de Castella, petit industriel sans intérêt pour la culture, existe-t-il de la même façon aux Etats-Unis ou ailleurs?
3. Un des messages du film est qu'on a tous, à un moment ou un autre, le sentiment d'être méprisé parce qu'on ne connaît pas quelque chose. Est-ce typiquement français ou est-ce universel?

A vous de jouer !

1. **Jeu de rôle :**

   On vous oblige à aller à une exposition qui ne vous intéresse pas, et vous ne connaissez pas l'artiste. Finalement, l'exposition vous plaît. A la sortie un journaliste vous choisit au hasard pour répondre à des questions sur cette exposition et sur vos goûts artistiques en général. Imaginez cet entretien.

2. **Débats :**

   a. Aujourd'hui, tout le monde peut avoir accès à la culture.

   b. Il est normal que l'Etat subventionne les musées, les théâtres, les films et les festivals.

   Que pensez-vous de ces deux affirmations ? Etes-vous d'accord ?

La parole à...

Audrey, libraire à Tome Dom Pouce

Pourriez-vous définir Tome Dom Pouce? (caractéristiques, clientèle, particularités)

Tome Dom Pouce existe depuis 4 ou 5 ans. Elle est associée à Tome Dom, librairie généraliste située en face, qui existe, elle, depuis une vingtaine d'années.

Nous avons une clientèle aisée qui aime les livres pour les enfants. Malheureusement les gens ne font pas toujours assez attention à ce que lisent les enfants, mais dans l'ensemble ils portent un grand intérêt à la culture générale.

Présentez-vous: Quel est votre parcours professionnel? Depuis quand travaillez-vous ici? Quelles sont vos responsabilités?

J'ai un DEA° et une agrégation° d'histoire. Je travaille ici depuis 18 mois. Mes collègues et moi sommes responsables des commandes des clients, du réassort° du magasin, de la mise en place des livres.

Diplôme d'Etudes Approfondies (in between a Master's and a PhD) / very competitive teaching exam / shelf stocking

Nous recevons aussi les représentants des maisons d'édition qui viennent nous présenter les nouveautés à paraître. Nous sommes aussi responsables de la vente et du conseil.

Comment choisissez-vous ce que vous avez en magasin?

Nous avons plusieurs sources: les représentants, bien sûr, mais nous découvrons aussi beaucoup d'ouvrages par nous-mêmes en nous promenant, en allant à des expositions, en consultant les catalogues des musées et grâce à des événements comme le Salon du livre ou le Festival d'Angoulême.

Comment vos ventes se répartissent-elles?

Nous vendons de tout: du scolaire et du parascolaire° pour tous les âges et toute l'année. Ceci dit, nous remarquons que nous avons plus de demandes pour les petits (3 à 6 ans) puis pour les 9-14 ans. Les clients sont davantage attirés par les nouveautés, mais nous avons aussi des demandes pour des classiques de temps en temps.

extracurricular

Pour qui vos clients achètent-ils?

Les gens achètent principalement pour leurs propres enfants. L'achat cadeau vient bien après, mais la période de Noël est un cas particulier.

Quel rôle avez-vous dans les choix que font les clients?

Nous demandons l'âge de l'enfant, puis nous essayons de déterminer ses envies, ses goûts et ses facultés de lecture. Il est important de bien écouter les clients. Nous leur recommandons aussi de venir avec leurs enfants.

Comment une petite librairie comme la vôtre résiste-t-elle face à des géants comme la FNAC°?

a chain of stores that sell books, music and hi-fi

Notre librairie fonctionne bien. Nous n'avons pas de concurrence dans le quartier et nous sommes ouverts 6 jours sur 7 de 8h à 20h. Les clients apprécient nos horaires d'ouverture. Nous bénéficions aussi d'un bouche à oreille favorable et d'une gestion saine. Nous avons une bonne connaissance du métier et du quartier, ce qui nous permet de personnaliser nos services.

Quelles tendances se dessinent dans la littérature jeunesse? Qu'est-ce que les jeunes aiment/veulent lire?

Le fantastique est extrêmement à la mode, à la fois pour les garçons et les filles mais il y a maintenant une petite stagnation dans les ventes, donc la tendance va peut-être changer. Les garçons aiment aussi les histoires d'agents secrets et les filles les romans historiques. Les filles de 14 ans et plus aiment les histoires vraies avec des sentiments.

Etes-vous optimiste pour l'avenir de la littérature jeunesse?

Oui car les enfants aiment lire et rêver. Il faut leur donner le goût et l'envie mais la diversité de l'offre aide.

Fabrice Hannequin, musicien

Quel parcours d'études avez-vous suivi?

J'ai commencé l'apprentissage de la musique à 6 ans. J'ai fait 2 ans de solfège° dans un cours privé à Blois, puis 5 ans de piano. A 13 ans j'ai commencé la guitare classique. De 14 à 18 ans je vivais en Guyane où j'ai suivi des cours de piano particuliers et en atelier jazz. J'ai aussi joué en orchestre. J'ai passé un bac scientifique et ai commencé des études de sciences, puis j'ai bifurqué vers un BTS° d'électronique. En parallèle j'ai suivi une formation jazz dans une école et un conservatoire sur Paris et la banlieue, et j'ai continué à prendre des cours d'harmonie et de piano jazz et classique.

musical notation

Brevet de Technicien Supérieur (2 years of study after high school)

Parlez-moi de votre carrière, de vos débuts à aujourd'hui. Quelles sont vos activités, pour qui travaillez-vous?

A 20 ans j'ai commencé à jouer dans des concerts de jazz. Je suis devenu indépendant financièrement à 23 ans en jouant dans différents lieux et groupes. Ensuite j'ai commencé à travailler en studio d'enregistrement en tant que pianiste et arrangeur. Je donnais des concerts de "world music" en parallèle. Enfin je me suis orienté vers l'enseignement en continuant les concerts, les arrangements et la réalisation musicale.

Qu'est-ce que chaque activité vous apporte?

Tout me plaît. Cette diversité me permet de rencontrer des gens différents. Je ne suis pas cantonné dans un seul milieu. Chaque activité enrichit les autres.

Avez-vous la carrière que vous pensiez avoir quand vous étiez étudiant?

Pas vraiment puisque je n'ai pas poursuivi dans les sciences. En revanche j'utilise certains aspects de mes études en technologie dans mes activités de réalisation où il faut des connaissances en prise de son°. A 20 ans je m'orientais plutôt vers une carrière de technicien du son. Aujourd'hui je combine mes connaissances scientifiques et musicales.

sound recording

Parlez-moi de quelques grands projets sur lesquels vous avez travaillé et qui vous tiennent à cœur.

Avec des musiciens antillais j'ai fondé un groupe qui a duré 5 ans. Nous avons fait des tournées et avons accompagné toutes les stars de ce style. J'ai aussi accompagné des gens très intéressants comme Khaled et j'ai participé à l'enregistrement° d'un album live à l'Olympia.

recording

Comment envisagez-vous le reste de votre carrière? Pouvez-vous vous projeter dans l'avenir?

C'est difficile à prévoir car je suis dépendant de facteurs économiques. J'ai plusieurs cordes à mon arc donc je me débrouillerai entre l'enseignement, la réalisation et les concerts, mais je ne sais pas à quel degré. Je pourrai aussi reprendre la composition et l'arrangement, notamment pour des musiques de film.

Comment l'enseignement de la musique a-t-il évolué en une génération? Comparez ce qui était à votre disposition étant enfant et ce qui existe aujourd'hui.

L'enseignement de la musique s'est démocratisé. Aujourd'hui il y a beaucoup plus d'options entre les écoles de musique municipales et privées, les conservatoires et les cours particuliers. Il y a aussi plus de variété dans l'enseignement, comme dans les conservatoires où il est maintenant possible de suivre des cours de jazz individuels ou en cours d'ensemble. L'enseignement ne s'est pas cantonné au classique, il y a des cours pour plaire à tous les goûts et tous les styles.

Comment se porte le monde de la musique aujourd'hui?

Le monde de la musique est en crise depuis une petite dizaine d'années. Les ventes de CD ont chuté suite au téléchargement° gratuit donc les producteurs sont frileux°. L'arrivée de l'euro, et la baisse de pouvoir d'achat°, n'a rien arrangé. Les amateurs ont pris une partie du marché en s'autoproduisant, ce qui a conduit certaines maisons de disques à fermer. On retrouve aussi des amateurs dans des chœurs°, d'opéra par exemple, ce qui met les professionnels intermittents dans une situation délicate puisqu'auparavant ils bouclaient leurs mois avec des engagements de chœur.

downloading
hesitant
purchasing power
chorus

Il y a des dizaines de concerts chaque jour à Paris. Y a-t-il le public nécessaire pour que chacun soit rentable?

La demande de la part du public est toujours forte. Il faut dire aussi que certains concerts sont gratuits, et donc accessibles à tous. Ils sont donnés par des étudiants ou des amateurs qui ont envie de se faire connaître et de partager leur passion avec d'autres. L'offre est donc multipliée mais c'est aux dépens° des professionnels.

at the expense of

Comment la France se situe-t-elle par rapport à d'autres pays en matière d'enseignement de la musique?

De façon générale, l'enseignement des arts et du sport est secondaire en France. Ce n'est pas le cas dans d'autres pays qui respectent davantage les arts et les professions artistiques. Il reste donc du chemin à parcourir en France pour que l'enseignement de la musique se généralise et soit mieux considéré.

Elise Gaillard, médiatrice culturelle au Musée des Beaux-arts d'Angers

Pourriez-vous me décrire votre parcours (études, expérience professionnelle)?

Licence d'histoire, mention histoire de l'art + D.U° de médiation culturelle et de patrimoine artistique avec en parallèle quelques jobs d'été en guidage.

Diplôme Universitaire

J'ai eu la chance de terminer mes études lors de la réouverture du musée des Beaux-arts après 6 années de travaux, j'ai été recrutée avec examens écrits et entretiens.

Quelles sont vos responsabilités au musée? Pouvez-vous me décrire une journée classique?

- Je suis chargée de la conduite des visites avec tous les publics (scolaires, centres de loisirs°, groupes d'adultes, seniors, associations, personnes déficientes...) et dans tous les musées de la ville (musée des Beaux-arts, galerie David d'Angers, musée Jean Lurçat et de la tapisserie contemporaine, château-musée de Villevêque et musée Pincé actuellement fermé). Il s'agit de guidage mais on essaye au maximum de faire parler le public, d'échanger, de dialoguer plutôt que de faire des visites plus classiques où le guide parle et le public écoute. Pour cela, lors

camps

de nos visites, on guide au maximum le regard du public et on "libère" la parole. L'idée est de rendre le visiteur spectateur. D'ou le terme de médiateur culturel plutôt que guide.

- Je suis également chargée de la conception de ces visites. Nous sommes une équipe de 11 médiateurs et c'est nous qui effectuons le travail de recherche sur les oeuvres et qui construisons nos visites, imaginons le fil conducteur, les activités plastiques° quand il y en a...

arts follow-up activities

- Enfin, je m'occupe aussi de la rédaction des supports de médiation (petits journaux d'exposition, audioguide, cartels détaillés, fiches de salles...) c'est-à-dire tous les documents écrits qui aident le visiteur à découvrir les oeuvres.

Elise avec un groupe de très jeunes visiteurs

Il n'y a pas vraiment de journées classiques. J'ai parfois des journées entièrement consacrées à la conception, d'autres où je peux mener deux à trois (maxi) visites. C'est très variable et c'est ce qui est enrichissant.

Quelles sont les caractéristiques du Musée des Beaux-arts d'Angers? (collections, direction, fréquentation) Qu'est-ce qui le différencie, ou le rapproche, d'autres musées dans des villes moyennes?

C'est un des plus vieux musées de province créé dans la continuité du Louvre après la Révolution. La richesse de sa collection est le 18e siècle français.

Autre particularité, sa direction: il s'agit d'une réunion de 5 musées municipaux (cités plus haut) avec une direction commune et un personnel commun. Peu de villes ont cette organisation, la plupart du temps, chaque musée a son propre personnel et sa propre direction.

Suite aux travaux de 6 années, le musée des Beaux-arts d'Angers a aussi une muséographie très récente, ce qui le place dans les premiers musées de France dans ce domaine.

Pour la fréquentation, nous sommes à 80 000 visiteurs par an.

Comment le musée est-il financé?

C'est un musée municipal: nous dépendons donc de la ville d'Angers et du budget voté chaque année. A cela s'ajoute des subventions de l'Etat en ce qui concerne notamment la politique d'acquisition, de la région et du département. Le mécénat° est

sponsorship

assez faible mais existe bien: j'ai connaissance d'un mécénat pour la communication d'une expo ou pour la restauration de certaines oeuvres (Fondation BNP Parisbas). Mais je ne peux pas être plus précise à ce sujet, je n'ai pas plus de connaissances concernant les budgets.

Qui visite le musée? Dépendez-vous principalement des touristes, des Angevins°, des groupes scolaires?

people from Angers

C'est surtout le musée des Angevins et pour les Angevins. On accueille effectivement beaucoup de scolaires, les réservations se font deux mois à l'avance car les créneaux de visites sont toujours quasiment tous pris.

Les visites dans les collections permanentes attirent surtout les Angevins. En revanche, les expos ont un rayonnement plus large (Grand Ouest° et Paris)

western France

Les touristes sont malheureusement peu nombreux, et les étrangers encore moins. A tel point qu'on n'investit pas notre temps dans la création de visites pour les étrangers faute de public. On a tenté de programmer des visites en anglais pendant l'été mais il n'y avait pas de public. C'est donc l'audioguide qui est proposé aux étrangers. Angers reste une ville de passage pour les touristes et le site visité par les touristes, c'est surtout le château d'Angers.

Quelle est la politique du musée pour attirer les visiteurs?

- alternance d'expos patrimoniales et d'art contemporain
- programmations de nouvelles visites en permanence pour satisfaire les habitués
- politique d'événementiels pour attirer de nouveaux publics ainsi que des partenariats avec d'autres structures culturelles pour croiser nos publics (Nouveau théâtre d'Angers, Centre national de danse contemporaine, Angers Nantes opéra, Festival Premiers plans...) mais aussi des structures telles que le CHU° d'Angers, les maisons de quartiers°...

hospital / community centers

Le musée travaille-t-il en partenariat avec d'autres musées ou institutions culturelles?

Toujours pour les prêts° d'oeuvres dans le cadre d'expos – quand on prête une oeuvre à un autre musée ou quand on nous en prête. Cela se fait de façon encore plus poussée lorsqu'on accueille des expositions itinérantes.

loans

Le personnel du musée fait-il des interventions (conférences, colloques) à l'extérieur?

Oui, les cadres essentiellement: les conservateurs° peuvent intervenir au sujet de nos collections ou bien de façon plus personnelle concernant leur spécialités. La responsable du service culturel pour les publics intervient également dans le cadre de colloques en ce qui concerne nos projets et notre programmation ou notre façon de travailler.

curators

Comment les expositions temporaires sont-elles choisies?

C'est toujours le choix des conservateurs:

- en lien avec notre collection: mise en avant de certains artistes (contemporains ou pas) exposés dans nos collections permanentes
- en lien avec des propositions d'autres musées ou de fondations d'art contemporain
- ou bien engagement concernant l'accueil d'expos triennales ou biennales...

Comment voyez-vous l'avenir du musée?

Nous avons la chance d'être dans une ville où la culture a une place forte et où la municipalité s'engage réellement d'un point de vue budgétaire. Ce soutien permet à toute l'équipe de maintenir une programmation importante, ce qui n'est pas le cas dans beaucoup de musées de province. Cependant, on sait bien qu'on est le secteur qui sera concerné le premier par les restrictions budgétaires.

L'avis de la presse

Article de Clarisse Fabre, Nathaniel Herzberg et Marie-Aude Roux paru dans le *Monde* du 11 janvier 2009

Films, expos... la culture ne connaît pas la crise

La culture affiche une santé insolente°. Malgré la crise, le public est au rendez-vous. A tous les rendez-vous: les salles de cinéma ou de théâtre sont pleines, des concerts refusent du monde, les festivals ne désemplissent° pas, des musées affichent des chiffres record. L'année 2008 est excellente, voire exceptionnelle, avec une fréquentation à la hausse dans la plupart des secteurs.

outrageous

are always full

Courir à une exposition ou assister à un spectacle de danse serait-il le meilleur antidote contre la morosité, une *"valeur refuge"*, comme le suggèrent des experts du ministère de la culture? Un

made a mad dash for

exemple: les Français se sont rués° sur les livres en décembre 2008 - notamment la trilogie *Millénium*, de Stieg Larsson (Actes Sud), ce qui permet à l'édition de bien terminer une année qui avait mal commencé.

it is too early

set the tone

On manque de recul° pour savoir si cette très bonne santé sera durable. Mais les chiffres sont là. Le cinéma, baromètre des sorties culturelles des Français, a donné le ton°. Le 7 janvier, le Centre national de la cinématographie (CNC) annonçait en fanfare une augmentation de la fréquentation en salles de 6,2 % par rapport à 2007, soit 188,8 millions d'entrées. Et le dernier trimestre 2008 fut excellent. Les 195 millions de spectateurs de 2004 ne sont pas atteints, certes, mais la moyenne des dix derniers exercices - 179 millions - est nettement dépassée. Dans quelques jours, le CNC devrait dévoiler une autre bonne nouvelle: jamais les films français ne se sont aussi bien vendus à l'étranger qu'en 2008.

Centre Pompidou

Les musées? Ils n'ont jamais été aussi visités. Quelques gros établissements parisiens ont même publié des communiqués triomphants: 8,5 millions de visiteurs en 2008 au Louvre, soit 200 000 entrées de plus que l'année précédente. Et surtout *"une hausse de 67 % depuis 2001"*. Le Centre Pompidou affiche les chiffres *"les plus élevés"* depuis les travaux de rénovation du mammouth coloré, en 2000: 2,75 millions de visiteurs dans les expositions temporaires et les collections permanentes, soit une hausse de 6,3 % par rapport à 2007. Versailles aussi a réalisé une année record, avec une fréquentation dopée° par l'exposition Jeff Koons.

boosted

Seul le Musée d'Orsay fait un peu exception, avec une baisse de 4,4 % de fréquentation (3,25 millions de visiteurs en 2008), mais le nombre de billets vendus a augmenté dans ce musée de 15 % depuis le mois d'octobre, au moment même où le pays était gagné par les difficultés économiques. Cela visiblement grâce au succès des expositions Pastel (250 000 visiteurs) et Picasso-Manet (437 800). Les gros établissements parisiens ne sont pas seuls à la fête. Des musées plus modestes, partout sur le territoire, affichent un bel exercice 2008. Les chiffres ne sont pas définitifs, mais la direction des musées de France (DMF) au ministère de la culture pronostique une croissance des entrées de l'ordre de 2 % à 3 % pour la trentaine de musées nationaux.

La DMF s'attend à retrouver le même schéma dans les 1 200 musées du territoire: un très bon premier semestre, un été décevant, mais une belle embellie à l'automne. Le plafond de 52 millions d'entrées, atteint en 2007, devrait donc être battu. Le ministère de la culture cite le *"record"* du Musée d'Aquitaine, à Bordeaux (176 000 visiteurs), ou celui du Musée Fabre, à Montpellier, qui vient d'être rénové et a franchi la barre des 300 000 billets.

Marie-Christine Labourdette, directrice des musées de France, en est persuadée: *"La crise incite les gens à se tourner vers des lieux préservés. Le monde change, l'avenir inquiète? L'intangibilité des oeuvres d'art et la stabilité des musées rassurent."* Des économistes de la culture constatent en effet qu'en période de crise, les ménages° sacrifient des grosses dépenses, mais pas les sorties culturelles bon marché. Et que, après la crise de 1929, les salles de cinéma étaient bondées° aux Etats-Unis… Un prix d'entrée abordable n'explique pas tout. Sinon comment interpréter l'affluence dans les opéras et dans certains concerts de musiques actuelles, plutôt coûteux, entre 50 euros et 100 euros, voire largement au-dessus?

households

packed

Cité de la Musique

L'opéra ne s'est jamais aussi bien porté, à écouter la directrice de l'association Réunion des Opéras de France, Laurence Lamberger-Cohen. *"Pour les grands titres, le remplissage atteint 100 %. A Angers-Nantes-Opéra, ils n'ont jamais eu autant de monde et ils sont inquiets de ne pouvoir répondre à la demande*, observe-t-elle, Tosca, *à Bordeaux, est quasiment complet, comme* Siegfried, à Strasbourg, Carmen, Faust *et* Salomé, à Toulouse." Laurence Lamberger-Cohen ajoute un bémol: *"Nous vivons sur les abonnements° pris en septembre 2008, avant la crise. L'épreuve de vérité sera au printemps"*, au moment où sortiront les brochures de la saison 2009-2010.

season tickets

Le rock ou la chanson ne sont pas en reste°. Un bon indice est le montant de la taxe perçue par le Centre national des variétés sur le prix des billets de concert: il devrait correspondre aux 7,5 millions d'euros perçus en 2007. On note bien quelques notes dissonantes. *"La fréquentation de la Salle Pleyel a un peu flanché° avec la crise, surtout les places les plus chères. En revanche, la Cité de la musique n'a pas subi de recul"*, constate Laurent Bayle, qui dirige les deux établissements parisiens. Pour le théâtre, une fracture° semble se dessiner. Pour Georges-François Hirsch, responsable du secteur au ministère de la culture, *"les théâtres publics semblent à l'abri°"*, alors que les salles privées ont *"connu une baisse de 4 % en 2008, particulièrement en octobre et en novembre"*.

left out

dropped off

divide

sheltered

Il est vrai que les tickets sont beaucoup moins chers dans les théâtres publics - subventionnés par l'Etat ou les collectivités locales - que dans les théâtres privés. *"Les premiers,* ajoute Georges-François Hirsch, *tiennent aussi le choc grâce à leur politique d'abonnement."* Les spectateurs réservent plusieurs pièces en début de saison et bénéficient de tarifs préférentiels. Emmanuel Négrier, chercheur au CNRS et analyste des politiques culturelles, fait l'hypothèse que, dans le théâtre public, il pourrait y avoir un abonnement militant. *"Les budgets régressent°, la culture comme symbole paraît menacée, et, par solidarité, des spectateurs s'abonnent."* Il ajoute: *"Le public abonné a peut-être aussi un pouvoir d'achat qui l'écarte de la crise."*

drop

Ainsi, au Théâtre des Amandiers, à Nanterre, *"le public augmente depuis quatre ans"*, le taux de remplissage reste au beau fixe, et *"atteint même 100 % pour la pièce* Le Silence des communistes*"*. *"On n'a jamais eu autant d'abonnés"*, se réjouit de son côté Alain Herzog, administrateur du Théâtre de la Colline, à Paris, l'un des six théâtres nationaux. Les responsables de musées, théâtres, opéras, salles de spectacles bénéficiant d'aides publiques restent prudents pour trois raisons. Certains, surtout les gros musées, sont fortement tributaires° de la venue de touristes étrangers. Que vont faire les Américains ou les Japonais, frappés par la crise? Ensuite, les subventions sont à la baisse. Ce qui induit une réduction de l'offre - de spectacles à l'affiche, par exemple -, et donc du public.

dependent on

Dernière crainte: le reflux du mécénat°, en raison de la crise économique. Il est déjà perceptible dans plusieurs gros musées. Nombre de festivals aidés par des marques°, note Emmanuel Négrier, pourraient également déchanter à l'horizon 2010, alors que leur fréquentation reste stable ou augmente. *"Peut-être, à Avignon ou ailleurs,* suggère Emmanuel Négrier, le festivalier° a-t-il réduit ses dépenses pour faire face à la baisse du pouvoir d'achat, mais la culture demeure une pratique sociale, un moment de partage."

sponsorship

commercial brands

festival-goer

1. Qu'est-ce que les trois journalistes trouvent étonnant?
2. Pourquoi les professionnels du cinéma sont-ils contents?
3. Comment les musées se portent-ils? Peut-on faire une différence entre les petits et les gros musées?
4. Comment peut-on expliquer cet engouement pour les arts et la culture, alors que les gens doivent faire très attention à leurs dépenses?

5. L'opéra, le rock et la chanson sont-ils aussi bien lotis?
6. Pourquoi les théâtres publics résistent-ils mieux que les théâtres privés?
7. Pourquoi faut-il rester prudent et ne pas être trop optimiste?

Article de Guillaume Vuillemey, de l'Institut économique Molinari, publié dans le *Monde* du 2 décembre 2008.

Avec moins d'argent public, la culture française est-elle condamnée?

La colère gronde dans les galeries des grands musées: Versailles, le Louvre, Orsay ou le Centre Pompidou vont voir leur budget baisser en 2009, 2010 et 2011. Cité par *le Monde*, le responsable de l'un de ces établissements s'insurge° quand on lui demande de financer ses missions par une augmentation de ses recettes. "Coupes° sombres", "privatisation" dénoncent les autres. Mais est-il vraiment choquant de chercher à rationaliser les dépenses publiques? Les activités dites "culturelles" ne peuvent-elles pas vivre avec des fonds privés? La France vit aujourd'hui sur l'idée que la culture doit nécessairement être financée par l'État. Un financement privé bénéficierait pourtant aux amateurs d'expositions ou de concerts, comme aux contribuables°.

rises up

drastic cuts

taxpayers

A l'heure actuelle, les grands établissements culturels français s'autofinancent déjà, en moyenne, à hauteur de 30%, le reste étant financé par les contribuables. Ceci induit tout d'abord un mécanisme de redistribution souvent passé sous silence: les gens qui ne fréquentent pas les musées financent, par leurs impôts, les expositions de ceux qui s'y rendent. Cette situation est d'autant plus étonnante qu'elle est quasi exceptionnelle: les autres grands musées internationaux ne dépendent pas de l'argent public.

Musée d'Orsay

En France même, il y a quelques rares exceptions. Ainsi, la Pinacothèque de Paris, créée en 2006, est un musée intégralement privé. Le prix d'entrée est le même que celui des autres musées, mais les budgets sont gérés de manière raisonnable. Son directeur, Marc Restellini, précise que *"le budget de l'exposition Picasso* [exposition "Picasso et les Maîtres", actuellement au Grand Palais, à Paris] *sera de 24 millions d'euros*

(...)" alors que leurs *"budgets ne dépassent jamais deux millions d'euros, malgré une couverture médiatique parfois gigantesque"*. Pour des coûts bien moindres°, ce musée arrive à proposer des expositions de grande qualité: Soutine, Roy Lichtenstein ou Man Ray.

smaller

Pourquoi de tels écarts°? La distribution massive d'argent public n'encourage pas la bonne gestion: un établissement est obligé, chaque année, de tout dépenser s'il veut espérer maintenir ou augmenter le montant de sa dotation° dans les années à venir. A l'inverse, un établissement financé par des mécènes° est incité à gérer ses fonds de manière rigoureuse en ayant, par exemple, recours à l'épargne°.

differences

funds

sponsors

saving

Mais l'augmentation des budgets alloués à la culture alimente aussi une administration pléthorique, qui plaide en faveur de son propre maintien et de la hausse continuelle des dépenses. Ainsi, en 1960, l'administration absorbait 3% des subventions consacrées par l'État à la culture, contre 25% en 1999.

Pourrait-on, pour autant, faire fonctionner des musées tels que le Louvre, ou Versailles, sans argent public? En réalité, la capacité d'un établissement culturel à se financer via des mécènes est étroitement liée au régime fiscal. Dans un pays comme les États-Unis, les dons sont fortement encouragés puisqu'ils s'accompagnent de déductions fiscales importantes. Les particuliers°, qu'ils soient aisés ou non, consacrent une part de leur revenu° beaucoup plus importante que les Français aux dons, qu'il s'agisse de la charité, des activités culturelles ou d'autres activités. La vie culturelle ne disparaît donc pas quand elle est financée par des mécènes plutôt que par des fonds publics.

individuals

income

Sans financement public, les musées seraient également incités à proposer des expositions conformes aux attentes° du public. Aujourd'hui, cela est loin d'être le cas: les pressions de certains lobbies, comme celui de l'art contemporain, comptent davantage que les souhaits des visiteurs dans la détermination des expositions temporaires. Un produit "culturel" ne mérite pourtant d'être exposé que si certaines personnes sont prêtes à payer pour cela, qu'il s'agisse de visiteurs ou de mécènes. Comme toute activité économique, l'offre de culture comporte un risque: celui de ne pas rencontrer une demande suffisante. Dès lors, une "œuvre" dont personne ne souhaite payer pour qu'elle soit exposée doit-elle l'être aux frais des contribuables?

expectations

Château de Versailles

Au final, il conviendrait de substituer des mécanismes d'exemptions fiscales aux subventions actuelles. Ceci aurait plusieurs mérites. Tout d'abord, les musées seraient enfin financés par des personnes ayant fait le choix de les financer, et non par des contribuables victimes d'une forme de redistribution arbitraire qui s'effectue aux dépens° d'autres manifestations culturelles qu'ils auraient préférées à la place. Par ailleurs, la gestion des établissements culturels s'améliorerait considérablement et les expositions proposées seraient davantage en phase avec les attentes et les goûts du public. L'objectif premier d'un directeur de musée ne serait plus l'accroissement du montant de sa subvention, mais la quête de nouveaux donateurs et de nouveaux visiteurs.

at the expense of

– Guillaume Vuillemey, *Institut économique Molinari*

1. De quoi les grands musées se plaignent-ils?
2. Qui finance les musées aujourd'hui?
3. Qu'est-ce qui n'est pas juste dans ce système?
4. En quoi la pinacothèque est-elle différente?
5. Pourquoi la situation actuelle n'est-elle pas saine dans les musées nationaux?
6. Qu'est-ce qui est différent aux Etats-Unis?
7. Les expositions seraient-elles différentes si les musées dépendaient de fonds privés?

Autres films à voir

Comme une image (comédie dramatique d'Agnès Jaoui, 2004)

Lolita, 20 ans, est mal dans sa peau. Elle se trouve laide et grosse, son père ne fait pas attention à elle, et elle a du mal à avoir une relation suivie et équilibrée avec un garçon.

1. Quels aspects de la culture ce film explore-t-il?
2. Qu'est-ce que les personnages sont prêts à faire pour arriver à leurs fins?
3. Comment l'image (celle que les autres ont de nous, celle qu'on a de soi-même) est-elle traitée? Comparez cet aspect du film au *Goût des autres*.

La vie d'artiste (comédie dramatique de Marc Fitoussi, 2007)

Alice rêve d'être actrice mais pour l'instant elle double des mangas. Bertrand travaille péniblement sur son second roman mais doit être prof de français pour vivre. Quant à Cora elle espère devenir chanteuse mais est bien obligée d'enchaîner les petits boulots en attendant.

1. Comment le film présente-t-il le chemin vers la gloire?
2. Comparez le parcours d'Alice à celui de Clara dans *Le goût des autres*. Sont-elles connues et reconnues du public? Ont-elles la carrière qu'elles espéraient avoir?
3. Comment peut-on expliquer l'ovation à laquelle Alice a droit à la fin du film? Les spectateurs de mangas ont-ils le même goût qu'elle?

Credits

TEXT

3 © INSEE
3 © INSEE
3 © Ministère de la Justice, INSEE
4 © INSEE
4 © Eurostat
16 © *Le Figaro* and Cécilia Gabizon, 9/24/2008
20 © *Le Journal du dimanche* and Rémi Duchemin
22 © *Libération* and Charlotte Rotman, 7/19/2007
24 © *Le Figaro* and Agnès Leclair, 3/3/2009
33 © OCDE
33 © INSEE
33 © Ministère de l'Education Nationale - DEP
34 © Ministère de l'Education Nationale - DEP
35 © Ministère de l'Education Nationale - DEP
35 © DGI
35 © www.meilleursagents.com
49 © *Direct Matin* and Anne Rohou, 9/4/2008
51 © *Le Monde* and Martine Laronche, 4/14/2009
53 © *Télérama* and Sophie Bourdais and Samuel Douhaire, 3/11/2009
61 © INSEE
62 © INSEE
63 © INSEE
63 © INSEE
63 © INSEE
64 © UMR Géographie-cités, 2003
68 © U.S. Census Bureau
68 © U.S. Census Bureau
68 © U.S. Census Bureau
76 © *Dossiers de l'actualité*, Dec 2005
80 © *La Croix* and Bernard Gorce, 2/7/2008
83 © *Dossiers de l'actualité*, Dec 2005
85 © *Le Monde* and Cécile Blatrix and Christian Chardonnet, 11/8/2005
100 © jbyb
104 © *L'Express* and Olivier Galland, 7/10/2008
106 © *Le Monde* and Karine Lambin, 11/10/2008
107 © *L'Etudiant* and Mathieu Oui, 2007
114 © *Le Figaro Magazine*, May 2008
114 © *L'Express*, 1/31/2002
115 © *Francoscopie*, by Gérard Mermet
115 © INSEE
116 © INSEE
116 © INSEE
120 © OCDE
120 © Gallup
120 © Eurostat & OCDE
125 © *L'Express* and Anne Vidalie, 11/8/2004
128 © *L'Express*, 10/10/2002
131 © *Le Figaro Magazine*, 5/24/2008
133 © *France-Amérique* and Florence Gatté, 7/25/2008
139 © *L'Express*, June 2008
140 © INSEE
141 © INSEE
141 © INSEE
142 © IPSOS
143 © Sources
146 © U.S. Census Bureau
146 © Direction du Tourisme / Sofres
152 © *Le Monde*, 9/3/2008
156 ©Village magazine and Stéphane Perraud, 3/1/2008
158 © Village magazine and Emmanuelle Mayer, 1/1/2008
166 © *Magazine Marianne*, 6/17/2002
167 © *Libération*, 1/17/2009
167 © INSEE
170 © Center for International Crime Prevention
170 © National Coalition for the Homeless
176 © *Banc public*, Nov 2004
177 © *Le Figaro* and Marie-Christine Tabet, 10/15/2007
186 © INSEE
186 © Ministère de la Culture
186 © Ministère de la Culture
186 © Ministère de la Culture
188 © Ministère de la Culture
188 © Ministère de la Culture
189 © Festival de Cannes
190 © Ministère de la Culture
190 © Ministère de la Culture
190 © Capital
191 © Ministère de la Culture
191 © INSEE
191 © Musée du Louvre / DEPS
192 © Ministère de la Culture
192 © Ministère de la Culture
192 © Ministère de la Culture
192 © Ministère de la Culture
205 © *Le Monde* and Clarisse Fabre, Nathaniel Herzberg and Marie-Aude Roux, 1/11/2009
209 © *Le Monde* and Guillaume Vuillemey, 12/2/2008

PHOTO

xii © Istockphoto / Eugene Ilchenko
1 © Istockphoto / sjlocke
10 © Hélène Naulet
12 © Anne Beauregard
14 © Estelle Gillot
16 © Shutterstock / Katrina Brown
27 © MAEE / Frédéric de la Mure
28 © Anne-Christine Rice
31 © MAEE / Frédéric de la Mure
31 © MAEE / Frédéric de la Mure

31 © MAEE / Nicole Chabard
32 © MAEE / Frédéric de la Mure
32 © MAEE / Frédéric de la Mure
32 © MAEE
43 © Anne-Céline Séjourné
46 © Frédéric Lajarrige
52 © Anne-Christine Rice
56 © Le Printemps de la Jupe et du Respect
59 © Bistoukeight
60 © Bistoukeight
64 © Akteon
64 © Shutterstock / Pack-Shot
65 © Bistoukeight
65 © Linkef
75 © Lydia Caillaud
77 © SFC
77 © SFC
83 © Pasc Lem
84 © Pasc Lem
85 © Hervé de Brus
87 © Hervé de Brus
92 © Documentation Française
93 © Documentation Française
93 © Toute l'Europe
94 © Toute l'Europe
95 © Toute l'Europe
95 © Istockphoto / elkor
101 © Istockphoto / brytta
103 © Istockphoto / JacobH
105 © Shutterstock / newphotoservice
137 ©Istockphoto / Schmidt-z
140 © Shutterstock / Gertjan Hooijer
143 © Gîtes de France
150 © Nicolas Peccoz
157 © Village Magazine
160 © Village Magazine
163 © Anne-Christine Rice
166 © Shutterstock / WillG
168 © Ministère de l'Intérieur
183 © Ruben Gutierrez
187 © Festival international de la bande dessinée
187 © Anne-Christine Rice
189 © Festival de Cannes
189 © Fête du Cinéma
190 © Fête de la Musique
192 © Istockphoto / compassandcamera
198 © Anne-Christine Rice
200 © Anne-Christine Rice
203 © Musées d'Angers
206 © Shutterstock / xc
207 © Anne-Christine Rice
209 © Istockphoto / stefanphoto
210 © Anne-Christine Rice